MASCULIN/FÉMININ II

DU MÊME AUTEUR
CHEZ ODILE JACOB

Le Sel de la vie, 2012.

Une pensée en mouvement, 2009.

De la violence II, 2005.

De la violence I, 2005.

Corps et Affects (sous la dir. de, avec Margarita Xanthakou), 2004.

Contraception : contrainte ou liberté ? (sous la dir. de, avec Étienne-Émile Baulieu et Henri Leridon), 1999.

Masculin/Féminin. La pensée de la différence, 1996.

De l'inceste, 1994.

Les Deux Sœurs et leur mère, 1994.

FRANÇOISE HÉRITIER

MASCULIN/FÉMININ II

DISSOUDRE LA HIÉRARCHIE

© Odile Jacob, 2002, septembre 2012
15, rue Soufflot, 75005 Paris

www.odilejacob.fr

ISBN : 978-2-7381-2835-5
ISSN : 1621-0654

Le Code de la propriété intellectuelle n'autorisant, aux termes de l'article L. 122-5, 2° et 3° a), d'une part, que les « copies ou reproductions strictement réservées à l'usage privé du copiste et non destinées à une utilisation collective » et, d'autre part, que les analyses et les courtes citations dans un but d'exemple et d'illustration, « toute représentation ou reproduction intégrale ou partielle faite sans le consentement de l'auteur ou de ses ayants droit ou ayants cause est illicite » (art. L. 122-4). Cette représentation ou reproduction, par quelque procédé que ce soit, constituerait donc une contrefaçon sanctionnée par les articles L. 335-2 et suivants du Code de la propriété intellectuelle.

Pour ma mère

INTRODUCTION

LE VIVANT FÉMININ

J'ai publié en 1996 aux Éditions Odile Jacob *Masculin/Féminin. La pensée de la différence*. Il s'agissait moins d'établir un constat sociologique de la situation dominée des femmes dans le monde, brutalement et absolument dans certaines parties, de façon plus masquée dans d'autres comme le monde occidental contemporain, que de réfléchir, en anthropologue que je suis, sur la *pensée de la différence*, c'est-à-dire la manière dont la différence des sexes, qui ne comporte dans l'absolu rien de hiérarchique, a été pensée dans les diverses sociétés du monde depuis les origines des temps, en me mettant à la recherche des conditions nécessaires et constantes qui ont amené les hommes à conceptualiser et à traduire en tout lieu cette simple différence en hiérarchie, toujours orientée dans le même sens. Je vais revenir sur l'ensemble des mécanismes que j'ai alors mis en lumière. Mais il me restait deux grandes insatisfactions.

Insatisfactions

La première tenait au fait que dans l'argumentation régressive, de proche en proche, qui était la mienne, la source ultime de cette hiérarchie dans la représentation de la différence, fondée sur l'observation de caractères objectifs et concrets des productions des corps, se trouvait dans le fait que les femmes perdent leur sang sans pouvoir l'empêcher, alors que les hommes perdent le leur volontairement (ou accidentellement) dans des opérations consenties. Mais cela supposait, toute réflexion faite, qu'existât déjà dans les esprits une symbolique de hiérarchisation où le caractère « actif » était supérieur en valeur au caractère « passif », subi. Or cette opération de valorisation symbolique hiérarchisée ne peut être normalement que l'effet de l'observation de la différence sexuée et non un préalable à cette observation, laquelle est en effet à l'origine des catégorisations binaires, tant abstraites que concrètes qui nous servent à penser. Cependant, pour expliquer cette valorisation hiérarchisée, je situais concrètement la domination dans les corps et non plus seulement en esprit, spécifiquement dans la fécondité féminine, pour la raison qu'il avait fallu aux hommes une appropriation individuelle claire et durable de cette faculté qui est l'apanage du féminin, accomplie juridiquement par ces transactions entre hommes que sont les lois de l'échange matrimonial et du mariage. Appropriation qui entérine d'un seul coup pour les femmes la perte de la liberté. Mais ne fallait-il pas aller encore plus loin ?

La deuxième insatisfaction tenait au fait que le tableau d'ensemble, où de mêmes causes produisent de mêmes effets dans la totalité du monde habité, historique mais aussi, comme on peut le supposer, actuel, que ce tableau d'ensemble donc offrait une structure terriblement contraignante dont il semblait difficile de pouvoir s'échapper. On m'en fit reproche. Je posai alors moi-même la question de savoir où se trouvait le levier assez fort qui permettrait, non pas d'inverser la hiérarchie actuelle, ce qui n'aurait aucun sens, mais d'aboutir progressivement à l'égalité non seulement dans la pratique, mais aussi et surtout dans les esprits.

J'ai donc continué à réfléchir sur cette question et, je l'espère, progressé. Ce livre qui est en quelque sorte un tome II, a comme sous-titre *Dissoudre la hiérarchie*. Je souhaitais l'intituler *Solutions de la hiérarchie* en raison de la multiplicité de sens du mot « solution » : résolution d'un problème, dissolution d'un obstacle et aussi, dans l'expression « solution de continuité », coupure définitive et irréparable, mais il semble que cette richesse ne pouvait pas être entendue directement par le lecteur. *Dissoudre la hiérarchie* est, de ce point de vue, un titre plus efficace en ce qu'il sonne comme un programme. Si *La pensée de la différence* établissait un constat, *Dissoudre la hiérarchie* indique les enjeux des temps actuels et à venir.

Pour quelles raisons l'humanité en son entier a-t-elle développé des systèmes de pensée valorisant le masculin et dévalorisant le féminin, et traduit ces systèmes de pensée en actions et en situations de fait ? Pourquoi la situation des femmes est-elle mineure, ou dévalorisée, ou contrainte, et cela de façon que l'on peut dire *universelle*, alors même que le sexe féminin est l'une des deux formes que revêtent l'humanité et le vivant sexué et que, de ce fait, son « infériorité sociale » n'est pas une donnée biologiquement fondée ? On observe évidemment bien des variations ; la situation des femmes et la représentation sociale qui est faite d'elles ne sont pas identiques si l'on compare les Kua du Kalahari avec les Himba de Namibie [1], ou si l'on s'avise de comparer Touareg et Han de Chine. Certains peuples, comme les Kua ou les Touareg, présentent des systèmes de complémentarité dénués apparemment de hiérarchie et de contrainte, même si la suprématie masculine se voit, chez les uns, dans la répartition valorisée des tâches ou, chez les autres, dans l'impossibilité pour les femmes de s'affranchir d'un statut qui en fait les dépositaires de l'honneur des hommes.

Une essentielle faiblesse féminine ?

Une raison généralement avancée tient à la vulnérabilité du corps féminin pendant la grossesse, l'allaitement et le portage des enfants. Il s'agit là d'une explication dont il faut certes tenir compte, mais qui n'est pas suffisante et encore moins unique : il n'y a pas de relation de cause à effet entre cette fragilité en des moments particuliers et la mise en dépendance du sexe féminin en son entier par rapport au sexe masculin, dans tous les âges de la vie et ce, quelles que soient ou pourraient être les activités et les compétences des individus. Si elle appelle la protection, la fragilité n'implique pas *ipso facto* la sujétion.

Après cette explication naturaliste et fonctionnaliste, récusons deux autres raisonnements qui ont largement cours. L'illusion essentialiste tout d'abord : il y aurait une nature, une « essence » féminine dont les imperfections justifieraient la soumission du genre féminin en tout point. Nous remplaçons cette explication illusoire et tenace par l'idée de la manipulation symbolique des données concrètes et visibles afin de construire le réel comme nous voulons le voir. Le second raisonnement explique la domination par la violence, la seule force de la contrainte physique. Cette explication pense se renforcer par la croyance en l'existence d'un temps historique où les femmes auraient eu le pouvoir (matriarcat primitif), pouvoir dont elles auraient été destituées par la force et souvent en raison de leur incompétence. Or il s'agit de mythes qui expliquent ce que l'on observe en faisant appel à un état antérieur qu'il a fallu renverser pour que l'état actuel existe. Historiquement et non plus mythiquement, il y a bien eu des périodes où la fécondité féminine était révérée à l'exclusion de tout autre déterminant du féminin, mais cela n'impliquait ni l'égalité des statuts ni *a fortiori* leur inversion. Mettre la mère à la place de la femme revient à assigner à celle-ci une seule fonction qui oblitère la personne en elle.

Ces trois explications sont souvent associées : ce serait l'imperfection de la nature féminine, dont la faiblesse organique est un des éléments, qui serait cause à la fois de l'échec du matriarcat et de la violence exercée par les hommes pour contrôler cette imperfection. Et cela en dépit des contradictions internes qu'il est possible d'y déceler. En effet, si les femmes sont, de par leur nature essentielle, faibles et imparfaites, on ne voit pas comment la violence a pu être nécessaire de la part des hommes pour les destituer d'un pouvoir qu'elles auraient détenu et pour les asservir, d'autant qu'il est alors hautement improbable que ces faiblesses essentielles leur aient jamais permis d'acquérir un statut dominant. La combinaison des trois explications porte en germe l'inanité de chacune.

Une vision très archaïque

L'inégalité n'est pas un effet de la nature. Elle a été mise en place par la symbolisation dès les temps originels de l'espèce humaine à partir de l'observation et de l'interprétation des faits biologiques notables. Cette symbolisation est fondatrice de l'ordre social et des clivages mentaux qui sont toujours présents, même dans les sociétés occidentales les plus développées. C'est une vision très archaïque, qui n'est pas inaltérable pour autant ; très archaïque puisqu'elle dépend d'un travail de la pensée réalisé par nos lointains ancêtres au cours du processus d'hominisation à partir des données que leur fournissait leur seul moyen d'observation : les sens. Car les représentations ont la vie dure, et de plus elles fonctionnent dans nos pensées sans que nous ayons besoin de les convoquer et d'y réfléchir. Nous les recevons en partage dès notre enfance et les transmettons de la même manière. Sont-elles pour autant indéracinables ? Non. Les données du réel ont changé parce que les moyens de l'observation ont, certes assez récemment, changé. Les gamètes sont apparus sous le microscope à la fin du XVIIIe siècle, les gènes durant ces dernières décennies. Ce sont, nous le verrons, des connaissances fondamentales pour le changement actuel et à venir des rapports symboliques du masculin et du féminin. À condition de prendre conscience des raisons pour lesquelles ces nouvelles façons de concevoir l'humain ont un rapport avec la relation de dépendance au cœur du couple masculin/féminin. À condition aussi de comprendre comment elles peuvent servir à dénouer le rapport traditionnel de ce couple, en mettant en avant le double apport des cellules procréatrices. À condition enfin de lutter individuellement et collectivement contre les privilèges d'une pensée acquise à partir des observations faites par nos lointains ancêtres et réitérées depuis.

Ces observations étaient fondées sur ce qui leur était loisible d'observer avec leurs sens, dans leur milieu proche. La pensée naissante, pendant les millénaires de la formation de l'espèce *Homo sapiens*, prend son essor sur ces observations et sur la nécessité de leur donner du sens, à partir de la première opération qui consiste à apparier et à classer. Les objets se manipulent et sont appariés à partir de la constatation de leurs caractéristiques. Les objets vivants qu'observe au long cours cet *Homo* en train de se faire sont d'abord lui-même et ses congénères dans leur variété individuelle de taille, poids, pilosité, forme, couleur, etc., et tous les animaux visibles à l'œil nu dont il est entouré. La classification bute sur un même fait : toutes les espèces, aussi dissemblables soient-elles, entre elles et en leur propre sein, sont partagées par une même constante, ni maniable ni récusable : la différence sexuée, avec de mêmes composantes anatomiques et physiologiques et la production d'humeurs différenciées.

L'identique et le différent...

J'y vois la base objective et irrécusable d'un système englobant de classification selon l'identique et le différent du point de vue du sujet parlant. Cette catégorisation dualiste de base est à mes yeux issue de l'observation liminaire de la différence sexuée sur laquelle la volonté humaine n'a pas de prise. Elle est au cœur de tous les systèmes de pensée dans toutes les sociétés. Tous fonctionnent en effet avec des catégories dualistes, des oppositions binaires de caractère concret ou abstrait, lesquelles se trouvent, surtout les concrètes, connotées du signe du masculin et du féminin. Cette universalité, quelles que soient les souches humaines originelles, plaide pour une même cause, laquelle réside moins dans un câblage cérébral naturel qui serait le même pour tous, que dans l'effet que produisent les constantes observées sur la constitution même de ce câblage. Nous penserions sans doute différemment si nous n'étions pas sexués et soumis à cette forme particulière de reproduction qu'est la procréation. L'appréhension intellectuelle de la différence sexuée serait ainsi concomitante de l'expression même de toute pensée.

Sont ainsi connotées alternativement des caractères masculin et féminin, dans notre culture, les oppositions ordinaires suivantes : chaud/froid, sec/humide, actif/passif, rugueux/lisse, dur/mou, sain/malsain, rapide/lent, fort/faible, belliqueux/paisible, compétent/incompétent, clair/obscur, mobile/immobile, extérieur/intérieur, supérieur/inférieur, aventureux/casanier, etc., mais aussi abstrait/concret, théorique/empirique, transcendant/immanent, culture/nature, etc.

Cela dit, il n'y a rien là-dedans que la reconnaissance de l'altérité, de la différence duelle. Pourquoi la hiérarchie, signe de l'inégalité, s'est-elle insinuée au cœur de cette banale balance opposant deux à deux des termes antithétiques qui devraient avoir la même valeur ? Et pourquoi cette hiérarchie s'instaure-t-elle de manière telle que, de façon systématique, les catégories marquées du sceau du masculin sont supérieures aux autres ? L'ordre des catégories peut varier selon les sociétés, c'est le cas par exemple pour actif/passif ou Soleil/Lune, mais la valorisation est toujours masculine alors qu'elle se déplace objectivement d'un terme à l'autre d'un même doublet.

... et la valence différentielle des sexes

Avant de tenter de répondre à ces questions, interrogeons-nous d'abord sur l'instauration de ce que j'ai appelé la « valence différentielle des sexes », à la fois pouvoir d'un sexe sur l'autre ou valorisation de l'un et dévalorisation de l'autre. Telle que je l'ai vue apparaître dans l'étude de systèmes de parenté[2], la valence différentielle des sexes fait que le rapport masculin/féminin est construit en général sur le modèle parent/enfant, aîné/cadet et, plus globalement, sur le modèle antérieur/postérieur où l'antériorité vaut supériorité et autorité, selon le principe de la différence des générations, et non sur le simple modèle de la complémentarité. Elle est là, présente, au moment où se mettent en place selon la théorie lévi-straussienne les fondements du social : prohibition de l'inceste, exogamie, lien légal unissant les groupes (mariage) et répartition sexuelle des tâches. Se fondant sur l'observation ethnologique des faits qui ne souffre pas vraiment d'exception, Lévi-Strauss présente la prohibition de l'inceste comme une renonciation par des hommes à user sexuellement et à des fins reproductives de leurs filles et de leurs sœurs dans leurs groupes de consanguinité pour les échanger contre celles d'autres hommes appartenant à d'autres groupes, établissant ainsi les prémisses d'une vie sociale paisible et réglée[3]. Mais, pour que les hommes échangent entre eux les filles de leurs groupes respectifs, il fallait qu'ils en eussent d'ores et déjà le droit reconnu et le pouvoir. Si la valence différentielle des sexes n'avait pas été là en même temps, légitimant cette mainmise, nous devrions observer des sociétés échangistes fonctionnant dans les deux sens et pour les deux sexes en quantité égale, suivant des règles diverses dont nous pouvons imaginer la nature. Or ce n'est vraiment pas le cas. La valence différentielle des sexes est donc là dès l'origine du social. C'est à mes yeux la ligature sans laquelle les autres conditions du social citées ci-dessus et qui fonctionnent toujours de nos jours n'auraient pu s'instaurer.

Un socle dur d'observations primordiales

Il est également important d'avoir à l'esprit que d'autres éléments appartiennent aussi au socle dur et primordial des observations faites par nos lointains ancêtres : la vie s'accompagne de la mort ; la chaleur du sang connote la vie et le sang perdu par les femmes signale leur moindre chaleur par rapport aux hommes ; la copulation est nécessaire pour qu'il y ait naissance ; tous les actes sexuels ne sont pas nécessairement féconds ; les parents précèdent les enfants et les aînés les cadets ; les femmes se reproduisent à l'identique mais elles ont aussi la capacité exorbitante de produire des corps différents d'elles. Et d'autres encore.

Venons-en maintenant à la première question, celle de l'instauration d'une hiérarchie au cœur des catégories qui servent à dire l'identique et le différent. Une réponse, partielle, repose sur le fait que la notion d'équilibre est une notion abstraite, qui n'existe pas dans la nature, et qui est donc l'objet de quêtes constantes. Pour cette raison, les catégories dualistes sont toujours inégales en valeur.

Pour répondre à la deuxième question, celle de la valorisation systématique du masculin, j'ai tout d'abord pensé, je le rappelle, que la source de la hiérarchie se trouvait implicitement dans l'observation de certaines caractéristiques de la différence. La valeur serait déniée au féminin parce que les pertes de sang menstruelles ne peuvent être que subies, alors que la valeur du masculin dépend de la capacité volontaire d'influer ou non sur des phénomènes biologiques : faire saigner ou se faire saigner[4]. Mais c'est poser comme existant déjà au préalable la valorisation du vouloir (masculin) sur la passivité (féminine). Ainsi, même si cet argumentaire psychologique peut être retenu, car il est évident que des classements intellectuels ne peuvent être dépourvus d'affects et d'émotions, ce n'est pas là néanmoins le moteur efficace.

À la lumière de l'ethnologie, de la philosophie antique, des littératures traditionnelles, on voit exister, à côté d'un système social d'appropriation des femmes par leurs pères et frères qui disposent d'elles pour se procurer des épouses, et, légitimant ce système, des appareils de pensée qui, sur le mode conceptuel, dessaisissent les femmes de leur étrange pouvoir procréateur des enfants des deux sexes. Ils donnent aux hommes le rôle principal. Il n'existe pratiquement pas de société où tout dans la procréation soit censé provenir des femmes exclusivement. En revanche, y compris dans des sociétés de droit matrilinéaire, on trouve fréquemment que la femme est réduite au rôle soit de contenant (une matrice), soit de véhicule – lieu de passage parfois éclair comme c'est le cas par exemple dans la représentation de Jésus conçu par l'oreille et simultanément éjecté du flanc de Marie. Le plus souvent, on se représente la procréation comme un partage des apports même si l'apport principal en valeur vient de l'homme. Prenons le cas d'Aristote qui démontre que la femme ne serait que matière, proliférant de manière anarchique et monstrueuse si cette matière n'était dominée et maîtrisée par la force du *pneuma* de la semence masculine, qui apporte la vie, le souffle, l'esprit, la forme humaine, l'identité, valeurs nobles opposées à l'opaque matière féminine indifférenciée[5]. Cette manière de penser, qui s'élabore à partir des croyances de l'époque, n'est pas un hapax.

On la retrouve à peu de choses près dans les sociétés traditionnelles. Ces systèmes idéologiques de dépossession s'accompagnent d'une théorisation raffinée des humeurs du corps (leur nature, leur rôle, leur production), des rapports du chaud et du froid dans l'organisme, des types d'alimentation ou de régime de vie qui peuvent influencer et améliorer le résultat de l'acte procréateur.

L'importance et la quasi-universalité de ces représentations qui dessaisissent les femmes de leur capacité brute de fécondité montraient assez que le moteur de la hiérarchie était bien là : dans l'appropriation de la fécondité et sa répartition entre les hommes. Les femmes ont été tenues pour le bien le plus nécessaire à la survie du groupe. Sans reproductrices, il n'y a plus d'avenir. Étant donné le temps nécessaire à la fabrication *in utero*, au nourrissage au sein, à l'apprentissage de l'autonomie physique, une conclusion s'imposait : il fallait en outre que les femmes soient appropriées pour que les mâles ne courent pas le risque de voir le fruit convoité leur échapper au profit d'autrui, de même que le lien social de l'échange entre groupes partenaires était nécessaire pour ne plus risquer la mort dans des raids de prédation quand les femmes font défaut au sein du groupe. L'enlèvement permanent des Sabines est un sport mortel. L'ethnologue britannique Edward Tylor avait raison quand il déclarait à la fin du XIXe siècle que l'humanité a dû très tôt choisir entre se marier à l'extérieur ou se faire tuer à l'extérieur[6]. La règle sociale de l'exogamie a fait de l'échange de ces « ressources humaines » si utiles un sport tout aussi passionnant stratégiquement que la guerre ou la prédation, sans que les femmes perdent dans l'affaire leur caractère de butin. Le butin, la prise, l'objet d'échange et de manipulation n'est jamais considéré comme un partenaire égal en droits à celui qui le possède ou qui considère avoir le droit d'en disposer à son gré. Le grand ressort de cette appropriation, pour qu'elle soit totalement efficace, est ainsi le déni des capacités féminines de procréation. Ce déni opère au cœur des systèmes conceptuels relatifs à la procréation qui justifient l'appropriation des femmes par un renversement des causalités, leur éviction des tâches que l'ordre social pose comme nobles et l'établissement d'un corps de jugements de valeur fondés sur le dénigrement, que nous voyons toujours opérer de nos jours y compris dans nos sociétés.

On voit ainsi que des éléments de réflexion sur les observations du socle dur primordial ont joué un rôle majeur dans cette dépossession infligée aux femmes. Le premier élément procède du besoin de trouver une raison à cette capacité des femmes, que nous avons appelée « exorbitante », à produire les enfants des deux sexes, c'est-à-dire à faire non seulement de l'identique mais aussi du différent. Comment cela est-il possible ? C'est une question essentielle pour l'humanité qui ignore la rencontre des gamètes. Une réponse s'impose dans tous les cas, fortement majoritaires, où l'idéologie ne fait pas du sexe de l'enfant l'effet de la volonté d'une puissance extra-humaine : si les femmes font des fils, c'est l'indice qu'ils sont mis en elles par la semence masculine. Elles ne font que les abriter et en accoucher. Un pas de plus, et c'est la théorie aristotélicienne : un rapport réussi est celui où la semence impose le masculin à une matière féminine qui se reproduirait autrement à l'identique. Pour Aristote, la naissance des filles est la première monstruosité, elle signe l'échec du masculin, lors d'une épreuve de force constamment renouvelée, pour des raisons dues à des déficits particuliers en fonction de l'âge (trop jeune, trop vieux), du temps, de la nourriture, de la position, etc.

L'autre élément aggravant de cette réflexion est la déduction, là aussi universelle, que si seules les femmes sont capables de porter et d'accoucher, elles sont seules aussi responsables de la stérilité. Parfois, ce mauvais vouloir du féminin, qui lui serait naturel et consubstantiel, doit alors être forcé et contraint par la puissance mâle. Ainsi pensent par exemple les Indiens Navajo [7].

Un pas de plus : les hommes ne peuvent faire leurs fils

J'ai fait depuis un pas de plus, aussi bien à la lumière des faits ethnographiques que de l'analyse de discours. Ce n'est pas tant parce que les femmes ont le privilège d'enfanter les individus des deux sexes qu'il est nécessaire de s'approprier leur fécondité, de se les répartir entre hommes, de les emprisonner dans les tâches domestiques liées à la reproduction et à l'entretien du groupe et, simultanément, de dévaluer le tout

– en obtenant de surcroît l'assentiment des femmes assujetties à leur soumission par le maintien de l'ignorance notamment – que pour une autre raison, très proche et pourtant différente.

Pour se reproduire à l'identique, l'homme est *obligé de passer par un corps de femme*. Il ne peut le faire par lui-même. C'est cette incapacité qui assoit le destin de l'humanité féminine. On notera au passage que ce n'est pas l'envie du pénis qui entérine l'humiliation féminine mais ce scandale que les femmes font leurs filles alors que les hommes ne peuvent faire leurs fils. Cette injustice et ce mystère sont à l'origine de tout le reste, qui est advenu de façon semblable dans les groupes humains depuis l'origine de l'humanité et que nous appelons la « domination masculine ».

Le paradis sans altérité

Des preuves, il y en a. D'abord ces mythes si nombreux qui posent un monde excellent au départ et perverti par la suite. Quel était ce monde excellent ? Il était fait de parties autonomes unisexuées, femmes d'un côté, hommes de l'autre, où tous jouissaient des mêmes capacités et des mêmes modes de vie, chaque groupe sexué se reproduisant seul, à l'identique. L'harmonie primitive est dans l'absence d'altérité, avant qu'elle soit gâchée par un événement violent, une disruption. En Afrique de l'Ouest par exemple, la disruption est causée par le désir des hommes, élément du récit inexpliqué qui les rend insatisfaits de leur tranquille condition. Ils découvrent l'usage, non reproductif évidemment, qui peut être fait du corps des femmes qu'ils rencontrent dans leurs pérégrinations : une copulation pour le plaisir.

Les femmes acceptent. La divinité créatrice s'en fâche et, après quelques rappels à l'ordre, contraint les groupes unisexués à vivre ensemble aux dépens de la belle harmonie perdue, enlevant de surcroît aux hommes la capacité qu'ils avaient de porter et d'enfanter leurs fils. C'est cela le paradis perdu.

D'autres mythes, également nombreux dans d'autres régions du monde, font état de poches résiduelles d'une humanité d'avant l'humanité présente, d'avant le désastre de la vie commune et de la procréation sexuée. Il s'agit d'îles de femmes, perdues dans les océans, où des femmes entre elles, que découvre un voyageur égaré, continuent de se reproduire à l'identique par parthénogenèse ou grâce à l'ensemencement par le vent, le soleil, les plantes...

À côté de ces mythes de fondation, il y a des discours beaucoup plus actuels. Napoléon explique la non-reconnaissance des droits civils et politiques des femmes dans le Code civil par le fait que la femme appartient à son mari et que son devoir est de lui donner des fils. Dans un de ses discours, Ali Bel Hadj, vice-président du FIS algérien, déclare crûment : « La femme est une reproductrice d'hommes. Elle ne produit pas de liens matériels mais cette chose essentielle qu'est *le* musulman [8]. » Est oblitéré le fait qu'une femme enfante aussi des filles et des musulmanes. Cela en réalité ne compte pas. Il faut des filles, certes, mais le corps de la femme (un féminin générique comme la matière aristotélicienne) est ce mal nécessaire par lequel il faut passer pour faire des hommes et accessoirement d'autres femmes, qui n'ont de réalité intrinsèque qu'en tant que futures reproductrices d'hommes.

Un fils à tout prix

Nous savons l'importance que bien des peuples mettent dans la naissance du fils. L'idéologie s'en mêle. Quand les individus veulent à toute force des fils, cela conduit à un fort déficit en naissances féminines dans les pays où la démographie est sévèrement contrôlée comme l'Inde ou la Chine (où le *sex-ratio* est actuellement de 117). Ce déficit est dû au fait qu'on avorte des fœtus féminins identifiés par l'échographie, ou qu'on tue les filles à leur naissance, ou encore qu'on les abandonne dans des orphelinats – dont on parle en France comme de mouroirs d'enfants, c'est-à-dire de façon neutre, alors qu'ils sont peuplés à 98 % de filles, les autres (2 %) étant des garçons dont la débilité physique ou mentale explique l'abandon par leurs parents. Car les femmes souscrivent, par la force de l'idéologie et par l'intériorisation qu'elles en font, à un système qui les met au service de la procréation du masculin. Récemment encore, une émission télévisée sur la naissance en Russie montrait des femmes qui espèrent avoir un garçon « pour faire plaisir à leur mari » car « la famille veut un fils. Un fils, c'est l'héritier[9] ». En peu de mots, l'essentiel est dit.

Ainsi, le destin des femmes aurait été scellé dès l'origine de la pensée consciente, sur la base à la fois, d'une part de l'observation de la différence sexuée qui conditionne l'émergence pour la pensée des catégories binaires, hiérarchisées et valorisées parce qu'elles sont connotées respectivement des signes masculin et féminin, et d'autre part du fait que les hommes doivent passer par les femmes pour se reproduire à l'identique, ce qui implique l'appropriation et l'asservissement de ces dernières à cette tâche, et leur infériorisation.

Un levier essentiel : le droit à la contraception

Quel est donc le levier assez fort pour sortir de cet engrenage ? La conclusion s'impose vite. Si les femmes ont été mises en tutelle et dépossédées de leur statut de personne juridiquement autonome, qui est celui des hommes, pour être confinées dans un statut imposé de reproductrices, c'est en leur rendant la liberté dans ce domaine qu'elles vont acquérir à la fois dignité et autonomie. Le droit à la contraception, avec ce qu'il implique en amont – consentement, droit de choisir son conjoint, droit au divorce réglé par la loi et non simple répudiation, interdiction de donner en mariage des fillettes prépubères, etc. –, celui de disposer de son corps, constitue le levier essentiel parce qu'il agit au cœur même du lieu où la domination s'est produite. C'est la première marche : le reste, pour nécessaire et significatif qu'il soit – revendication de parité politique, d'égalité d'accès à l'enseignement, d'égalité professionnelle, salariale et de promotion dans l'entreprise, de respect dans les esprits et dans les mœurs, de partage des tâches, etc. –, ne peut avoir d'effet significatif et durable si cette première marche n'est pas gravie par toutes les femmes.

C'est là l'argument ou plutôt le message essentiel de ce livre.

Il est divisé en trois grandes parties. La première – *Idées reçues toujours actuelles* – examine quelques (et seulement quelques) grands arguments encore utilisés de nos jours dans nos sociétés pour légitimer une

« infériorité » féminine : il s'agit d'abord dans « La tête des femmes » de la recherche de différences significatives cérébrales et cognitives qui assoiraient cette infériorité. « Le danger des femmes » est celui qui est censé venir des femmes, comme l'imputation qui leur est faite, en Afrique par exemple, de la contamination des hommes par le virus du sida et, réciproquement et non contradictoirement, de la possibilité pour les hommes de se débarrasser du mal et du virus en couchant avec des fillettes pourvu qu'elles soient vierges et impubères ; deux autres chapitres traitent de la violence des femmes et du rapport immanence/transcendance tel, notamment, qu'il est sous-jacent à la pensée de Simone de Beauvoir.

La deuxième partie – *Critique* – fait en trois chapitres la critique de cette situation et pose la question non seulement des droits des femmes, mais d'un certain droit d'ingérence. Ou plutôt, elle présente une réflexion sur l'argument de la différence culturelle qui est généralement utilisé pour récuser d'avance toute ingérence en ce domaine. Or il n'y a là rien de spécifiquement culturel, au sens où chaque peuple aurait en effet sa manière propre et originale de voir et de construire ce rapport, mais au contraire un souci uniforme, sans nuance et massif, et donc politique, de maintenir une division et une hiérarchie considérées comme fondamentales pour le maintien du fonctionnement de sociétés fondées sur le privilège des mâles.

La troisième partie – *Solutions et blocages* – examine trois solutions et deux blocages. La solution fantasmatique fondée sur l'action des hommes en matière de procréation et de reproduction (qu'en serait-il d'une société dont la reproduction serait assurée exclusivement par le clonage, par exemple ?) ; la solution récemment apparue et fondamentale de la contraception, comme bouleversant de fond en comble le rapport des catégories du masculin et du féminin ; enfin, la question de la parité politique telle qu'elle a été posée depuis le XIXe siècle jusqu'à nos jours, notamment à travers les débats qu'elle a suscités en France. Enfin les obstacles : un chapitre est consacré à la prostitution. L'idée maîtresse en est que la prostitution, qui stigmatise les prostituées et non les clients, est un effet obligé de la toute-puissance accordée à l'homme, de l'absence intime de frein mis à la pulsion sexuelle masculine et à son expression (on ne parle pas ici de désir amoureux), et enfin de l'idée sous-jacente que le corps des femmes, quand il n'est pas approprié et jalousement gardé par un autre homme, appartient à tous. Viols, « tournantes », prostitution sont des traductions de ce complexe d'idées qui ne sont jamais clairement exprimées. Je prends parti, dans ce chapitre, contre la tendance à banaliser la prostitution en en faisant un travail comme les autres, tendance légalisée en Allemagne et aux Pays-Bas. Une action auprès de l'Europe est en cours, pour étendre juridiquement cette manière de voir aux pays membres. Ce serait un désastre, dans la mesure où il y a une contradiction profonde entre cette légalisation qui serait celle du droit irréfragable du mâle à assouvir sans frein ses pulsions sexuelles, et la mesure qui accorde aux femmes la dignité, l'autonomie et le statut de personne en leur reconnaissant le droit à la contraception. Le dernier chapitre traite des domaines qui restent à conquérir dans le monde du travail, le monde domestique, celui de la pensée et des représentations tel qu'il s'exprime notamment par la publicité, le cinéma, les arts, etc. ; il traite aussi de la maternité et de l'extension des acquis modernes au monde non occidental. Ce chapitre est naturellement problématique. Il ouvre la voie à de nouveaux travaux.

Dans ce travail qui porte sur le monde contemporain, j'ai accordé une grande place à la presse considérée comme source partagée d'informations, de savoirs, de représentations et également comme parole aussi digne de foi que celle des informateurs sur le terrain.

Qu'il me soit permis de remercier ici trois personnes dont le soutien moral, les commentaires intellectuels et l'aide pratique ont été pour moi, à des titres divers, nécessaires et essentiels : Jeanne Bénichou, Élisabeth Graf et Catherine Izard, ma fille.

PREMIÈRE PARTIE

Idées reçues toujours actuelles

CHAPITRE PREMIER

LA TÊTE DES FEMMES

Hommes et femmes sont différents, d'une différence qui est apparue irréductible dès les longues aubes de l'humanité pensante, qui nomme et classe. Cette différence était directement perçue par les sens, qu'elle soit anatomique ou physiologique. L'un et l'autre sexe n'étaient pas faits de la même manière et sécrétaient des humeurs différentes, sans compter que les femmes perdaient régulièrement leur sang, sans pouvoir l'empêcher. Les différences dues au jeu hormonal qui produit les caractères sexuels que nous appelons « secondaires », influant sur l'agressivité, le timbre de la voix, la pilosité, la taille, le poids, la forme corporelle..., n'étaient connues que par les effets perceptibles de ce jeu, de même qu'on ignorait, jusqu'à la fin du XVIIe siècle en Occident, la production des gonades, ovules et spermatozoïdes. Quant au caractère différenciateur le plus fondamental, le sexe génétique, chromosomique qui gouverne tous les autres, il ne pouvait être soupçonné.

Ce sont ces différences irréductibles simples qui nous servent à penser, parce qu'elles sont à l'origine d'un système de classification tout aussi primordial, concomitant à l'observation, en ce qu'il oppose l'identique au différent, le même à l'autre. Nos catégories binaires, qui opposent de manière radicale des notions, quantités, valeurs, elles aussi apparemment absolues (ce qui est chaud n'est pas froid, l'unique ne peut être multiple, etc.), découlent de cette expérience fondamentale. Nous penserions sans doute à l'aide d'un autre arsenal catégoriel si nous n'étions pas sexués. Rappelons-nous d'ailleurs que l'ordre sexué n'a pas toujours existé, puisque la divergence entre l'X et l'Y est apparue entre moins 320 et 240 millions d'années. On peut donc légitimement se demander comment une espèce évoluée consciente, qui serait l'équivalent d'*Homo sapiens*, se représenterait et organiserait mentalement le monde si cette divergence n'avait pas eu lieu. Cet arsenal catégoriel est universel, et les oppositions sexuelles, marquées du sceau du masculin et du féminin, sont hiérarchisées en ceci que les valeurs portées par l'un des pôles (le masculin) sont considérées comme supérieures à celles portées par l'autre.

Pourquoi cette hiérarchie et la domination conceptuelle du masculin ?

Une spécificité féminine ne pouvait paraître qu'un apanage exorbitant, non fondé : les femmes font les enfants des deux sexes. Une femme pouvait non seulement reproduire sa forme mais aussi produire la forme différente de la sienne ! C'est cette incompréhensible capacité qui est à l'origine, nous l'avons vu, d'un renversement conceptuel majeur qui donne aux hommes le rôle décisif dans la procréation. Car si seules les femmes sont fécondes, elles sont aussi seules responsables de la stérilité et il faut alors contraindre la féminité en elles à être féconde ; s'il ne peut y avoir de grossesse sans rapports sexuels préalables, c'est qu'ils fournissent le nécessaire à la fabrication de l'enfant ; enfin, si les femmes enfantent du différent, c'est qu'il a été placé en elles. Dans le prolongement de ces idées, le rôle procréateur des femmes est réduit dans certains systèmes de représentation soit à un lieu de passage, leur matrice, soit à une matière modelable par l'homme qui lui donne forme humaine. Ainsi, le parfait modèle aristotélicien – que l'on retrouve exprimé dans de nombreuses sociétés éloignées de la Grèce antique pratiquement en de mêmes termes et suivant rigoureusement le même raisonnement – place dans la chaleur de l'homme qui ne perd pas son sang la capacité de coction, opération qui transforme le sang porteur de vie en sperme, lequel est le support éthéré de la vie, de la chaleur qui l'accompagne, de la forme de l'esprit. La mère ne fournit qu'une matière qui proliférerait de manière anarchique et monstrueuse si elle n'était dominée, contrôlée et agencée par le *pneuma* masculin contenu dans la semence.

Mais d'où vient la semence ?

Il s'agit là aussi d'une interrogation puissante, à laquelle l'humanité a apporté diverses réponses. La nourriture se transforme en semence à la fin d'une alchimie secrète et selon des cheminements plus ou moins directs, comme dans le modèle aristotélicien ou dans la pensée hindoue. Ou bien la semence est donnée par Dieu ou par des esprits. Ou bien encore elle provient d'une dotation initiale, parfois complétée à l'aide d'aliments spéciaux, qu'il faut savoir gérer, comme dans les systèmes néo-guinéens ; dotation parfois fournie par la divinité, mais souvent par les hommes entre générations successives, des adultes faisant don de semence (par fellation ou sodomie) à de jeunes garçons, selon des règles précises de transfert entre inséminateur et inséminé [1].

Et où cette dotation est-elle stockée ? Si nous nous en tenons au modèle explicatif dont le monde occidental a hérité ou dont nous sommes le plus proche, la semence se rassemble dans les os, est stockée dans la tête et descend jusqu'au pénis le long de la colonne vertébrale, en une lente défluxion qui devient brutale le temps de l'acte sexuel et « vide » alors l'homme de sa substance. Léonard de Vinci a ainsi représenté ce cheminement dans des coupes sagittales représentant un homme et une femme pendant l'amour [2]. En quelque sorte, la capacité virile sexuelle d'engendrement est le garant de la capacité intellectuelle de l'homme. Elles utilisent toutes deux le même support.

Mais la tête des femmes est vide de substance spermatique. Dans la pensée grecque, fortement exprimée par Hippocrate et ses suivants en médecine, le corps des femmes est caractérisé par ce vide essentiel qui autorise les déplacements des organes. Le sang congestionne la matrice des jeunes vierges et s'élance vers le cœur et le diaphragme qu'il étreint. Le sang s'étrangle dans une matrice erratique, car la bouche de la matrice est à la bouche ce que le col de la matrice est au cou. Le propre de la matrice est de se déplacer et de se loger parfois dans ce vide qu'est la tête féminine, dans le plus pur modèle de l'hystérie. La femme ainsi n'a de tête que dans la mesure où elle a une matrice et parfois matrice et tête se confondent.

Une circulation directe conduit de la matrice des femmes à leur bouche. Des fumigations faites par le bas du corps sont censées ressortir par la bouche et c'est d'ailleurs ainsi qu'exerce la Pythie sur son trépied. Dans cette pensée grecque, on ne trouve pas dans le corps féminin la symétrie observable dans le corps masculin, où le nez équivaut au pénis. Et alors qu'un conduit direct mène du réservoir de semence situé dans la tête au nez (ce qui explique l'éternuement lié au désir) et au pénis mâles, la tête féminine dépourvue de semence n'est qu'un ventre, lecture imagée du « *tota mulier in utero* ».

Tota mulier in utero

La femme pense et agit avec son ventre. La Grèce fournit de cela des représentations iconographiques. Baubo, la vieille nourrice autochtone, la femme obscène dont le sexe bâille, rit et parle un langage de borborygmes, n'est rien d'autre qu'une masse corporelle où tête et ventre sont confondus [3].

C'est cette absence de contenu spermatique, remplacé par un utérus mobile qui ne trouve pas toujours sa place et ses frontières au sein du corps féminin, qui légitime, dans cette pensée grecque savante et rationalisante, d'une part l'hystérie et le suicide des femmes par pendaison, par un étranglement du col semblable à l'étouffement du sang au col de la matrice engorgée, d'autre part l'ensemble des connotations méprisantes du discours ordinaire sur la tête vide et légère des femmes. Comme l'écrivait de façon plaisante, *a contrario*, Claude Sarraute à propos des déboires d'enfantement des femmes actives et intellectuelles : « Tête pleine, ventre vide... Le principe des vases communicants [4]. » C'est bien en effet de cette même logique grecque qu'il s'agit encore dans nos modèles d'interprétation.

De l'imbécillité des femmes

De fait, à quelques exceptions près qui touchent davantage des individus ou des classes sociales que l'ensemble des femmes des diverses sociétés du monde connu, l'équivalence ventre plein/tête vide joue pleinement et se traduit par le refus d'accorder aux femmes l'accès à la connaissance et aux savoirs de leur lieu et de leur temps autres que ceux qui sont directement liés à l'état domestique où elles sont confinées.

Les sociétés occidentales qui nous intéressent ici plus particulièrement ont développé un modèle explicatif qui lie la force masculine à la supériorité de l'essence de l'homme, légitimant son accès exclusif aux positions de pouvoir et aux savoirs. Selon Elsa Dorlin [5], on trouve au XVIIe siècle non seulement un grand nombre d'ouvrages sur la question de la différence sexuée, mais aussi, parallèlement à une littérature misogyne souvent dégradante (« femme abîme de bêtise » au « ventre putride » et au « lait mortifère [6] »), une controverse philosophique très charpentée et documentée sur l'évidence de l'égalité des sexes, quant à leurs capacités intellectuelles et morales notamment.

Gabrielle Suchon, François Poullain de la Barre, Marie de Gournay, Anna Maria van Schurmann en sont les principaux auteurs, usant de la logique et de la rhétorique pour contrer les arguments de leurs détracteurs dans les milieux de la philosophie politique. Poullain de la Barre montre ainsi que l'argument principal des misogynes est celui fondé sur la tradition : si les femmes, dit-on, « avaient esté capables des sciences et des emplois », les hommes leur auraient fait place. Pour Marie de Gournay, l'argument de la supériorité physique des hommes, censée installer toutes les autres formes de supériorité, est fondamentalement stupide. En effet, si l'obéissance et la sujétion sont légitimées par la force, alors l'être humain doit se soumettre à la force brute animale. Si ce qui fait la différence d'avec l'animal est que l'être humain est doté de raison, alors il ne peut y avoir exclusion d'une partie de l'espèce sous ce rapport. Ainsi donc, contraindre les femmes à rester dans l'ignorance et dans l'animalité de la condition de reproductrices est un acte volontaire d'exclusion qui ne peut trouver en lui-même sa légitimation. Quant à Gabrielle Suchon, elle montre que la sujétion dans laquelle les femmes sont tenues prend sa source dans la suppression consciemment organisée de trois « avantages » sociaux considérables qui sont, en contrepartie, réservés aux hommes : la liberté, « chose extrêmement délicate », la science, « élevée et sublime », et l'autorité, « éclatante », la privation des deux premiers avantages étant la condition résolument nécessaire pour empêcher les femmes de prétendre au troisième, c'est-à-dire au pouvoir. C'est là une analyse stupéfiante de justesse. Ces privations sont présentées comme « effet de justice » puisque leur justification réside tout entière dans l'imputation d'incapacité tant physique qu'intellectuelle aux femmes, dans leur « imbécillité » supposée.

Une des grandes questions soulevées par ces auteurs est de comprendre pourquoi leurs arguments si rationnels ne peuvent convaincre leurs opposants, de comprendre surtout comment il se fait qu'une situation aussi préjudiciable aux intérêts de la moitié de l'humanité a pu se mettre en place et se maintenir dans la société européenne.

Leur faisait certes défaut l'idée d'un rapport étroit entre ces conduites d'exclusion, bien qu'elles aient eu pour effet clairement visible de maintenir les femmes dans un statut domestique, d'entretien, de services et de reproduction, et l'ensemble très archaïque de représentations dont nous montrons l'existence, faisant des femmes le matériau voué à la naissance des fils des hommes, fils engendrés par la substance spermatique stockée dans les os et dans le crâne de leurs pères, dont les femmes sont dépourvues. Mais si cette idée ne pouvait déjà germer, elle était de plus entravée par la nécessité pour ces auteurs de se plier aux règles de la joute rhétorique, de nature théorique et respectueuse des grands textes, de manière à faire entendre quelque peu leur voix et leur pensée aux dogmatiques de leur temps, en usant des mêmes mécanismes d'expression qu'eux. Enfin, il est vraisemblable que la revendication pour l'accès des femmes à l'éducation et au savoir (il n'est question ni de liberté ni d'autorité) ne pouvait être fondée dans ce contexte que sur des arguments de type philosophique, non sur l'analyse de représentations populaires qu'il aurait fallu mettre au jour. Cela aurait été de l'ordre de l'impensable.

La traque contemporaine de la supériorité masculine

Maintenant que cet ancien système de pensée est censé n'avoir plus cours, qui fondait sur un vide essentiel l'infériorité féminine selon un processus complexe où la fécondité des femmes les attachait à un utérus qui leur tenait place de cerveau, que voit-on se passer ? On sait désormais que le cerveau des femmes occupe le même lieu que celui des hommes, qu'il présente les mêmes formes, les mêmes circonvolutions, les mêmes zones, qu'il a les mêmes capacités et remplit les mêmes fonctions. Et pourtant, se fondant sur le poids qui varie selon la taille, Broca pouvait écrire savamment que la petitesse relative du cerveau de la femme « dépend à la fois de son infériorité physique et de son infériorité intellectuelle ». Pour Gustave Le Bon, qui allait plus loin, les crânes de la plupart des femmes sont plus proches de ceux des gorilles que des mâles humains. Lorsque ces critères de taille et de poids ont cessé d'être pertinents, on a cherché sans succès à établir des différences significatives d'intelligence entre garçons et filles au moyen des tests du quotient intellectuel. Les performances sont les mêmes. Pourtant, on traque toujours la différence qui établirait définitivement la supériorité masculine.

Elle s'établit désormais au cœur même de l'organisation cérébrale. On ne pense plus que le tissu cérébral et la semence masculine sont de même nature et que les femmes en sont dépourvues. On ne pense plus, de manière grossière, que le poids de la masse du cerveau est un critère déterminant de l'intelligence. Il s'agit désormais de trouver, dans l'organisation neuronale même, non seulement des différences entre hommes et femmes, mais encore des écarts différentiels entraînant de manière naturelle car biologique des comportements contrastés où il est aisé de retrouver en actes la supériorité du masculin.

Une inscription héritée de l'évolution

Doreen Kimura, psychologue, développe de nombreux arguments en ce sens, avec pour objectif de réfuter les thèses comportementalistes, lesquelles attribuent au milieu, à l'éducation différente et précoce donnée aux enfants et aux modèles qui leur sont présentés dès leur naissance selon leur sexe, les différences observables quant aux aptitudes physiques et intellectuelles des individus des deux sexes. Aux différences qu'elle inventorie, qui sont des performances à des tests sélectionnés, elle assigne comme origine une inscription devenue définitive dans les cerveaux humains et transmissible sous forme biologique, de modifications sexuées dues aux occupations affectées à chaque sexe au cours du long passé de l'histoire humaine. « Les hommes couvraient en général de grandes distances pour trouver de la nourriture ou des partenaires, ou avaient la responsabilité de guider le groupe que constituait la famille. Bien que l'homme moderne n'ait peut-être pas ces contraintes, notre héritage de l'évolution reste inchangé[7]. » Il ne lui vient pas à l'esprit qu'il conviendrait au préalable d'expliquer pourquoi il se fait que l'homme a la charge de guider le groupe familial, et pourquoi lui seul aurait eu à parcourir de grandes distances pour les deux raisons indiquées (nourriture et gratification sexuelle) alors même que l'étude contemporaine des sociétés de ramasseurs-collecteurs ou de chasseurs-collecteurs, qui semblent être les plus proches du mode de vie de nos ancêtres préhistoriques, montre que les femmes parcourent des distances analogues à celles que franchissent les hommes et, en ce qui concerne la nourriture, qu'elles couvrent par leur travail de collecte plus des trois quarts des besoins du groupe et cela de façon régulière et non pas aléatoire.

Pour des raisons analogues, « l'homme est bien meilleur que la femme dans des aptitudes de visée, comme le lancer de fléchettes ou l'interception d'un projectile », alors que la femme est plus rapide que l'homme « dans une série de mouvements impliquant... des aptitudes de fine motricité » (dactylographie ou assemblage de pièces fines et complexes, par exemple). De même, si les hommes réussissent mieux que les femmes les tests de rotation mentale, ce serait dû également au fait que « la division du travail dans les sociétés d'hominiens aurait exercé une pression de sélection plus grande sur l'homme pour qu'évoluent en lui des capacités de navigation sur de longues distances, avec, entre autres, celle de reconnaître une scène sous différents angles ou points de vue, qui est nécessaire dans la rotation mentale », avec établissement *in fine* d'une carte cognitive[8]. En revanche, les femmes sont meilleures que les hommes pour mémoriser l'emplacement des objets. Enfin, si les hommes ont des scores plus élevés aux tests d'aptitude au raisonnement mathématique, les femmes réussissent mieux ceux qui impliquent un calcul. Au total, au cours de cette longue quête de différences significatives, Kimura nie l'influence de la socialisation et des attentes différentielles à l'égard des enfants pour voir dans les résultats de tests *ad hoc,* qu'elle et d'autres auteurs observent, la conséquence gravée de la seule répartition des tâches au fil du long processus d'hominisation, dessinant cependant en creux sans même s'en rendre compte une double image où abstrait s'oppose à concret, force à finesse, déduction réflexive à mémoire, où abstraction, force et capacité déductive sont implicitement présentées comme la norme supérieure. Et quand la femme réussit mieux que l'homme, comme dans les tests de « mémoire verbale intentionnelle », c'est qu'il n'était pas avantageux pour lui, dans l'argumentaire de Kimura, de privilégier un système mémo-riel d'enregistrement de repères puisqu'il ne s'en servait pas, mais aussi parce que les activités domestiques féminines requièrent une organisation suivie et répétée de mouvements séquentiels qu'il importe de pouvoir nommer, ce qui n'est pas nécessaire dans la traque masculine du gibier. Tous postulats naïfs qu'il conviendrait de justifier. Mais Kimura ne se pose jamais la question de savoir pourquoi toutes les sociétés humaines ont codifié un certain type de répartition sexuée des tâches (qui n'est pas uniforme de façon universelle) dont l'effet au long cours est, selon elle, de déterminer biologiquement nos aptitudes modernes alors même que ce simple raisonnement aurait dû l'amener à postuler que cette répartition sexuée des tâches n'était pas obligatoirement dictée par des aptitudes différentielles contraignantes.

Un étalon de valeur jamais questionné

Le dernier avatar de cette recherche a été publié en avril 2000 dans *Nature Neuroscience* ; il s'agit d'une étude portant sur la capacité respective d'hommes et de femmes, enregistrée par imagerie à résonance magnétique (IRM), à sortir d'un labyrinthe virtuel [9]. Il faut pour cela 141 secondes à un homme, 196 à une femme parce qu'ils n'utilisent pas les mêmes aires cérébrales (préfrontale et pariétale de l'hémisphère droit pour les femmes, hippocampe gauche pour les hommes), ce qui s'accompagne de stratégies différentes : indices et repères de couleur, lumière, texture, qui laissent en éveil la mémoire de travail du côté féminin, informations géométriques du côté masculin. Pour les auteurs de ce travail montrant que le cerveau serait sexué, il ne s'agit certes pas de définir la supériorité d'un sexe sur l'autre, mais seulement de mettre en valeur la manière spécifique dont chaque sexe utilise génériquement son cerveau. D'autant que ces caractéristiques se retrouveraient expérimentalement chez le rat : privé d'hippocampe, le mâle aura encore plus de peine à s'orienter que les femelles. Comme ils l'écrivent de façon qui se veut plaisante, et pour écarter les critiques environnementalistes qui mettraient ces différences au compte d'un dressage dû à l'entraînement et à l'éducation : certes, les femelles ne restaient pas à la maison nettoyer leurs cages pendant que les mâles allaient chasser ! Passons sur cette présentation efficacement comique des choses pour ne garder que l'idée implicite d'une différence « essentielle » due au sexe, quelle que soit l'espèce animale et sans rapport réel avec la survie, puisque rates et rats vont équitablement chasser, à ceci près que rien n'est dit de la plus ou moins grande efficacité de la chasse selon qu'on s'oriente à partir de critères géométriques ou de repères sensibles : et si les rates réussissaient mieux, de même que les femmes collectrices qui utilisent davantage les repères mémorisés que de pures propriétés géométriques de l'espace !

Admettons donc que ce dernier état de la recherche soit le bon : le cerveau est sexué, ce que ne seraient pas nos autres organes vitaux, moins pour ce qui est de son organisation que de son utilisation par l'un et l'autre sexe, et cela est vrai du rat comme de l'homme. Mais, de façon subtile, la hiérarchie reprend ses droits. On ancre dans l'utilisation cérébrale, qui commanderait nos actes et particulièrement notre système cognitif, et sous une représentation nouvelle, un ordre hiérarchique des manifestations capacitaires qui va toujours dans le même sens. Comme l'écrit le commentateur du *Monde* : « Les machistes seront heureux d'apprendre que la science confirme l'une de leurs intuitions : le sens de l'orientation est plus le propre de l'homme que de la femme. » Pourquoi devraient-ils être heureux d'une simple constatation s'il n'était pas implicitement admis par tous que savoir s'orienter, et rapidement, et en usant de critères abstraits et géométriques, est intellectuellement supérieur à le faire plus lentement, en usant de critères sensibles ? En quelque sorte, dans le langage scientifique comme dans le langage trivial, prévalent, comme des fondements non questionnables, des catégories sexuées dualistes où géométrique est supérieur à sensible, abstrait à concret, rapide à lent, comme masculin l'est à féminin. Elles fondent et la recherche et son interprétation. C'est un donné qui est là, dans la tête des chercheurs, des commentateurs, des lecteurs. Par rapport à cet étalon, il y a une bonne manière d'utiliser son cerveau et une autre qui l'est moins.

Pour Hippocrate, l'utérus des femmes leur tient lieu de cerveau. Lacan disait qu'il n'y a de femme qu'exclue par la nature des choses qui est la nature des mots et donc ne sachant pas ce qu'elle dit. Maintenant, on admet scientifiquement que les femmes ont un cerveau et la capacité de se servir des mots, mais un nouveau bastion du sexisme érige dans l'utilisation de celui-ci une nouvelle différence hiérarchisée, conçue toujours comme essentielle et de nature. Comment en serait-il autrement si l'on ne se rend pas compte que la grille de lecture avec laquelle nous fonctionnons est toujours celle, immuable et archaïque, des catégories hiérarchisées issues des lointaines compétences de nos ancêtres limitées à ce que leurs sens pouvaient appréhender ?

CHAPITRE 2

DU DANGER DES FEMMES

On me permettra d'user volontairement de l'ambiguïté de ce titre. « Du danger des femmes » signale ce point central où se mêle la double conscience ou conviction qu'un danger pour les hommes naît de leur commerce avec les femmes, mais aussi que les femmes sont en danger. Or, si l'actualité dans le monde montre la vérité de la deuxième proposition pour la majeure partie de l'humanité, il reste que dans l'esprit public la première proposition – les femmes sont dangereuses – a, de loin, le dessus et sert même de justification à des actes qui soulignent la vérité de la deuxième assertion en la rendant légitime : c'est parce qu'elles sont dangereuses, surtout pour la partie masculine de l'humanité, qu'elles doivent être tenues en lisière, étroitement contrôlées et que leur vie peut même être menacée.

Le sang perdu. Aristote et Galien

Grâce à la tradition judéo-chrétienne, nous sommes habitués à l'expression classique de l'opposition pur/

impur, laquelle reflète la dichotomie masculin/féminin. Les femmes dans cette tradition sont considérées comme naturellement impures du fait qu'elles perdent leur sang de façon maximale pendant les règles et la parturition, mais aussi de façon permanente. Qu'est-ce à dire ? Dans un raisonnement tautologique initié – de façon savante, s'entend – par Aristote [1], la nature imparfaite des femmes provient de leur froideur, manifestée par les pertes du sang, lequel est porteur de la chaleur de la vie. Cette froideur leur interdit de parvenir au degré de chaleur qu'atteignent aisément les hommes étant donné qu'ils ne perdent pas le leur, chaleur qui leur permet de transmuer non seulement la nourriture en sang, ce que les femmes arrivent à faire également, mais aussi, par une coction supplémentaire, le sang en sperme, c'est-à-dire en une substance où sont investies les qualités qui font l'essence de l'humain : la vie, le souffle, la forme, la pensée. Les femmes, à qui manque cette capacité supplémentaire de coction, parviennent seulement à transmuer le sang en lait, c'est-à-dire en nourriture nécessaire à l'édification et à l'entretien de la matière corporelle, laquelle sera le support de la vie, du souffle, de la forme, de la pensée.

C'est pour cette raison – elles sont froides – que les femmes sont « naturellement » inférieures, tant pour Aristote que pour Galien. Celui-ci justifie en outre l'infériorité féminine par une imperfection qui fait que les organes génitaux de la femelle, semblables à ceux du mâle, sont invaginés à l'intérieur du corps ; ils n'ont pu s'extérioriser comme ceux de l'homme, du fait de l'insuffisante chaleur féminine. La femme est ainsi comme un gant dont on retourne les doigts à l'intérieur. De ce désavantage, qui légitime les oppositions externe/interne, extérieur/intérieur applicables aux deux sexes, naît cependant un avantage. Le scrotum invaginé, devenu la matrice, peut accueillir le fœtus qu'elle ne peut engendrer elle-même.

Froide en effet, si elle peut transformer la nourriture en sang, il lui manque la chaleur nécessaire pour permettre l'assimilation totale de ce sang par son corps, de même que pour la transformation en sperme. Elle perd ce surplus par les règles, puis l'utilise pour nourrir et fabriquer le fœtus, et enfin elle le transforme en lait, avatar inférieur au sperme. C'est la raison pour laquelle les femmes enceintes ou allaitantes ne voient pas leurs menstrues (on reconnaît là d'ailleurs une croyance qui a toujours cours). Leur état normal est un état de médiocrité : suffisamment chaudes pour transmuer la nourriture en sang puis en lait afin de nourrir le fœtus puis le bébé, insuffisamment chaudes pour parfaire une semence capable de concevoir par elle-même.

Il s'ensuit que les femmes ne sont chaudes que pendant les périodes extrêmes de leur vie, où leur chaleur approche celle des hommes : enfance et adolescence prépubertaire, temps de la ménopause mais aussi temps de la grossesse.

Attirance et répulsion

Ainsi s'expliquent, selon une logique d'attirance ou de répulsion de qualités identiques ou opposées, selon les contextes, un certain nombre d'interdits observés dans un grand nombre de populations. Les Samo du Burkina Faso, chez qui j'ai travaillé, pensent qu'une femme ayant ses règles qui passerait à proximité du lieu où les hommes font cuire en silence le poison des flèches ferait avorter cette préparation : son corps en intense refroidissement attire la chaleur de cette cuisson particulière et dérobe ainsi la force du poison. Inversement, une femme enceinte ne peut passer à proximité d'un haut-fourneau ou de la forge en marche : la chaleur du lieu attire et dérobe celle, moindre, du fœtus en train de cuire doucement dans le ventre maternel comme le fer dans le haut-fourneau ; elle entraîne la dessiccation du fœtus et l'avortement spontané. De même, par sympathie, un homme dont la femme est enceinte ne peut descendre au fond de puits très profonds (80 mètres en moyenne), car il accumulerait la chaleur de la terre et par simple contiguïté causerait l'avortement de son enfant. Par ce simple exemple est illustré le double aspect de la proposition initiale : femme dangereuse, elle fait rater des entreprises masculines ; femme en danger, elle court dans des situations particulières le risque d'avorter ou d'être malade.

Chaleur/froideur, externalité/intériorité, activité/passivité sont ainsi placées en filigrane derrière les notions de pur et d'impur. Les menstrues comme l'accouchement sont en effet perçus comme des actes passifs, subis, que la volonté féminine ne peut, sauf exceptions, modifier. Et encore ces exceptions impliquent-elles non seulement la volonté mais aussi des actes pratiqués assidûment. Ainsi les femmes qui recherchent l'immortalité taoïste doivent, par le jeûne, parvenir à tarir leurs règles[2]. Les anorexiques, saintes ou profanes, arrivent au même résultat.

On trouve ces mêmes oppositions avec le même type de classement dans bien d'autres cultures et civilisations, comme en terre d'Islam ou dans le monde hindou. Dans le monde chrétien, saint Augustin ajoute l'opposition sain/malsain. Le corps féminin, et lui seul, est un sac rempli d'ordures dont il est difficilement concevable qu'il puisse susciter le désir. Pour cela, il y faut nécessairement une intervention diabolique. La naissance est la toute première impureté. Nous naissons entre les fèces et l'urine.

Le yin *et le* yang *chinois*

Prenons le cas chinois. En Chine, les femmes relèvent du *yin*, elles sont froides, et les hommes du *yang*, ils sont chauds. Mais c'est une opposition relative ; des organes sont plutôt *yin*, d'autres sont plutôt *yang*. Comme chez Aristote, c'est le souffle du père qui est à l'origine de la conception de l'enfant, lequel est nourri par le sang puis par le lait de la mère. Les hommes versent volontairement le sang d'animaux, lors de sacrifices, ou le leur, lors de transes, ou celui des autres, mais c'est seulement le sang féminin, et surtout celui de la parturition, qui coule passivement, qui est conçu comme dangereux et polluant. Mais aussi, « les femmes consomment leur vie sur un rythme plus rapide que celui des hommes », selon Buckley, car si le développement masculin est régi par le chiffre 8, celui des femmes l'est par le chiffre 7. Elles connaissent donc une situation naturellement dangereuse puisque leur vitalité s'épuise plus vite, d'autant que la grossesse les place dans une situation fondamentalement ambiguë car un corps de nature froide est contraint d'en abriter un autre qui est de nature chaude. Cette situation engendre un poison qui s'exprime dans les problèmes liés à la grossesse, à la parturition et au *post-partum*. Enfin, le pouvoir même du corps féminin de construire cet être différent d'elle est craint et considéré comme menaçant pour la lignée des hommes. On pensait que la femme pouvait modifier le sexe de l'enfant pendant les trois premiers mois de la grossesse. Toute naissance de fille provenait de cette capacité. Pour obtenir qu'elle mette au monde un garçon, la future mère doit se soumettre à une bonne diète et à un comportement mesuré et décent. « De ces approches diverses se dégage une vision de la femme comme un être déséquilibré, changeant, souffreteux et potentiellement dangereux, régi par une physiologie où prédominent l'instabilité et l'émotivité [3]. »

Dans ce modèle, c'est à la lisière de la vie transmise, c'est-à-dire tant lors de la grossesse que de la naissance, que se situent les événements majeurs de pollution et de danger, en liaison avec le sang retenu ou perdu. La femme est dangereuse pour la lignée agnatique de son mari dont elle contrarie le désir en raison de sa capacité à changer le sexe du fœtus, puisqu'on attend toujours un fils. Au départ, le fœtus est donc nécessairement masculin. Mais elle est aussi un danger en raison de l'antagonisme des valeurs exprimées en son corps : la sienne propre qui est *yin*, celle du fœtus qui est *yang*.

Le pur et l'impur dans le judaïsme

Si les notions de pur et d'impur semblent plus complexes dans le judaïsme [4], où les pratiques purificatoires et sacrifices expiatoires ponctuent la vie des prêtres mais aussi du commun des mortels pour éliminer en présence de Dieu les souillures morales et les souillures physiques, il reste que l'analyse de ces dernières – pollutions corporelles (avec des substances comme le sang, le sperme, le pus, les excréments), maladies de peau (lèpre et corruptions) et contact avec des cadavres – révèle un certain nombre de constantes.

L'immersion purificatrice (différente des soins d'hygiène) est pratiquée par les femmes au sortir de leurs menstrues et des relevailles, elle autorise la reprise de l'acte sexuel sans souillure pour l'homme. Elle fait aussi partie des rites de deuil. Mais c'est par l'intermédiaire de la nourriture que la pureté est recherchée au quotidien. L'alimentation carnée n'a en effet été accordée aux hommes par Dieu que tardivement dans l'alliance avec son peuple, à la double condition de ne manger que la chair d'animaux purs (c'est-à-dire conformes à une certaine idée que l'homme se fait de leur espèce) et en excluant le sang, qui est la part de Dieu, car « le sang c'est la vie et tu ne mangeras pas la vie avec la chair », dit le Deutéronome (12-23).

Les animaux purs sont les quadrupèdes qui ruminent et ont le sabot fendu, le bétail donc (ce qui élimine le porc qui ne rumine pas), les poissons qui ont à la fois écailles et nageoires (ce qui élimine les crustacés), et les oiseaux qui ne sont pas de proie. L'interdit du sang signifie que Dieu seul donne la vie et peut la reprendre. L'animal peut être sacrifié par l'homme si son sang est offert sur l'autel et la chair brûlée en hommage à Dieu. L'abattage rituel ainsi que la préparation de la viande pour la rendre consommable évacuent le maximum de sang. Mais cette chair morte, privée de sang et devenue viande consommable par l'homme, est un symbole de mort.

On ne mélange pas le lait et la viande lors de la cuisson ni même sur la table. Intrinsèquement, chacun de ces deux éléments est pur, mais leur mélange ne l'est pas, puisqu'il associe la vie (lait) et la mort (sang). On n'associe pas non plus la laine et le lin dans des vêtements, acte également perçu comme mélange de vie et de mort : la laine vivante est prélevée sur l'animal et se renouvelle ; le lin doit être arraché racines comprises et sa culture nécessite un nouvel ensemencement.

On voit poindre un des éléments majeurs justifiant l'imputation d'impureté féminine congénitale : même si elle peut être purifiée par les rituels de lustration après menstrues et accouchement, et elle l'est de manière à permettre la reprise de rapports sexuels non dangereux pour son mari et productifs, toute femme est par nature porteuse de l'antagonisme de la vie et de la mort, du lait et du sang mêlés, source profonde de la pollution.

Ainsi les oppositions pur/impur, masculin/féminin, lustré/pollué-polluant sont-elles couramment exprimées dans ces diverses cultures. Elles recouvrent, on le voit, de façon retournée comme l'est l'anatomie féminine selon Galien, une série d'autres oppositions binaires également marquées du sceau du masculin et du féminin, où font contraste les notions de protection/agression, sécurité/danger, bénéfique/maléfique. Les termes à connotation positive – bienfait, sécurité, protection – sont du côté masculin, ceux à connotation négative – maléfice, agression, danger – sont du côté féminin.

Bref inventaire ethnologique

Parce que leurs règles perturbent non seulement les activités des hommes (comme on en a vu un exemple ci-dessus) mais aussi leur puissance sexuelle, dans de nombreuses populations du monde les femmes sont souvent isolées de la communauté et placées dans des huttes spéciales, parfois hors du village, et éloignées des chemins qu'ils peuvent emprunter. C'est vrai aussi, avec un grand luxe de protections, à l'intention des autres mais aussi pour elles-mêmes, lors des premières menstrues ou des accouchements : hors de portée et de vue des hommes, il convient notamment de les réchauffer artificiellement pour compenser la perte brutale de chaleur dont elles souffrent. Dans le quotidien, il est fréquemment interdit aux femmes menstruées de cuisiner pour leurs maris. Les hommes ne peuvent avoir de rapports sexuels avec une femme, même leur épouse, avant de partir à la chasse, sinon le gibier les fuit. Serait-ce que la disparition temporaire de semence les refroidit et leur confère brièvement quelque chose qui s'apparente à l'odeur de mort ? On trouve aussi la croyance, comme chez les Mossi du Burkina Faso, qu'une goutte de lait maternel qui tomberait accidentellement sur le sexe de l'enfant mâle (on n'ose penser à un acte intentionnel) le condamnerait à l'impuissance, en l'empêchant définitivement de parvenir à l'intense chaleur nécessaire à la coction qu'il devra ultérieurement accomplir pour obtenir du sperme. Et de façon générale, en Afrique, une femme ne peut enjamber son mari de peur qu'une goutte de sang froid et délétère n'attente à ses capacités viriles chaudes et bienfaisantes.

Même si nos sociétés dites « avancées » n'offrent plus le même éventail bien visible de croyances et d'interdits comportementaux touchant au sang des femmes, nous trouvons trace encore dans nos usages contemporains de l'idée de ce danger que recèle le corps féminin. Ainsi le précepte sportif fait aux hommes d'éviter tout rapport sexuel avant une rencontre importante pour éviter la déperdition de semence et, par là même, de force vitale happée par le corps féminin. Ou la répulsion à l'idée de la copulation pendant les règles où l'excès de froid (le froid naturel des femmes auquel s'ajoute celui causé par la perte de sang) est censé causer un appel particulièrement fort, et de surcroît vain, de semence et de chaleur masculines. Ou les idées benoîtes selon lesquelles les règles féminines empêchent métaphoriquement de prendre les coagulations culinaires, comme la mayonnaise ou les sauces liées à l'œuf, de même qu'à l'intérieur du corps elles sont hostiles à la coagulation de l'embryon, ou les font tourner comme elles font également tourner les saumures [5]. De façon générale, un interdit porte sur la mise à mort des animaux par les femmes, sans doute doublement parce que par cette action où culminerait la mort elles rendraient la chair animale impropre à la conservation et à la consommation, mais aussi parce qu'il leur ferait courir le risque, surtout dans la période féconde de leur vie, d'accumuler en elles une froideur supplémentaire, hostile à la prise de la vie.

Un gant retourné

Cette ambivalence qui les rend porteuses à la fois de la vie et de la mort procède du même retournement de pensée qui rend le féminin fécond responsable de la stérilité (si seules les femmes ont le privilège de la fécondité, elles sont donc responsables de la stérilité), ou de la mise au monde exclusive de filles, soit qu'elles aient changé le sexe de l'enfant pendant les trois premiers mois de la grossesse, comme on le pensait en Chine, soit que la force de leur désir, adverse de celui des hommes, ait dominé dans le combat engagé lors du coït, ce qui légitime du point de vue des hommes dans de nombreuses sociétés les violences infligées aux femmes qui ne font que des filles. Fécondité et stérilité sont ainsi les deux facettes d'une même situation qui associe bienveillance et malveillance présentes de manière aléatoire dans la « nature » féminine, selon les conceptions préscientifiques qui ont toujours cours.

Ces conceptions et croyances déterminent à la fois les comportements de peur, crainte et défiance du sexe féminin manifestés par les hommes, comme elles autorisent aux yeux de ces derniers l'éloignement dans lequel ils tiennent les femmes de leurs activités masculines (publiques ou non), comme elles expliquent les jugements de valeur qu'elles font porter sur ce féminin ambivalent.

Les hommes ont peur des femmes

Le psychanalyste Jean Cournut dresse, à partir de son expérience, la liste des raisons pour lesquelles les hommes ont toujours peur des femmes. Seule l'une d'entre elles correspond ouvertement à l'analyse ci-dessus : parce qu'elles incarnent la mort mais aussi la vie et les « vraies » valeurs. Mais c'est d'elle que toutes les autres découlent.

Peur et défiance : parce qu'elles incarnent la sexualité sauvage, débridée, mais aussi parce qu'elles incarnent la passivité pénétrée, c'est-à-dire dans les deux cas la dévoration d'énergie mâle ; crainte que l'on retrouve dans trois autres attendus : parce qu'ils ont peur de ne pouvoir les satisfaire, parce qu'ils craignent leur jouissance, parce qu'ils pensent qu'elles désirent leur pénis. À cela s'ajoutent les doutes classiques sur la fidélité et la paternité (parce qu'ils craignent leur infidélité ; parce qu'ils ne sont jamais certains de leur paternité) : ce qui est craint, c'est à la fois l'accaparement d'énergie sexuelle de l'homme, mais aussi son détournement dévoyé.

L'éloignement dans lequel les femmes sont tenues devient une cause supplémentaire de peur masculine : parce qu'elles ne sont pas « citoyennes », qu'elles ne participent pas de la vie des hommes, mais aussi parce qu'ils ont peur de la part féminine en eux qui s'exprime dans la douleur. Ainsi les femmes ont-elles été écartées du monde des hommes parce qu'il fallait s'approprier leur fécondité et, en deçà, leur sexualité, et pour cela les tenir en dépendance absolue, mais ce fait même les rendait encore plus dangereuses parce qu'elles entraient dans le monde du secret. À cela s'ajoute, de façon psychanalytique, le rejet de l'homme de sa part féminine, qui accentue la volonté de séparation.

Les jugements de valeur qui s'ensuivent ne sont rien d'autre que la transposition de la peur de cet autre différent constitué radicalement en autre hostile : parce qu'elles sont diaboliques ; parce qu'elles ont des secrets qui échappent au rationnel ; parce qu'elles-mêmes relèvent du secret, du tabou, de l'interdit.

Mais s'agit-il de toutes les femmes ?

Fécondes et en même temps stériles, bienveillantes et en même temps malveillantes, chastes et lubriques, donneuses de vie et mortifères, oui, dans cette conception les femmes sont toutes ambivalentes, de par la nature même des choses qui les fait seules enfanter les garçons et les filles. Mais la force des situations relatives d'âge, en liaison avec leur temps fécond, influe sur leurs capacités variables dans le temps à mettre l'autre en danger ou d'être mises en danger.

Quels qu'en soient les mécanismes et les raisons, l'agression, la menace qu'elles constituent (qu'elles sont censées constituer), peut porter sur d'autres femmes, mais fondamentalement elle est dirigée contre les hommes, même au travers des femmes agressées, c'est-à-dire à travers leur fruit.

Ainsi sont particulièrement dangereuses dans de nombreuses sociétés les femmes mortes enceintes ou en couches, morts particulièrement néfastes. On pense que l'« âme » des femmes décédées de la sorte rôde la nuit autour des maisons villageoises pour se saisir d'autres femmes et les entraîner avec elles dans leur déréliction *post mortem*. Chez les Samo, les femmes ne sortent plus la nuit ou, si elles doivent le faire, sortent armées d'un couteau, dont l'esprit a peur ; quant aux femmes enceintes, plus particulièrement visées, elles se griment, se couvrent de cendres, se vêtent d'oripeaux pour ne pas être reconnues par cette âme errante et vindicative. Car, au-delà de leur personne, c'est le fait qu'elles portent ou sont en âge de porter le fruit des hommes qui est visé par l'agression. En Chine, ce sont les filles mortes vierges et insatisfaites qui constituent les démons les plus cruels à l'égard de leurs congénères.

Les femmes ménopausées accumulent donc la chaleur puisqu'elles ne perdent plus leur sang. Elles sont souvent accusées d'être des sorcières, surtout lorsqu'elles ne sont pas sous la protection d'un homme qui les contrôle (mari, frère, fils) et leur sorcellerie est censée s'attaquer également aux hommes et aux femmes en âge de procréer qu'elles jalousent. Elles sont d'autant plus suspectes qu'elles continuent d'avoir des rapports sexuels. En principe, elles doivent les espacer ou même les supprimer totalement car, attirant la chaleur masculine, elles sont pensées dangereuses pour l'homme qu'elles menacent de consomption. Les femmes sans protection masculine efficace et accusées de la sorte sont renvoyées des villages et elles mouraient autrefois misérablement en brousse. Encore maintenant des femmes sont bannies pour cette raison. Au Burkina Faso, il existe aujourd'hui des lieux spécialisés, tenus par des missions religieuses ou des ONG, qui recueillent heureusement ces femmes totalement démunies.

Inversement cependant, en d'autres lieux, elles sont censées se trouver elles-mêmes en danger pour la même raison. Au XIXe siècle, les médecins hygiénistes européens parlent de la congestion des organes sexuels des femmes ménopausées encore actives sexuellement, à qui ils prônent la chasteté pour les guérir de ces excès de chaleur virile non évacuée et non utilisée.

En Inde, le danger qui pèse sur elles est aussi très direct. Pour les milieux les plus traditionalistes, une veuve ne peut se remarier et elle est considérée comme responsable de la mort de son mari. Jeunes ou âgées, elles sont souvent maltraitées par leur belle-famille, quand elles ne sont pas mutilées ou mises à mort. Aussi les veuves s'enfuient-elles fréquemment pour rejoindre des villages d'accueil, près de temples, où elles sont parcimonieusement entretenues en échange de chants et de prières qu'elles doivent adresser par roulement et sans interruption à la divinité. Considérée comme mortifère au sens propre, la femme devenue veuve est exclue radicalement de la communauté comme l'est la « sorcière » ménopausée en d'autres lieux.

Une femme en âge de procréer, mariée et adultère, est jugée particulièrement dangereuse pour son conjoint. En Afrique de l'Est notamment, on pense que le fait que se rencontrent en elle deux semences masculines irréductibles l'une à l'autre entraîne des effets négatifs sur le plus faible des deux hommes. C'est nécessairement le mari, parce qu'il ignore l'adultère de sa femme alors que celle-ci et l'autre homme agissent en connaissance de cause. La rencontre d'humeurs de même nature fait que l'une, la plus forte, peut refouler l'autre dans le corps émetteur : ainsi sont expliqués localement des éléphantiasis du scrotum ou des jambes, ou la tuberculose reconnaissable à des crachements de sang ; elle peut aussi attirer l'autre au-dehors entraînant chez l'homme le plus faible des flux intarissables de diarrhées ou d'hémorragies. Quand le soupçon existe, soumise parfois à l'ordalie et si elle reconnaît l'adultère, l'épouse peut être victime de bien mauvais traitements : renvoi, coups, brimades, mise à mort. Enceinte et ayant des difficultés à accoucher, on cherche auprès d'elle l'aveu d'un adultère qui seul lui permettra d'expulser le fœtus, sans la protéger pour autant de mesures de rétorsion. Une femme qui nourrit un enfant au sein ne pouvait avoir de rapports sexuels durant le temps de l'allaitement dans de très nombreuses sociétés. Physiologiquement, l'allaitement protège quelques mois d'une fécondation en suspendant l'ovulation mais cette protection n'est pas absolue et elle ne dure pas aussi longtemps que le temps accordé traditionnellement à l'allaitement naturel. Ce qui est craint, c'est moins une nouvelle grossesse (on a vu dans cet interdit une sorte de régulation sociale voulue des naissances) que la perte de l'enfant déjà né au sein, surtout s'il s'agit d'un garçon. Cette perte est due au tarissement du lait maternel, mais aussi, selon une croyance exprimée explicitement, au fait qu'il se détournerait d'un sein que « la mauvaise odeur a saisi[6] ». La mauvaise odeur est celle, forte, que la chaleur du sperme confère au lait maternel moins puissant. Dans ce cas précis, l'enfant est certes menacé directement par le désir des adultes, mais c'est la pulsion sexuelle de la mère ou de la nourrice qui est ouvertement condamnée, car elle n'a su ni se retenir ni se protéger et par là elle menace la vie de l'enfant de son mari ou de son maître. On trouve des consignes d'évitement de ce type aussi bien à Akkad qu'à Rome ou encore dans les traités hygiénistes des XVIIIe et XIXe siècles en Europe.

Les fillettes impubères dont le sang n'est pas encore sorti sont considérées comme presque aussi chaudes que les garçons et les hommes. De ce fait, elles sont particulièrement dangereuses mais aussi en danger elles-mêmes. Le rapport sexuel avec une impubère est là aussi, dans bien des sociétés, censé entraîner, par l'accumulation de la chaleur masculine fondamentale avec la chaleur temporaire de l'enfance, la stérilité à venir de la jeune fille, en brûlant radicalement ses organes internes. Une femme féconde est froide et humide, alors que cette jeune fille va être desséchée. Réciproquement, dans d'autres sociétés mais pour les mêmes raisons autrement agencées, c'est chez l'homme que ces rapports sexuels précoces entraînent émaciation, débilité, impuissance. Chez les Arunta australiens, une fillette peut même devenir stérile simplement parce qu'elle aurait par jeu, dans son enfance, placé sur sa tête une coiffe masculine. Toute éventuelle stérilité ultérieure est imputée à cet acte. On pense que le court-circuit de chaleur provoqué ainsi a desséché, crispé et réduit ses organes internes en les empêchant définitivement de se développer.

Une conclusion à tirer de cet inventaire très succinct de situations diverses est celle-ci : les femmes aux différents âges de la vie sont censées, de par leur nature physiologique et ses conséquences supposées et construites par le système conceptuel local, être dangereuses pour les hommes car elles attaquent leur capacité virile, leur force vitale, et contrecarrent leur volonté d'avoir des fils ; mais, dans la réalité, ce sont elles qui courent de véritables dangers tant physiques que sociaux.

Le révélateur qu'est le sida. En Afrique aujourd'hui...

Ce sont les femmes en général – et pas seulement les prostituées – qui sont les grandes victimes du sida. En Afrique subsaharienne, le sida est devenu, semble-t-il, la première cause de mortalité ; la contamination est majoritairement hétérosexuelle et par le truchement de la transmission mère-enfant. Le record de prévalence revient au Botswana où il atteint 35,8 % des adultes.

La grande difficulté pour les femmes est d'avoir accès non seulement aux soins mais aussi à l'information. Non pas que les soins aient été abondants et efficaces pour les hommes, puisque jusqu'à une période récente le coût des trithérapies en interdisait l'accès aux malades africains et les compagnies pharmaceutiques internationales refusaient d'en baisser le prix ou de se départir de leurs brevets. Les seuls soins usuels touchaient les maladies opportunistes, telle la tuberculose, mais les hommes y avaient prioritairement accès. On a même pu pendant une période débutante de l'épidémie en Afrique, penser que les femmes étaient épargnées, car on ne les voyait pas dans les dispensaires ni dans les hôpitaux. La raison était autre : les soins, coûteux, étaient réservés pour cette raison aux chefs de famille.

On sait aussi que la lutte contre le sida en Afrique passe en priorité sinon en exclusivité par la prévention, c'est-à-dire par l'usage du préservatif masculin, auquel s'ajoutent des essais d'introduction du préservatif féminin et de tolérance à son égard. Mais, outre le fait que l'Église catholique en interdit l'usage, il est extrêmement difficile aux femmes de toutes religions d'en imposer ou même d'en demander le port à leur partenaire, qui est le plus souvent leur mari. Cette demande est rarement vue par celui-ci comme l'expression légitime d'un souci de protection mutuelle, mais plutôt comme l'aveu de l'inconduite et de la maladie. De plus, la majorité des hommes ne veulent rien entendre de la contraception dans le cadre du mariage, ni même en dehors. Des enquêtes en milieu urbain menées à Abidjan au milieu des années 1990 montraient même chez de jeunes adolescents des comportements que l'on pourrait qualifier d'aberrants au nom de la rationalité biologique. Ils voulaient bien se protéger du sida en portant un préservatif pour éviter le contact sexuel, mais ils en coupaient le bout pour ne pas gêner une éventuelle procréation.

Les femmes ordinaires ont donc d'extrêmes difficultés à se protéger dans les rapports conjugaux. Seul l'homme décide. Et si elles sont malades, elles ont de plus grandes difficultés encore à se faire soigner, pour les raisons susdites, mais aussi parce que lorsqu'une femme est notoirement reconnue comme malade du sida, elle court le grave risque d'être renvoyée de son foyer, bannie et totalement abandonnée.

Car, et c'est ce qui fait du sida en Afrique un révélateur particulièrement puissant de la force active des systèmes de représentation et d'interprétation du réel, les femmes, principales victimes en ce qu'elles sont contaminées par leur conjoint et transmettent ensuite le mal à certains de leurs enfants, sont en fait les principales accusées [7]. La rumeur publique dit, en effet, que c'est des femmes « qu'on le prend », sous-entendu le sida. Maladie du sang vicié, du sang appauvri, du sang froid, on pense qu'il est peut-être venu la première fois du monde extérieur des Blancs contaminateurs (juste retour de la croyance inverse), mais désormais ce sont les femmes qui le donnent aux hommes lors des rapports sexuels. En effet, qui est cet « on » qui prend le sida ? Ce ne peut être que les hommes confondus avec la catégorie « espèce humaine ».

Le retournement qui est opéré ici, de façon naïvement spectaculaire, qui fait de la femme victime la coupable source du mal, est du même ordre que le retournement premier qui fait que le privilège de la fécondité et de l'enfantement des deux sexes par les femmes a comme revers l'imputation de responsabilité de la stérilité et la mainmise symbolique et sociale du masculin sur la régulation de la procréation. Les femmes deviennent irrémédiablement mineures, cadettes, rabattues sur la matière, voire l'animalité et le mal. Ainsi, *Le Sida en Afrique* [8] nous parle d'un idéal de prévention sauvage, qui consisterait en la restauration d'un ordre ancien où jeunes et femmes « seraient soumis au contrôle des aînés ». On ne peut mieux dire que toute femme est, quels que soient son âge et son statut, toujours cadette. Cadette, au sens qu'elle doit être contrôlée et soumise, l'espèce féminine devient aussi dangereuse en ce qu'elle est soupçonnée de pouvoir ou de vouloir se soustraire au contrôle du masculin. Pour qu'il se protège de ce danger, elle doit être tenue écartée de la pensée raisonnante et de l'accès à l'éducation. Les femmes sont maintenues dans l'ignorance et elles parviennent moins que les hommes au savoir, à la protection (d'où cette difficulté particulière des femmes de demander le port du préservatif à leur conjoint et l'abandon dont elles sont victimes en phase terminale) et même aux soins. Les femmes sont perçues comme dangereuses, au même titre que les migrants, les étrangers, les nomades, que tous les porteurs potentiels de mobilité, d'étrangeté et de transgression, tous ceux qui peuvent franchir les limites du corps, du territoire ou des règles sociales. C'est par la combinaison de plusieurs facteurs qui les font passer peu ou prou du côté du masculin que les femmes instruites ou indépendantes ou riches peuvent imposer le préservatif dans leurs rapports sexuels, ce que ne peuvent faire les femmes mariées ordinaires, les jeunes filles ou une fraction importante des prostituées. D'une certaine manière, de par leurs caractéristiques, ces femmes dont le luxe est de pouvoir ouvrir un « espace de négociation » entrent dans la catégorie des femmes « à cœur d'homme » de la tradition ethnologique.

Femmes suspectes et vierges salutaires

Si les femmes sont *a priori* suspectes d'être les vecteurs de ces maladies dont on pense qu'elles touchent un sang froid, appauvri, vicié, c'est précisément parce que leur sang a ces caractéristiques de façon naturelle : sans l'apport spermatique continu pendant la grossesse, une femme ne peut ni concevoir, ni faire profiter, ni donner la bonne forme à son enfant. Il manque toujours quelque chose à un enfant posthume. Coupables d'héberger le mal par affinité naturelle en quelque sorte, elles le sont aussi de le transmettre aux hommes. L'idée que la transmission hétérosexuelle aille aussi, et même prioritairement, de l'homme vers la femme, est une idée très mal accueillie qui ne peut être vraiment comprise.

Les femmes froides qui hébergent le mal et le transmettent sont précisément les femmes pubères en âge de procréer. De la constatation de l'équation nubilité = froideur = faiblesse = vice du sang, procède l'équation inverse prépuberté = chaleur = force = pureté du sang, et surtout la constatation que seule la virginité est garante absolue de l'état de prépuberté. Dans la logique même de l'imputation du mal (d'où vient-il ?) et de la recherche de guérison en jouant des accords de la syntaxe traditionnelle d'attraction/répulsion des humeurs et des qualités, est née la croyance que la seule manière efficace qu'ont les hommes de guérir, c'est-à-dire de s'en débarrasser définitivement, c'est de coucher avec une fille vierge. Soit que la chaleur de son organisme impubère attire à elle les humeurs froides mauvaises mais de même nature que les siennes transmises par des femmes adultes, l'homme jouant alors le rôle de passage entre vases communicants ; soit que l'homme impose à sa jeune partenaire un destin de stérilité en lui brûlant les organes internes ; soit qu'il accepte pour lui-même un état de consomption temporaire puisqu'il offre l'avantage de faire sortir de lui le mauvais sang qu'il a reçu.

Aussi bien les principales victimes du sida sont-elles des fillettes de plus en plus jeunes. *Le Monde*[9] parle du « mythe très vivace selon lequel avoir des relations sexuelles avec une vierge guérit ou immunise contre le sida », à propos du viol en Afrique du Sud d'une fillette de neuf mois par six hommes âgés de 24 à 66 ans. Bien sûr, d'autres causes peuvent être invoquées pour expliquer la logique du viol. Mais celle-là a bel et bien été officiellement avancée. Indépendamment du record que représente l'âge de cette petite victime (dont la virginité ne pouvait être qu'entière !), la treizième Conférence internationale sur le sida, qui s'est tenue à Durban en juillet 2000, attire l'attention sur le fait que « partout en Afrique subsaharienne le taux d'infection des adolescentes est de manière significative plus élevé que celui des jeunes garçons [10] ». Beaucoup sont contaminées par leur maître d'école, qui constitue le troisième groupe d'hommes infectés en importance après les militaires et les conducteurs de camions. Une liste diffusée par Onusida [11] fait état, sur plusieurs sites d'investigation au Kenya, en Zambie, à Cotonou et à Yaoundé, de différences chez les adolescents où l'on passe (dans les groupes de référence à haute prévalence) respectivement de 3 % et 4 % chez les garçons à 23 % et 15 % chez les filles. Les filles d'âge égal sont quatre à six fois plus touchées que les garçons et elles avaient eu leur premier rapport bien avant 15 ans. De l'ensemble des faits observés et des témoignages soumis à la Conférence s'imposait « la conclusion inévitable que les filles sont infestées par le VIH non par des garçons de leur âge mais par des hommes plus âgés », pour reprendre les termes de Peter Piot, directeur exécutif d'Onusida. Elles ne sont pas informées des risques, des raisons de leur partenaire et elles n'ont pas les moyens de se défendre non seulement contre le viol mais aussi contre les promesses d'hommes adultes qui cherchent à se défaire de leur propre mal par un retour médiatisé à l'envoyeur, le féminin.

On pourrait ajouter à celui-ci d'autres exemples actuels où transparaît en filigrane une logique interprétative du même ordre, qui fait recours aux mêmes grandes articulations du raisonnement.

Ainsi les jeunes filles *hibakuscha*, irradiées par les bombes atomiques de Hiroshima et de Nagasaki, au sang doublement vicié et appauvri, dont le destin, tel qu'il est représenté dans les films et romans populaires qui traitent abondamment de la question, est le célibat ou la mort par leucémie, selon la conception esthétisante d'une beauté pâle et mortifère. Seules les jeunes filles sont monolithiquement représentées de la sorte. Dans la réalité et non plus dans la fiction, ces jeunes filles irradiées demeurent majoritairement célibataires et ont infiniment de mal à trouver du travail, surtout dans la restauration, par peur de la contamination de la nourriture. La plupart d'entre elles ont vécu dans ce qu'on a appelé le « ghetto atomique », dans une pauvreté extrême. Le statut féminin de *hibakuscha* est si négatif et handicapant que beaucoup ont disparu en cherchant à cacher leur identité lorsqu'elle n'était pas trop voyante, ce qui était le cas lorsque les chéloïdes étaient importantes.

Pour Maya Todeschini, « la souillure de la femme *hibakuscha* était considérée comme "pire" que celle de l'homme car la contamination de la radiation s'ajoutait à celle, "normale", de toute femme » ; ainsi marginalisée, elle devient « un "être liminal" vivant dans les interstices des structures dominantes, et donc capable de perturber l'ordre social (telle la sorcière ou le hors-caste [12]) ». Les hommes, rares, qui épousent des *hibakuscha* sont considérés comme « exceptionnellement courageux », mais l'hostilité des familles et des belles-mères en particulier, n'a jamais désarmé. Celles qui se mariaient le faisaient le plus souvent avec un *hibakuscha* et se refusaient à procréer de peur de transmettre leur mal.

Il me semble que c'est dans l'absolue tristesse de ces exemples que doit se comprendre l'urgente nécessité qu'il y a de faire connaître les mécanismes mentaux jamais proférés et les schémas universels de pensée fonctionnant par prétérition et par l'usage desquels on peut arriver à des comportements en apparence si incompréhensibles aux yeux de la rationalité biologique moderne et pourtant d'une implacable logique. Si les femmes sont en danger, c'est justement parce qu'elles sont réputées dangereuses pour les hommes, pour toutes les raisons touchant au sang, à la chaleur et à la force que j'ai tenté succinctement d'exposer ici.

CHAPITRE 3

DE LA VIOLENCE ET DES FEMMES.
INVARIANCE, PERMANENCE ET INSTABILITÉ

La question posée par les animatrices de la Journée *Lectures critiques* tenue à l'École des hautes études en sciences sociales le 16 janvier 1998 est à double visage : quel est le rapport des femmes à la violence ? En sont-elles seulement victimes ? Y a-t-il une violence spécifiquement féminine [1] ? Le rôle qui m'a été imparti consistait à lire la série des communications présentées par des historiens et des historiennes pour en faire, si possible, une lecture anthropologique. Il m'a semblé, ce faisant, pouvoir mettre en évidence un certain nombre d'invariants.

Dans *Le Monde* daté de ce même jour, on relève trois informations qui me paraissent renforcer mon propos en ce qu'elles mettent en évidence et en scène d'incontestables systèmes permanents de pensée, qui relèvent de ces invariants.

Dans la rubrique « En vue », un appel d'une femme écrivain aux juges texans pour que soit exécutée Karla Faye Tucker : « Pourquoi les femmes seraient-elles exemptées des peines infligées aux hommes ? [...] Par son supplice, Karla prouvera que les femmes ne doivent pas inspirer la pitié mais le respect. » Phrases qui montrent explicitement la surenchère sur la violence des hommes que des femmes peuvent manipuler pour stigmatiser l'exclusion des individus de leur sexe hors de la catégorie sociale de « personne ».

La veille, à l'Assemblée nationale, avait eu lieu un débat houleux, à la suite de propos du Premier ministre au sujet de l'abolition de l'esclavage dont il attribuait le mérite à la gauche. La description du tohu-bohu commence par l'image de l'hémicycle « grouillant d'hommes en costume-cravate, entassés dans les travées, les visages ulcérés, rouges comme les sièges du Palais-Bourbon, le geste menaçant en direction du Premier ministre… ». Des huissiers doivent même s'interposer. « Christine Boutin (UDF), le doigt pointé, lance de sonores "Honte à vous", tandis qu'à gauche, Jean Glavany (PS) brandit une feuille de papier où l'on peut lire "Boutin hystérique". » À la fin du discours, « les derniers députés de l'opposition quittent l'hémicycle en huant le Premier ministre. "Boutin, dehors !", crie Claude Bartolone ».

On aura noté que ce sont des hommes, ulcérés et rouges de fureur qui menacent. Une femme députée est dans leurs rangs, au nom qui à l'oreille, à une lettre près, est déjà une injure sexiste. C'est à elle que l'on s'adresse par écrit et oralement, lorsque tous les députés de droite quittent l'hémicycle, et en quels termes : « hystérique » et « dehors ». Elle seule, de par sa condition de femme, peut être qualifiée d'hystérique et on lui rappelle qu'elle n'est pas à sa place en ce lieu. Quelles que soient les opinions politiques des protagonistes, les miennes et celles des lecteurs, il est clair que se joue ici quelque chose qui relève de systèmes permanents et implicites de pensée. Dominique Goudineau devrait y reconnaître quelques-unes des analyses qu'il conduit sur l'an III de la République.

Enfin, dans *Le Monde des livres*, sous le titre « L'amour est un buffet froid » et le sous-titre « Une jeune femme prisonnière d'un violeur mythomane, dans un roman glaçant de Régis Jauffret » (*Histoire d'amour*, Éditions Verticales), c'est d'une femme prise au piège qu'il est question dans le récit que fait son bourreau « qui monologue, dissèque ses forfaits, avec la bonne conscience du tortionnaire... qui attend son salaire, en amoureux ». Un homme a un coup de foudre pour une femme et s'approprie cette femme qu'il traque, terrorise et viole régulièrement, sûr qu'il est que son désir lui donne tous les droits. Comme le note Jean-Luc Douin, « l'appropriation, la domination, la violence engendrées par l'amour ne s'exercent qu'à sens unique... [Il est] persuadé, tel un héros sartrien, que la femme doit céder, captive, à qui décide de se faire aimer par elle ». L'aimée par contrainte, « vendeuse, fille de gens simples, sans bagage culturel » est sans défense face au « professeur » qui lui met un oreiller sur la bouche quand elle crie. Elle subit, comme la Marquise d'O. ou Maria de Naglowska, féministe violée par un cosaque amoureux, comme les femmes algériennes enlevées, « mariées » pour quelques heures. Il s'agit d'un roman, qui décrit un personnage sadique monomaniaque et schizophrène. Il n'empêche. À travers ses fantasmes, Pauline Schmitt Pantel doit reconnaître quelque chose de l'idée de légitimité naturelle qu'avaient le citoyen grec et ses dieux quand ils chassaient et volaient des femmes pour se construire un foyer légitime et se faire une descendance.

Cela, c'est le butin d'une journée de lecture du *Monde*. On peut faire ce même butin, tout aussi significatif, tous les jours. Mais ce qui m'importe ici n'est pas de montrer la permanence d'idées et de comportements « qui ont la vie dure ». En disant cela, on postule déjà d'une certaine façon que ces idées et ces comportements ont une histoire – un début et donc vraisemblablement une évolution et peut-être une fin – et qu'ils sont également liés à une géographie culturelle particulière, à un héritage qui nous a été transmis, par les voies croisées de la Grèce, de Rome et de la pensée judéo-chrétienne. Ce dernier point au moins est vrai d'évidence, de même qu'il est vrai que l'histoire singulière de cette géographie culturelle particulière ne s'est pas faite de manière homogène, allant pas à pas, d'un même mouvement, d'un état de domination indifférencié des femmes à une progressive libération et à une égalité éclairée. Ont existé en effet ces « scènes singulières où se dessinent les espaces possibles d'une certaine aisance entre les sexes » (Arlette Farge) dans des époques et des lieux divers, dans des rapports singuliers de couple, à l'intérieur de la famille, à l'intérieur de la Cité. Ce sont des moments de grâce, qui n'influent pas toujours sur le cours des choses, qu'il faut sans cesse refonder en esprit. Mais par quelle pesanteur expliquer que, nonobstant l'histoire au long cours et l'évolution des connaissances, des idées et des comportements, reviennent de façon permanente et comme allant de soi la question de la domination masculine et la revendication féminine parallèle et constante d'émancipation, dans les faits et les esprits, et d'égalité ?

Invariance et valence différentielle des sexes

On ne peut le faire qu'à l'aide de la notion d'invariance, qui met à jour des associations conceptuelles nécessaires, dont l'un des principaux fondements est la valence différentielle des sexes[2]. J'ai montré dans *Masculin/Féminin*, notamment, comment, pour l'humanité tout entière, c'est à partir de l'observation des régularités anatomiques et physiologiques de la différence des sexes que se constituent les catégories princeps de pensée, fondées sur l'opposition de l'identique et du différent. Elles régulent notre univers mental et s'expriment par les catégories binaires usuelles sur lesquelles se construit tout discours. Ces catégories sont hiérarchisées et non de nature égalitaire : le masculin est supérieur au féminin, comme le chaud au froid, la raison à la sauvagerie, le construit à l'incohérent, etc. Sans doute parce qu'il n'existe pas d'équilibre naturel, mais aussi pour d'autres raisons. Un paysage conceptuel et social s'est construit, dès les longues origines de l'humanité, à partir de l'observation du fait « scandaleux » et inexplicable que les femmes font les enfants des deux sexes, que la procréation, celle des enfants de sexe masculin notamment, et la reproduction du social dépendraient ainsi du bon vouloir de la féminité dans le corps des femmes. Des systèmes symboliques, conceptuels et sociaux se sont mis en place pour subvertir et domestiquer ce donné. Un superbe système conceptuel, que nous retrouvons en filigrane dans nos modes de pensée, est celui d'Aristote qui ne voit dans la femme que matière ; la forme et la vie humaines étant conférées à l'embryon par le *pneuma* qui se trouve dans la semence masculine. Aristote ne crée pas ces idées : il les met en forme pour son époque et sa culture. On les retrouve bien loin de là, exprimées dans des systèmes de pensée considérés comme primitifs, où elles ont éclos de la même manière nécessaire en fonction des mêmes données contraignantes offertes aux yeux et à l'expérience. À ce socle dur de l'observation et d'une dépossession conceptuelle des femmes de leur privilège s'adjoint, pour que le modèle fonctionne avec efficacité, un système social de répartition du pouvoir de donner la vie. Ce sont des hommes qui échangent des femmes entre eux, principe de base qui accompagne la prohibition de l'inceste, et dont l'évidence universelle a jusqu'ici empêché qu'on le questionne : de quel droit est-ce ainsi ? Où se situe en droit naturel la justification de cette appropriation des filles par le père, des sœurs par le frère, de l'épouse par l'époux ?

Invariance des cadres, variabilité des contenus

La valence différentielle des sexes est la toile de fond, la matrice qui ordonne et régit les invariants du rapport du masculin et du féminin. Disant cela, on ne veut pas pour autant signifier la permanence invariable de traits constants uniformes. L'invariance n'est pas uniformité invariable. Elle admet au contraire, pour preuve de son existence, l'instabilité des formes. Historiquement et ethnologiquement parlant, chaque société, chaque époque, et même des éléments partiels propres à une société à une époque données peuvent présenter à l'analyse des contenus variables, qui parfois s'opposent. Il y en a des exemples dans ce livre *De la violence et des femmes* : des femmes grecques défendent la cité, de même que le XVIIe siècle reconnaît l'héroïsme des femmes, à condition qu'elles soient de haut rang. C'est la condition *sine qua non* pour qu'elles soient autorisées à s'approcher des valeurs masculines ; la catégorie « noble » est dans l'ordre des catégories binaires, associée au masculin, au supérieur, à l'héroïsme, alors que la catégorie « ignoble » est associée à l'inférieur, à la lâcheté, au féminin. Du chiasme nécessaire de ces catégories, une femme certes – mais noble – peut échapper, au moins provisoirement, à l'ignoble lâcheté ordinaire de la féminité.

Elle admet surtout, structurellement, les contenus variables qui sont le propre de cultures différentes, dans l'expression implicite desquelles, telle que les acteurs la jouent quotidiennement, ces derniers se reconnaissent naturellement comme membres.

Je dirai que les cadres conceptuels invariants se déterminent et se nourrissent d'un même mouvement de ces contenus culturels variables, qu'ils ressortissent à une même culture envisagée comme un tout ou à des moments (ou à des situations particulières) propres à une culture donnée. Ils confèrent sens et comparabilité à ces données variables.

Il ne s'agit pas non plus de prétendre que les cadres conceptuels invariants tiennent leur stabilité et leur permanence du caractère objectif et irréfutable des faits naturels. Y aurait-il en effet, par exemple, une « nature » féminine qui serait celle de la douceur, ce qui expliquerait et justifierait que le pôle féminin serait celui de la passivité (*versus* activité) et de la soumission (*versus* agressivité) ? Il faudrait un long cheminement argumentatif pour passer de la douceur objectivement repérable de la voix ou de la peau (due aux effets des hormones sexuelles qui ne sont pas discernables à l'œil nu, quant à elles, et ne sont connues que depuis un siècle à peine), aux qualités de passivité et de soumission qui devraient alors naturellement en découler. Si cela semble aller de soi, c'est qu'il s'agit d'une construction intellectuelle qui provient du principe originel de la *valence différentielle des sexes* dont nous avons longuement établi les modalités d'instauration dans le premier chapitre et dans l'introduction de ce livre.

Quelle voix convient à l'injure ?

Que l'on considère Rousseau. Il écrit : le ciel « ne leur donne pas une voix si douce pour dire des "injures" ». On postule ainsi comme allant de soi que l'injure nécessite une voix grave et forte. Et il est vrai que c'est toujours le ressort d'un effet comique garanti auprès du grand public que de faire prononcer des insanités par une douce voix féminine, telle celle de l'actrice Miou Miou, par exemple, débitant d'une voix aiguë de petite fille insultes et insanités sexuelles à un homme tétanisé, lequel armé de la certitude de son bon droit de mâle, était venu les draguer, elle et son amie, à une table de café[3]. Il est donc certain que nous n'associons pas injure et douceur de la voix. Mais c'est un effet secondaire de l'association intellectuelle et non pas naturelle entre douceur et féminité. Par un même effet de rencontre et de chiasme (qui permet de passer d'une échelle à l'autre) que dans le cas cité ci-dessus des femmes exceptionnellement jugées héroïques car nobles, la voix dite « efféminée » provenant d'un homme ou dite « angélique » quand elle provient d'un jeune garçon membre des chœurs de Cambridge par exemple, n'est pas non plus jugée convenir à l'injure. Il s'agit là des purs effets d'un système de catégorisation où, dans ce domaine précis et compte tenu de ces séries transitives d'équivalence – voix douce = féminité = incapacité à l'injure –, le masculin se trouve, temporairement et précisément, démonétisé. Les porteurs de cette voix douce ne sont pas vraiment des hommes.

Quels invariants sont là, d'évidence, dans ce livre ? J'en vois un certain nombre, liés entre eux, que je me propose d'énumérer et de commenter.

Un droit « naturel » des hommes

1. L'appropriation du corps des femmes est un droit naturel des hommes. Nous reviendrons longuement sur ce point plus loin. Corollaires : toute femme est appropriable par tout homme ; cette appropriation violente, appelée « viol », n'est punissable que lorsqu'elle lèse les intérêts d'un autre homme (père, frère, mari, fils) ; il est du ressort des hommes ayant droit d'empêcher par tout moyen préventif et répressif cette éventuelle dépossession.

Étant l'exercice d'un droit naturel, le viol – comme dans *Histoire d'amour*, le roman dont il a été question ci-dessus – peut être paré de toutes les grâces et de toutes les excuses. Le désir masculin n'attend pas et doit trouver un exutoire. Surtout, il se revêt d'euphémismes troublants : l'enlèvement des Sabines (avec l'imagerie correspondante de ces jeunes corps blancs à demi nus, tête renversée, nuque ployée, chevelure défaite, bras éplorés, emportés par des hommes à peau sombre et cuirasse, armés de glaives, à l'étreinte ferme, bondissants) n'est pas perçu pour ce qu'il est, un viol de jeunes filles parfois impubères, en tout cas non consentantes. Pulsion sexuelle, performance sportive, astuce héroïque, vol à haut risque, représailles guerrières, tout corrobore les observations remarquablement justes de Pauline Schmitt Pantel à propos du viol chez les Grecs comme objet bon à penser et à représenter, paré de grâces et de douces émotions pour les hommes exclusivement.

La double « nature » féminine

2. La « nature » féminine est posée comme étant par essence double, ce qui justifie pour une même culture son entrée dans des classifications *a priori* contradictoires. Froide et fraîche, elle peut devenir aussi excessivement chaude. Dans une vision naturaliste biologique, la femme est en même temps fragile, pudique, et vicieuse sexuellement[4]. Pour Virey, c'est la fragilité même de ses téguments (la peau douce finement innervée) qui la rend à la fois facilement excitable aux passions et aux déchaînements du corps, mais aussi apte à la compassion. Il en découle, selon cet auteur, que l'aptitude à la compassion la voue aux activités de l'amour et de la tendresse conjugale, à l'affection maternelle, aux soins aux malades et aux mou-rants, etc. À condition cependant que soit maîtrisée et contenue, par la tutelle masculine, son aptitude également foncière aux déchaînements des passions. De même que la stérilité est l'envers mauvais de la fécondité (capacité d'enfanter), toutes deux apanage exclusif du féminin, la lubricité est l'envers toujours possible de la pureté virginale, la ménade représente la face sombre,

qui peut toujours advenir, de l'épouse paisible au gynécée, comme la « putain » est celle de la mère.

La figure criminelle féminine telle qu'on se la représente s'inscrit ainsi dans le biologique, qu'il s'agisse des violences exercées par les femmes sur elles-mêmes (suicide, hystérie, convulsions) ou des violences physiques à l'égard d'autrui, de leurs enfants. Elle est perçue comme un dévoiement relevant de l'aspect sombre du féminin. On retrouve, indépendamment de la violence, cette même idée du dévoiement du féminin, dès que les femmes cessent d'être des objets de désir et des objets féconds, quand elles atteignent la ménopause. En quelques mots, Balzac, cité par Cécile Dauphin dit le tout de la situation : « Une vieille femme, pâle et froide, présentant ce masque repoussant du paupérisme en révolte. » À l'autre extrémité du vecteur où se situe, également ménopausée, la femme « à cœur d'homme[5] », riche de vertus, de biens et de conjugalité prospère, la vieille femme inutilisable, froide et pauvre, est l'aboutissement d'une série d'associations tout aussi légitimées qu'opposées en apparence seulement les unes aux autres. À un bout de la chaîne, une femme ménopausée mais toujours chaude de la légitime chaleur spermatique des rapports sexuels qu'elle entretient avec un mari puissant et riche, une femme aux belles couleurs et au port fier, conformiste, bien introduite dans la société et représentant l'idéal des vertus domestiques ; de l'autre, la même femme ménopausée mais qualifiée de « vieille », terme qui désigne l'état avec lequel la ménopause est associée spontanément par l'esprit[6], dont la froideur et la pâleur signifient l'absence sous la peau du sang chaud et donc aussi l'absence de cet homme puissant dont seuls la chaleur et l'intérêt pourraient, s'il existait pour s'occuper d'elle, lui faire changer de statut, stigmatisée enfin par le dénuement repoussant et la violence de la révolte. Chaleur *vs* froideur, couleur *vs* pâleur, richesse *vs* pauvreté, conformisme *vs* révolte, intégration *vs* désocialisation, ces qualités opposées occupent un même spectre, d'un bout à l'autre d'une trajectoire, et chaque système de représentation qui s'y réfère peut basculer d'un point de vue à l'autre, à tout moment, avec à chaque fois la même charge de légitimité.

La violence féminine est une transgression

3. Pour ces raisons, la violence est considérée comme antinomique à la féminité contenue, c'est-à-dire à la féminité vraie de la femme féconde. L'exercice de la violence par les femmes est vu comme la transgression ultime de la frontière des sexes.

Contrairement à la violence masculine perçue comme légitime (maintien de l'ordre domestique ou extérieur, guerre, etc.), la violence des femmes est considérée comme l'expression du caractère animal et quasi déshumanisé de leur nature qui exploserait si elle n'était maîtrisée par l'action masculine. Rappelons-nous Aristote qui ne voyait dans l'apport féminin à la procréation que de la matière qu'il convenait d'animer et de former à l'image de l'espèce humaine. De la nature double des femmes, il s'ensuit la double capacité, on vient de le voir, d'être l'ange et la bête. Yannick Ripa nous montre cela très bien, à travers la guerre civile espagnole : « Les rouges se perdent dans une bestialité qui fait d'elles des femelles et non des victimes. » Elles sont des hyènes, des fauves, et leur violence est perçue par les franquistes comme une érotisation sadique.

La « milicienne en armes » rouge est à l'extrême opposé dans ce registre de la *Mater dolorosa* franquiste. L'une laisse dominer sa nature animale indomptée, l'autre a sublimé sa nature et ses douleurs dans l'exemplarité de la compassion. Dans cette logique, la « tonte » de la femme rouge prisonnière est une manière d'inscrire dans son corps son animalité, tout en la ramenant à l'impuissance, telle une brebis tondue. La violence féminine, non légitime, est au sens propre du mot « bestiale ».

La violence sexuelle masculine, affaire entre hommes

4. La violence sexuelle, expression exacerbée du droit des hommes, en tant que catégorie globale, sur le corps des femmes, utilisée comme arme politique à l'égard des ennemis (guerre civile espagnole, Libération, guerres yougoslaves, etc.), est un exutoire où cristallisent plusieurs impératifs imbriqués, qu'on présente généralement comme des fantasmes.

Premièrement, il s'agit de marquer un territoire matériel ou animal ; comme ce corps territoire appartient à d'autres hommes, l'atteinte qui lui est faite vise au-delà de sa corporéité et du plaisir physique de la possession, à toucher ces hommes dans leur honneur.

Deuxièmement, de façon exacerbée dans certaines cultures, l'honneur masculin réside dans la vertu des femmes de la famille. Mais cette idée se retrouve également en filigrane dans d'autres cultures où elle est moins visible apparemment : il a fallu un considérable effort de renversement de perspective pour que, dans les sociétés occidentales et de façon récente, le viol soit considéré comme une atteinte à la personne et non plus comme une atteinte à la propriété masculine ou une souillure à cacher sur le nom d'un homme, et n'entraîne plus la suspicion à l'égard de la victime ou une réaction de dérision.

En effet, si la féminité est bien cette ambivalente source de fécondité paisible et de violence sexuelle stérile déchaînée, l'idée sous-jacente est que c'est l'action dominatrice et régulatrice des hommes qui les maintient et les canalise dans la première direction. Le viol des femmes de l'ennemi est une contestation de cette aptitude. Quand il s'agit du viol des combattantes, c'est carrément pour restaurer l'identité collective masculine à cause de l'humiliation ressentie, infligée par l'action des femmes en armes. On observera la même réaction devant les discours enflammés de celles qu'on décrit comme des « viragos ». Dans tous les cas, comme l'écrit Cécile Dauphin, l'homme est « blessé, fragilisé dans son identité masculine ».

Troisièmement, cette appropriation du corps des femmes ennemies ou des femmes de l'ennemi est une manière forte de concrétiser l'idée que la fécondité féminine n'est rien de plus que la capacité de porter jusqu'à son terme un produit dont l'identité provient, non de la matière maternelle, mais du *pneuma* spermatique. La semence masculine porte en puissance les qualités des individus qui vont naître de relations sexuelles conduites avec suffisamment d'assiduité, y compris dans leur définition la plus immatérielle, comme les croyances religieuses ou les convictions politiques. Comme le rappelle Yannick Ripa, les nationalistes espagnols disaient aux républicains dont ils violaient les femmes : « Nous mourrons peut-être, mais vos femmes donneront naissance à des enfants fascistes. » Nous l'avons vu faire, plus près de nous, lors du conflit yougoslave, où les femmes ont été, comme toujours, un des éléments clés où s'exprime le conflit : femmes de l'âge adéquat, capturées, délibérément violées jusqu'à ce que grossesse s'ensuive puis gardées prisonnières pour empêcher tout avortement. C'est dans cette année 1998 seulement que « les 160 pays qui se sont réunis pendant un mois à Rome pour créer une cour criminelle internationale (CCI) ont fini par se mettre d'accord pour déclarer que la "grossesse forcée" est à la fois un crime contre l'humanité et un crime de guerre qui relève donc d'un tribunal international, malgré l'opposition du Vatican et d'autres États craignant que l'imputation comme crime n'encourage l'interruption de grossesse [7] ». L'expression « grossesse forcée » est définie comme « l'emprisonnement illégal d'une femme rendue enceinte de force avec l'intention de modifier la composition "ethnique" d'une population ou de violer gravement d'autres dispositions du droit international ». On notera comme exemplaire de la prégnance du cadre conceptuel invariant dont il est question ici, le fait que le texte entérine, puisqu'il ne la traite pas de fallacieuse, la conviction que la grossesse forcée modifie bien la composition « ethnique », avec ses corollaires religieux et politique, d'une population. Cela revient à dire que, pour les membres du CCI, auteurs du texte, comme pour les criminels, il va de soi que la semence masculine porte avec elle de telles possibilités. Un enfant ne naît pas vierge de convictions et de croyances, qui lui seront inculquées ensuite par son environnement éducatif, il naît avec ce bagage, de par la pure volonté du géniteur.

Les femmes sont-elles vraiment des personnes ?

5. Il s'ensuit de tout cela que les femmes ne sont pas vues ni traitées comme des sujets de droit, comme les hommes le sont. Elles ne sont pas des personnes au même titre qu'eux, pour l'ensemble des raisons énoncées dans ces cadres conceptuels archaïques, celui-ci en étant le pyramidion. Elles sont exclues des armes. On n'a pas mis en avant ici l'impossibilité conceptuelle pour bien des sociétés de penser que les femmes puissent faire couler le sang et avoir accès pour ce faire aux instruments adéquats que sont les armes. C'est aussi un invariant, très profond, même s'il n'apparaît pas de façon précise dans les textes de cet ouvrage, à l'exception de celui de Dominique Goudineau qui aborde le point par le reproche de férocité que les hommes font aux tricoteuses dont on pense que seul le goût du sang les attire vers l'échafaud.

On a vu que seules l'urgence, la nécessité de défendre la Cité autorisent les femmes à combattre à la place des hommes. Ce faisant, elles accèdent à un statut quasi masculin : à Argos, elles avaient alors l'autorisation de se mettre une barbe au menton. Judith ou Jaël sont des héroïnes parce qu'elles ont su utiliser une situation. On reconnaît ainsi la présence possible d'une âme virile dans un corps de femme, ce qui en fait un être d'exception. Par définition, les autres femmes ne le sont pas. Seule l'exception permet à certaines femmes de se définir comme « sujets dans leurs vies », au moins provisoirement, comme auteurs d'une action d'éclat qui les immortalise, même si elles rentrent ensuite dans le statut ordinaire des femmes. Cela dit, c'est bien d'une âme virile qu'il s'agit, placée en quelque sorte de façon incongrue dans un corps de femme, et non de la reconnaissance d'une authentique capacité féminine à atteindre la grandeur héroïque. Il s'agit là, on en conviendra, d'une catégorisation conceptuelle et logique et non naturelle et biologique ; elle affecte chacun des deux sexes à des positions diamétralement opposées.

Exclues des armes, elles le sont aussi de la parole et de la représentation. Leur légitimité à faire partie d'assemblées est encore problématique de nos jours pour bien des hommes si l'on se rappelle le débat rapporté par *Le Monde* du 16 janvier, ou les difficultés rencontrées, naguère, par Édith Cresson en qualité de Premier ministre. Déjà le timbre de sa voix lui était reproché. Ce n'est pas un détail mineur. Non qu'il fût trop doux : en l'occurrence, on lui reprochait d'être criard. Femme durablement au pouvoir, certes, mais pour cette raison dénuée de façon négative, pour les observateurs et les compétiteurs, des charmes de la féminité. C'est-à-dire tout le contraire de l'héroïne grecque qui reste féminine dans une action d'éclat ponctuelle, éphémère, qui lui permet d'accéder provisoirement au masculin et même, comme en Argos, d'en arborer les signes extérieurs. La voix des femmes est tumulte, bruit informe, quand elle vient du peuple, nous dit D. Goudineau. Elle gêne par son bruit et son contenu n'est pas entendu. En Prairial de l'an IV, bien que nommées « citoyennes » elles ne sont pas vraiment conviées dans l'espace public démocratique. Une grille de lecture politique de leurs actes insurrectionnels oppose significativement leur sauvagerie à la raison, leur vocifération à la pétition ordonnée, leur goût effréné du sang à la revendication de droits, leur action anarchique incohérente à l'action construite, les éléments positifs étant, cela va de soi, de l'ordre du masculin.

Ni sujets de droit ni personnes au même titre que les hommes, interdites des champs d'action masculins, cantonnées dans des espaces et des rôles qui leur sont attribués comme découlant « naturellement » de leurs caractéristiques physiologiques, les femmes ne sont pas davantage sujets de leur vie. On attend d'elles ce que Thucydide en voulait : la plus vertueuse et la meilleure est celle dont on parle le moins, tant en bien qu'en mal. Seule l'inexistence est ainsi vertu, au rebours de l'idéal du masculin : est le plus vertueux et le meilleur celui dont on parle le plus.

À cette insignifiance attendue et construite correspondent cependant quelques renversements dont il a déjà été question, à propos des femmes héroïques notamment. On a vu qu'une grille de lecture concurrente où le caractère de « noblesse » prime sur le sexe permet aux femmes de rang du XVIIe siècle d'accéder à l'héroïsme.

De façon générale, ce modèle correspond à celui des « femmes à cœur d'homme », des Indiens Piegan, cadre invariant où se trouvent associés statut, âge, humeurs du corps, capacités et richesse, pour séparer des autres celles qui peuvent être qualifiées ou considérées de la sorte de droit ou qui peuvent revendiquer ce titre sans encourir d'outrage. Des célibataires, ou vierges (Jeanne la Pucelle), ou impubères ou des veuves, ou encore des femmes ménopausées – c'est-à-dire celles qui ne sont pas encore entrées ou qui sont sorties du temps de la procréation –, celles-là sont plus aptes que les autres dans notre culture à le devenir en situation d'exception, surtout si elles sont de haut rang ou d'élection divine comme Jeanne, ainsi qu'on le voit à travers les exemples de Mademoiselle de Montpensier, en 1652, ou d'Anne d'Autriche, régente et veuve. Quelle que soit la réalité de leur célibat, l'image est bien celle-là. Elles peuvent se comporter ponctuellement comme des quasi-hommes parce qu'elles en ont la chaleur, alors que les femmes mariées et procréatrices sont exclues de la violence, sauf exceptionnellement pour défendre la Cité compromise. Mais il s'agit toujours d'un état d'exception à la règle commune.

Toutes les femmes ménopausées ou veuves ne peuvent accéder à ce statut. De façon concomitante et pour de mêmes raisons logiques autrement appariées, la vieille femme pauvre, loin d'être la « femme à cœur d'homme » devient le prototype de la sorcière, comme le voyait Balzac qui, dans la série d'associations conceptuelles remarquables relevée plus haut, mettait ensemble la pauvreté repoussante, une idée de la méchanceté, l'illégitimité de la révolte (à l'opposé de la lutte héroïque pour la défense du droit), la laideur du masque cireux et froid, et la vieillesse des femmes. La phrase de Balzac citée plus haut ne sonne juste à nos oreilles que parce que tous ces qualificatifs renvoient au féminin.

S'en sortir par l'exaltation et l'excès

6. Dernière réponse invariante à l'inexistence. Il n'y a pas, dans les figures de l'imaginaire qui ont eu cours jusqu'à nos jours et qui perdurent pour beaucoup, de nombreuses issues opposables à la soumission dans le contexte de domination. Exclues de la parole, du savoir, des armes, du champ du politique et de la représentation, accéder à la reconnaissance par la revendication

ou la révolte n'est pas simple pour les femmes de tous les temps et de tous les lieux. Si quelques-unes y parviennent – nous avons vu pourquoi –, les autres n'échappent à leur statut que dans les seuls actes qui leur restent ouverts : le meurtre des enfants comme le fait Médée, le suicide réglé (départ sur la banquise pour les femmes inuit ou pendaison, méthode propre aux femmes grecques mais pas seulement à elles, etc.), l'hystérie, les crises convulsionnaires, figures de l'exaltation et de l'excès, comme nous les décrit Arlette Farge. Mais ces modes de sortie sont encore pris au piège de la représentation du féminin. Si chacune s'évade ainsi individuellement de l'impasse où elle s'est sentie prise, le piège reste toujours tendu. C'est cela qui fait la force des cadres conceptuels invariants.

Ainsi ne suis-je pas en accord avec Geneviève Fraisse lorsqu'elle écrit : « La guerre des sexes n'est pas plus immémoriale que définitive ; elle est simplement historique : avec des gagnants et des perdants. » Peut-être d'ailleurs, à cause de l'emploi du terme « guerre des sexes » qui est en lui-même créateur de trouble. Elle a raison si l'on réduit cette notion à une acception moderne bien réelle telle qu'elle s'exprime dans des conflits ouvertement perçus comme « guerre des sexes » : c'est le cas notamment aux États-Unis ou à Abidjan. Mon désaccord prend son sens si le terme « guerre des sexes » recouvre le rapport qui existe entre domination masculine, d'une part, sujétion ou rébellion féminines, d'autre part. Ce rapport-là est bel et bien « immémorial » s'il n'est pas nécessairement – cela est une autre question, qui sera abordée plus loin – définitif. À mes yeux, on l'aura compris de ce qui précède, la misogynie n'est pas seulement une « réaction à l'émancipation des femmes » : elle est constitutive de l'élaboration du statut universel du féminin.

Pourquoi y a-t-il tant de bruit et d'agitation autour du concept de « domination masculine », en vue surtout de le récuser au motif des évolutions constatées dans nos sociétés occidentales modernes ? Quand on se sert de ce concept, qu'on reconnaît la réalité qui y est impliquée, on ne nie pour autant ni les évolutions vers une plus grande égalité constatées de nos jours ni surtout le fait que le concept même de domination recouvre aussi celle d'hommes par d'autres hommes, en fonction de divers critères : âge, couleur de peau, sexualité, statut économique, naissance (système de castes), religion, etc. Mais le clivage hommes/femmes est fondamentalement d'une autre nature que ceux présents dans ces divers critères. Il les subsume tous. D'une certaine façon, c'est pécher en esprit contre cette irréductibilité-là que de refuser de la prendre en considération au nom de l'idéal démocratique qui assoit la revendication des femmes à être des Hommes, des êtres humains, des personnes.

En effet, la domination masculine existe, agissante, opprimante, violente, dans bien des sociétés de notre monde contemporain, mais aussi de façon moins voyante, symbolique, inculquée dans les rites et les imaginaires masculin et féminin dès l'enfance, fonctionnant de manière évidente, comme naturelle et allant de soi, par prétérition [8], dans notre propre société comme dans toutes les cultures et dans toutes les civilisations.

La trace claire en est, nonobstant les évolutions, cette permanence de cadres invariants relevés dans l'analyse que je viens de faire du livre *De la violence et des femmes*. Bien sûr, ils n'informent pas de la même manière les usages et les comportements des humains en société partout et toujours. De même qu'ils n'informent pas de la même manière contraignante les usages et les comportements de tous les individus, hommes et femmes, des sociétés occidentales contemporaines. Mais ils sont là, à des degrés divers d'extériorisation : fantasmes, imaginaire littéraire ou artistique, certes, mais aussi comportements professionnels, domestiques, réflexions spontanées, vie des groupes, attitudes politiques, mais encore les violences programmées en temps de guerre, et toujours, en elles profondément inculqués, les inquiétudes, les doutes et les incertitudes des femmes elles-mêmes quant à leurs capacités, leur légitimité et leur égale dignité même quand elles arrivent, difficilement on le sait, à de hautes positions politiques, intellectuelles ou professionnelles, traditionnellement considérées comme masculines. Cette inquiétude-là n'est peut-être pas la marque de la violence la plus brutale, mais, pour insidieux qu'ait été son ancrage progressif dans leur esprit dès l'enfance, c'est certainement la plus profonde.

Douceur féminine, violence mâle ?

Un système binaire de représentations nous montre partout dans le monde le féminin associé à la douceur et le masculin à la violence, et les comportements sociaux des individus, les normes institutionnelles et le regard collectif imposent à chaque individu d'être le plus conforme possible à la définition commune du genre. Des jouets offerts aux réprimandes, des compliments (« Quelle jolie petite fille » *vs* « C'est une force de la nature ») aux injonctions, des comportements préférentiels (« Ton frère peut faire cela car c'est un garçon ») aux brimades, de la réprobation à la récompense, tout est mis en œuvre, tout conduit dès la prime enfance les enfants de l'un et l'autre sexe à assumer seulement l'un de ces deux caractères. Pour ne pas parler des images lourdement incitatives que les enfants voient à la télévision[9].

Car sans ce dressage et même à taux de testostérone réduit, les femmes disposent de semblables capacités physiques et neurologiques à s'exprimer et à s'imposer par la violence que les hommes, ne serait-ce que parmi leurs semblables, même si leur gabarit et leur force musculaire ne peuvent leur assurer de lutter avec des chances égales dans le combat rapproché avec un membre de l'autre sexe. Mais on peut dire également qu'aucun des deux sexes n'a l'exclusivité de la violence comme caractère sexuel naturel, nécessai-rement partagé, et comme moyen élémentaire de s'exprimer. Tous les individus ont les mêmes moyens, éprouvent les mêmes désirs, expérimentent de mêmes pulsions. La violence s'installe dans les espaces non maîtrisés socialement de ces besoins et pulsions élémentaires[10], pour ce qui est des comportements collectifs comme des comportements individuels. Nous reviendrons sur ce point dans la troisième partie. Le dressage agit dans les deux sens, favorisant chez l'un ce qu'il réprime chez l'autre.

Envisagés individuellement, hommes et femmes naissent avec des caractères qui ne cadrent pas nécessairement au modèle normatif de genre : des garçons peu virils, trop doux, des filles « garçonnières », « hardies », « brutales ». Et le modelage pour rectifier les choses n'est pas nécessairement réussi. Il ne faut pas s'étonner qu'il y ait eu des femmes kapo dans les camps nazis, et aujourd'hui même des femmes israéliennes d'extrême droite revendiquent l'appellation de « Kapowatch » pour désigner un groupement qui se charge de surveiller les agissements de femmes de gauche[11]. Des Médées tuent leurs enfants ; le commando des FARL qui enleva Ingrid Betancourt était composé de femmes armées. Et si l'on ne voit que peu de femmes dans les grandes manifestations de rue palestiniennes, parce qu'elles en sont écartées au nom de la pudeur et de la retenue de leur sexe, certaines jeunes filles choisissent, dans le secret de leur cœur et de leurs préparatifs, la violence suicidaire des attentats kamikazes dont le « prestige » n'auréolait jusqu'alors que les hommes, même si la « récompense » qu'elles attendent de cet acte au paradis ne peut être de même nature que celle de leurs frères : qui remplacera auprès d'elles les soixante *houris* éternellement vierges ?

Les désirs et pulsions des individus sont contrôlés et orientés différemment selon le sexe dès l'enfance. Un garçon doit combattre et s'affirmer, répondre aux coups ; une fille doit se soumettre : les conduites et réactions de violence qu'elles peuvent avoir sont réprimées et condamnées sévèrement dans l'esprit public même si l'on voit s'opérer un changement sous nos yeux dans les grandes villes surtout, où fillettes et adolescentes en groupe se mettent à adopter les mêmes comportements que les garçons. Du contrôle et de la répression qui ont pesé et pèsent encore sur la grande majorité des femmes naît la réputation de sournoiserie, qui serait inhérente à leur nature même, ou plus benoîtement de mystère, qui est la leur dans le monde des hommes. « On n'apprend pas à connaître le cœur d'une fille pas plus que quiconque ne connaît le ciel », disait déjà un texte égyptien de l'ancien empire[12]. Grâce, douceur, obéissance, attitude soumise et effacée, même s'il s'agit de comportements assumés, voire revendiqués par les femmes comme étant l'apanage de leur sexe, masquent aussi cependant insatisfaction, questionnement, doutes et révoltes. D'où le soupçon foncier exprimé par les hommes sur la sincérité de leurs paroles et de leurs actes. C'est ce même soupçon qui, en définitive, est la preuve que l'ensemble du corps social, protagonistes compris, érige artificiellement en qualités naturelles ce qui n'est que l'effet d'un prodigieux dressage mental et physique.

CHAPITRE 4

LE POINT D'AVEUGLEMENT DE SIMONE DE BEAUVOIR. APRÈS LA RÉVOLUTION NÉOLITHIQUE...

Simone de Beauvoir n'a certes pas voulu faire œuvre d'érudition dans les divers domaines qu'elle aborde : elle y entre en connaisseur éclairé, mais éclairé jusqu'à quel point ? Il est particulièrement difficile de connaître les sources dont elle a disposé, auxquelles elle s'est référée en pensée tout en écrivant, en manipulant des fiches et des notes, puisqu'elle ne les cite pas de façon systématique et que l'ouvrage *Le Deuxième Sexe* est dépourvu de bibliographie. Il faut dire qu'à cette époque même les publications de spécialistes n'étaient pas soumises aux règles de la critique des sources ni même à celles, morales, de la référence aux textes inspirateurs non plus qu'à celles, techniques, de la formulation correcte des références comme elles le sont maintenant. Visiblement, ce n'est pas le propos de Simone de Beauvoir de faire une synthèse de ce qui était connu : elle en fait son miel pour servir sa pensée. Dans ce chapitre, le seul auteur auquel elle se réfère explicitement est Claude Lévi-Strauss. Elle cite pêle-mêle, au hasard des pages et au fil des raisonnements, d'autres auteurs : Frazer, Bachofen (elle parle de ses « élucubrations »), Engels... ; des sociétés : les Mayas, les Indiens de l'Orénoque, les « Bhanta des Indes », les Kassites... ; des lieux : Bornéo, l'Ouganda, l'Assyrie... ; des époques : l'aurignacien, le magdalénien, le solutréen... ; des œuvres : Platon, Aristote, la Bible, le Coran, le Rig-Veda... ; des cosmogonies : le culte de la déesse mère dans les religions des Assyro-Babyloniens, de la Phénicie, de l'Égypte, de la Grèce classique... ; des dieux : Atoum et Tamiat, Bel-Mardouk, Astarté, Zeus, Déméter... ; des héros : Pandore, Adam et Ève, Médée, Andromaque... Mais elle ne livre vraiment que deux références, et encore incomplètes et en note : un article du comte Begouen de 1934 et un ouvrage consacré à Bornéo de Hose et Mac Dougall [1].

Elle raconte à Nelson Algren – d'autres que moi l'ont dit – ses fécondes et studieuses visites à la bibliothèque du musée de l'Homme où elle s'instruit sur les « sidérantes » façons dans lesquelles s'exprime le rapport entre les sexes dans les « tribus australiennes, indiennes et africaines ». Ainsi donc, elle y a fait moisson ethnographique, à partir de travaux de terrain, mais nous ne pouvons rien savoir du choix qu'elle a fait entre tous les documents mis à sa disposition. En revanche, compte tenu de l'intérêt qu'elle porte dans cette partie de l'ouvrage au culte de la déesse mère, et compte tenu des allusions précises qui jalonnent le texte, nous sommes en droit d'inférer que son discours d'ensemble sur les sociétés agricoles d'après la révolution néolithique est surtout fondé sur les événements du Proche-Orient.

Sur un plan plus général, théorique ou historique, que peut-elle connaître ? Très vraisemblablement, elle connaît la teneur des œuvres classiques de Frazer, Lowie, Bachofen, Morgan, Westermarck, Engels, Darwin, Malinowski (notamment son essai sur la paternité de 1927, comme sans doute celui de Edwin S. Hartland), V. Gordon Childe, et peut-être Franz Cumont et Hobhouse. Sur la situation des femmes dans ces temps reculés, elle a dû recourir aux synthèses existantes de Charles Letourneau et C. Gasquoine Hartley. Visiblement, sur le culte des déesses mères en général et de la grande déesse en particulier, elle s'est documentée en profondeur, sans doute à travers le *Manuel d'archéologie orientale* de Georges Contenau, auteur également de *La Déesse nue babylonienne*. Il se peut qu'elle connaisse le travail de Luce Passemard sur les Vénus stéatopyges ainsi que les cours de Jean Przyluski au Collège de France qui ne seront publiés qu'en 1950 par un ami un an après sa mort.

L'ignorance supposée du rôle du père

Il va de soi qu'on ne saurait blâmer Simone de Beauvoir de ne pas connaître ce qui était inconnu. Tout au plus remarquera-t-on à quel point il est difficile même à de grands esprits de s'extraire totalement des préjugés et stéréotypes qui fonctionnent de leur temps. Ce n'est pas un reproche : l'esprit critique des intellectuels et la construction savante ont toujours leur point aveugle. Dans son cas, elle accepte avec aisance, sans formuler la moindre suspicion, la moindre interrogation, sans doute parce que c'est une pièce maîtresse de son argumentaire, le présupposé selon lequel les peuples primitifs ignorent le rapport entre copulation et enfantement. L'idée de cette ignorance du rôle du père, rendue célèbre par Malinowski à partir de l'ethnographie des Trobriands [2], a été acceptée sans problème jusqu'aux dernières décennies de ce siècle où d'autres travaux ethnographiques ont apporté de sérieux correctifs. Sans problème, parce qu'elle renvoie confusément à la conception élitiste globale d'une humanité primitive, ignorante et sauvage, dont la naïveté par défaut d'observation et d'esprit de corrélation ne peut surprendre puisqu'elle témoigne seulement du faible « bagage de connaissances d'une société arriérée [3] ».

Il est d'ailleurs intéressant de noter que le public, même lettré, accepte cette ignorance comme absolue [4], alors même que Malinowski, s'il nie que ses interlocuteurs connaissaient le pouvoir fécondant du sperme, les crédite d'un certain nombre de savoirs (nés de l'observation, tout de même !) et d'opinions qui auraient dû suffire pour admettre que même ces primitifs n'ignoraient pas l'importance de l'homme dans la procréation : « une vierge ne peut concevoir [5] » ; « tout enfant ressemble à son père », car c'est lui qui coagule la matière et lui donne forme, comme dans le schéma aristotélicien. Il ne voit cependant dans cette dernière croyance que le fruit de l'introduction tardive d'un « lien artificiel », mais dont la force sociale est due à la nature émotionnelle. Pour le reste, si ouverture préalable du corps il doit y avoir, la « cause réelle » de la fécondation reviendrait à un esprit qui s'introduit dans une femme « des mêmes clan et sous-clan que lui [6] ». Cela dit, il ne relève pas une phrase de ses informateurs qui déclare que cet esprit peut être « celui de la mère *ou du père* de la femme enceinte » (c'est nous qui soulignons). Ainsi, si l'esprit de son père ou de son grand-père maternel peut revenir dans une femme, on voit que même les informateurs de Malinowski admettaient, du fait qu'ils reconnaissaient le rôle d'un esprit moteur masculin, que la procréation implique par ce truchement, outre l'ouverture mécanique du sexe et le façonnage technique de la forme enfantine, une part surréelle masculine autant que féminine. La seule chose qui leur est étrangère, c'est le pouvoir fécondant du spermatozoïde proprement dit, qui, rappelons-le, nous était d'ailleurs également inconnu jusqu'à la fin du XVIIIe siècle. Ce point, qui intéressait tant Malinowski, n'était pas, pour eux, majeur.

Ajoutons à cela, dans l'optique trobriandaise, que le mari de la jeune femme, son père ou le père de sa mère sont tous au même titre, mais dans des temps différents, des « pièces rapportées » au clan utérin. Seuls les esprits des morts, qu'ils soient de ce clan ou greffés sur lui, reviennent dans une femme et la rendent enceinte. Ni le mari ni la femme n'ont ce pouvoir. La femme elle-même se contente d'héberger, d'alimenter l'esprit et d'enfanter, alors que le mari prépare l'entrée et forme la masse grossissante. À cette aune, due somme toute à la seule méconnaissance des gamètes, Malinowski aurait pu écrire que les Trobriandais ne connaissaient pas non plus l'essence biologique de la maternité.

L'ignorance des peuples primitifs du lien entre copulation et procréation est une croyance que Simone de Beauvoir a eu besoin de reprendre à son compte sans la discuter. Pourquoi ?

Évolution vs *structure*

À côté des sources dont nous avons parlé, l'œuvre de Claude Lévi-Strauss fournit l'armature centrale de cette partie du *Deuxième Sexe*. Il lui avait fait quelques remarques à propos d'inexactitudes dans une étude pour *Les Temps modernes*. *Les Structures élémentaires de la parenté* n'étaient pas encore parues, bien évidemment, mais il lui en communiqua le texte en lecture chez lui. Elle souligne qu'elle y trouva confirmation de ses idées « de la femme comme autre », dans la position centrale qui fait des femmes un objet d'échange entre les hommes. Mais, et c'est là le premier de quatre paradoxes que nous voyons s'exprimer dans ce chapitre de la partie historique du *Deuxième Sexe*, l'acceptation de la pensée structuraliste de Claude Lévi-Strauss lui paraît compatible avec le discours qu'elle tient, et qui est situé, lui, dans le droit fil de la pensée évolutionniste, où l'ignorance de la paternité est un *credo* qui joue un rôle essentiel.

Pour la pensée structurale, des faits sociaux majeurs, comme la filiation, la résidence, les règles d'alliance, prennent différentes formes toutes logiquement possibles et de statut équivalent, en raison de leur capacité identique à être pensées et réalisées et qui ne découlent pas historiquement les unes des autres. Elles ont toutes eu des occurrences historiques simultanées. Dans la pensée évolutionniste, aujourd'hui rejetée, on observe une progression d'une forme inférieure à des formes supérieures en organisation et degré de civilisation.

Or la pensée de Simone de Beauvoir est résolument évolutionniste et elle ne voit pas, malgré la compréhension intelligente qui est la sienne du texte lévi-straussien, de contradiction entre les deux approches.

Un grand récit

Résumons ce discours. Il postule, à partir de la révolution néolithique que fut la domestication des plantes et des animaux[7], le passage de sociétés antérieures de chasseurs-collecteurs nomades où la sexualité, la reproduction, la maternité sont réduites à leurs caractères objectifs animaux – où seul le mâle est doté de la transcendance du projet civilisateur en raison des contraintes matérielles pesant sur ses compagnes – à des sociétés d'agriculteurs où l'homme (c'est-à-dire le mâle) « commence à penser le monde et à se penser[8] ». La sédentarisation de la communauté agricole implique un territoire approprié, qui est la propriété collective du clan, et la transmission à une postérité. La communauté agricole substitue ainsi, avec un projet conçu par les hommes, une vie enracinée dans le passé et projetée vers l'avenir à une vie qui ne connaissait qu'une succession d'instants. Simone de Beauvoir consent à ce que le « mariage par promiscuité » n'ait jamais existé, mais ne voit dans le mariage reproductif à ce stade de civilisation aucune source de servitude pour l'épouse intégrée à son clan. C'est déjà en soi une belle vue de l'esprit !

La révolution néolithique s'accompagne en effet dans son schéma d'une révolution dans les esprits. La fécondité et la maternité ne sont plus seulement des faits naturels animaux. L'agriculteur « admire le mystère de la fécondité qui s'épanouit dans les sillons et dans le ventre maternel[9] ». Terre et femme sont assimilées par l'esprit, ce qui a pour conséquence que la terre appartient mystiquement aux femmes, ce qui fonde le droit maternel. Concourent à cette évolution deux faits majeurs, dont la formulation hypothétique n'est à aucun moment critiquée par l'auteur car ce sont les pivots majeurs de l'argumentation : l'ignorance maintenue du rôle du mâle dans la procréation ; l'assimilation de la terre à la femme par le truchement de leur puissance féconde commune, à quoi il faut ajouter le liant majeur qu'est l'opposition transcendance/immanence qui signe le rapport masculin/féminin déjà du temps des chasseurs-collecteurs.

Il s'ensuit dans cet exposé toute une série de constats présentés comme des évidences scientifiques : l'agriculture va être confiée aux femmes, en vertu de la sympathie des propriétés, puis l'industrie domestique et enfin le commerce[10], les hommes continuant leurs activités extérieures de chasseurs et pêcheurs, auxquelles s'ajoute celle de guerriers[11]. Simone de Beauvoir ne commente pas cette répartition exclusive des tâches, pas plus que l'association logique des diverses prémisses contenues dans ces affirmations dérivées les unes des autres[12]. Il lui faut ces certitudes non questionnables pour affirmer, couronnant le tout, que cette puissance nouvelle « inspire aux hommes un respect mêlé de terreur qui se reflète dans leur culte » et aussi que « c'est en elles [c'est-à-dire les femmes] que va se résumer toute la Nature étrangère[13] ». C'est sur ces fondements qu'elle analyse le culte des déesses mères, tout en refusant, ce qui est à mettre au crédit de son esprit critique, le mythe du matriarcat : la femme « n'est que médiatrice du droit, non sa détentrice[14] », écrit-elle. Cependant, tout effrayé qu'il est par la puissance féconde féminine, l'homme la pense « à travers des notions créées par la conscience mâle », qui se réalise aussi « comme transcendance, comme projet ». Cette femme dont la fécondité est crainte et révérée est nourricière, non créatrice ; elle reste « vouée à l'immanence ».

Une prise de conscience progressive va faire que le principe mâle va triompher. « L'Esprit l'a emporté sur la Vie, la transcendance sur l'immanence, la technique sur la magie et la raison sur la superstition. La dévaluation de la femme représente une étape nécessaire dans l'histoire de l'humanité », affirmation qui suppose l'existence d'une période de réelle surévaluation, intermédiaire entre les temps initiaux de l'animalité insouciante et les temps postérieurs de la domestication de la fécondité, ce qui ne va pas si aisément de soi. Ainsi donc, nous sommes toujours dans un mouvement historique d'une évolution qui se traduit par l'apparition de dieux mâles à côté des déesses mères, dieux mâles qui finiront par supplanter ces dernières : substitution qui correspond à la prise de conscience par les hommes que l'homme est aussi un principe de fécondité.

C'est le passage des outils de pierre au bronze puis au fer qui dans ce schéma ouvre à l'homme la véritable conquête du sol, livré aux femmes du temps de la pierre. Désormais, il impose « avec ses mains la figure de son projet » ; son succès ne dépend plus « de la faveur des dieux mais de lui-même » ; il affronte désormais la terre « en ouvrier [15] ». Dans la foulée, il découvre les vertus de l'esclavage et « asservit *(sic)* sa femme et ses enfants [16] ». Simone de Beauvoir souligne l'importance de la « révolution idéologique » qui, selon elle, a historiquement substitué la filiation agnatique à la filiation utérine, substitution représentée dans les mythes comme « l'aboutissement d'une lutte violente », qui n'aurait pas eu lieu dans la réalité, pense-t-elle justement. Il fallait cependant qu'il y eût révolution pour comprendre un tel retournement des choses, révolution qui pour elle s'appuie sur deux nouvelles conquêtes, résolument masculines : celle du métal d'une part, et d'autre part l'assurance, conséquence de « l'expérience de la causalité technique », « qu'il [c'est-à-dire l'homme] était aussi nécessaire que la mère à la procréation [17] ».

Ainsi le triomphe du patriarcat s'est construit au fil des millénaires sans violence, inscrit qu'il était dès l'origine de l'humanité par le « privilège biologique [qui] a permis aux mâles de s'affirmer seuls comme sujets souverains [18] ». On notera que, par un retournement de la pensée nécessaire à l'argumentation fondamentale de l'auteur opposant transcendance et immanence, le privilège biologique n'est pas celui, exorbitant, des femmes qui font les enfants des deux sexes et qu'il faut donc que les hommes, pour se reproduire à l'identique, passent par leur canal – privilège qui suffit à expliquer la mise en tutelle de cette ressource rare et le culte de déesses dont il faut s'assurer le bon vouloir [19], on y reviendra –, mais celui de l'homme exempté du fardeau de la maternité. La conclusion, magnifique par ce qu'elle suppose que Simone de Beauvoir en tire, est que la femme est autre parce qu'elle ne peut être totalement un « compagnon de travail [20] ».

Un génie masculin déjà là

Dans cette reconstitution de toutes pièces notablement erronée, notons deux points. S'il est vrai que les mythes expliquent la réalité telle qu'on l'observe par le renversement d'une situation antérieure néfaste, renversement qu'on présente comme brutal, il est tout aussi vrai que la situation antérieure est aussi un mythe dans le mythe. Il fallait que la suprématie masculine soit intellectuellement, logiquement, idéologiquement, expliquée et validée. La dévaluation du féminin que Simone de Beauvoir pose comme condition nécessaire à l'établissement de cette suprématie est nécessaire en effet, mais elle n'a pas eu besoin de s'accomplir par une révolution idéologique datable, car elle était déjà là.

Deuxièmement, on voit que c'est par l'expérience technique et l'observation de la causalité, propres toutes deux au génie masculin, que l'homme acquiert enfin, à ce moment qui est celui de l'apparition des techniques du métal, la connaissance de son rôle dans la conception et que, de façon dérivée, il revendique alors les droits exclusifs sur ses biens : la terre, les outils, les fruits de son travail, son épouse, ses enfants. On notera aussi que c'est seulement à partir de la maîtrise du métal, qui signe ses capacités d'invention et de technicité, que l'homme se consacre aussi à l'agriculture auparavant domaine réservé des femmes, qui le perdent ainsi dès lors qu'il n'est plus soumis aux simples aléas de la nature.

C'est sans doute à la nécessité qu'elle a perçue de relier ensemble la perspective structuraliste, à laquelle elle dit adhérer, et la perspective évolutionniste, qui est le moteur de son raisonnement, que l'on doit cette hypothèse anthropologique que Simone de Beauvoir se risque à ajouter à la somme des réflexions lévi-straussiennes pour expliquer l'exogamie de sociétés qu'elle voit toutes matrilinéaires à l'origine. Non qu'elle ait pressenti un quelconque problème lié à la théorie de l'échange : il lui faut seulement lier la perspective structuraliste à son mode d'explication philosophique et évolutionniste. Ainsi donc, même s'il ignore son rôle fécondant, l'homme accède par le mariage au statut d'adulte. Son clan maternel lui fournit l'immanence, il veut la transcendance. La prohibition de l'inceste devient ainsi la marque de la volonté mâle d'aller délibérément vers l'inconnu, vers l'Autre, vers ce qu'il n'est pas. Il joue sur le risque. Il fait « éclater les bornes du destin que sa naissance lui avait assignées ».

En dehors du fait que cette hypothèse psychologisante suppose admises les prémisses qui la soustendent, Simone de Beauvoir néglige ostensiblement le fait que les bornes du destin féminin éclatent également, d'autant que c'est la femme qui généralement se déplace concrètement dans l'espace. Mais il lui suffit de penser que, dans son cas, c'est un destin subi et non voulu, sans répondre autrement que par l'emprisonnement dans le rôle physiologique de la maternité à la question de la raison de cette valence différentielle des sexes, consubstantielle à l'humanité[21].

Des commentaires qu'il convient à fournir à ce grand tableau, cette grande histoire, qu'elle brosse avec un immense talent et beaucoup de conviction, nous retiendrons ceux qui alimentent trois paradoxes autres que celui que nous venons de voir.

Un scénario très localisé

Commençons par le plus simple. Simone de Beauvoir entend dresser une vision globale de l'histoire évolutive partagée par toute l'humanité, mais elle ne nous parle en fait que de l'explosion néolithique autour du Croissant fertile et d'une situation globale qui a prévalu, pour ce qui est des cultes supposés de la déesse, en Europe comme en Asie centrale et proche-orientale. Elle fait l'impasse sur les autres peuples hormis lorsqu'elle peut apporter quelques informations ethnographiques qui lui semblent convergentes avec son propos. On ne peut lui reprocher de ne pas connaître les scénarios qui postulent plusieurs foyers très éloignés les uns des autres pour l'émergence de divers variants humains et de l'homme moderne. On ne peut lui reprocher non plus de ne pas connaître les cas, comme celui de la civilisation jomon au Japon, où la sédentarisation, l'urbanisation, l'apparition de techniques très développées comme la poterie se sont faites en dehors de la domestication des plantes, dans des sociétés qui vivaient toujours de la chasse et de la cueillette[22]. Mais il est difficile de comprendre pourquoi elle n'a pas tenu compte des pasteurs ni de la domestication animale, sinon pour la raison qu'ils ne connaissent pas le culte de la déesse mère, ni l'assimilation de la femme épouse et mère à la terre, et supportent moins bien que les sociétés agricoles la théorie de l'immanence féminine liée à son enracinement dans la terre et le territoire.

Elle a accepté, sans réticence aucune, l'idée de cette religion néolithique centrée sur le culte de la déesse, des déesses mères en général, en tant que pierre angulaire d'une argumentation évolutionniste qui passe par un stade où, à peine sorti de la vie animale, l'ignorance de l'homme s'accompagnait d'un culte voué aux mystères de la fécondité logée dans le flanc des femmes. Il fallait postuler cette ignorance et le culte qui en découle pour accéder au renversement procuré par le dessillement des yeux. C'est chose récente que l'on puisse écrire que la déesse n'est pas une certitude historique, démontrée, mais une image [23]. Il est donc normal que Simone de Beauvoir se soit appuyée fortement sur cette idée d'un culte néolithique, alors même que nombre de ces figurines datent d'époques antérieures.

Il est difficile de comprendre pourquoi, si le schéma évolutionniste suit bien les étapes qu'elle a fixées, elle ne s'interroge pas sur l'existence moderne conjointe, qu'elle ne peut ignorer, de sociétés matrilinéaires et patrilinéaires, souvent voisines, alors même que les membres des premières ont tout aussi conscience que ceux des secondes du rôle de l'homme dans la procréation, trait dont la connaissance aurait dû entraîner pour ces sociétés le passage à la patrilinéarité, selon son schéma cognitif et évolutionniste.

Enfin, dans un registre un peu décalé, elle tient pour acquis que ce sont les hommes qui ont fait la révolution néolithique en domestiquant les plantes. Si l'on admet cette vision sexuée des choses, par quel miracle le chasseur aurait-il eu la connaissance intime des plantes consommables que sa compagne collectait, manipulait et traitait ? Simone de Beauvoir ne s'explique pas sur ce tour de passe-passe. Pourtant la question était posée dès 1878 par Buckland, notamment, qui estimait que la domestication des végétaux avait commencé par la sélection des tubercules et des fruits par les femmes, avant d'être appliquée (par les deux sexes ?) aux céréales. La question a son importance, car si les femmes sont soit à l'origine de la domestication des espèces végétales, soit partie prenante dans ce processus, il n'est plus possible de les maintenir dans le statut d'êtres voués à l'immanence et dépourvus de projets créatifs.

Or c'est bien à des révolutions techniques comme celle-là, puis celle de l'usage du métal, que Simone de Beauvoir associe directement le passage progressif de la bande à la filiation matrilinéaire puis à la filiation agnatique (ce qui est faux) et au règne absolu de l'homme en tant que mari et père, par le truchement de l'observation de la causalité qui n'aurait, dans cette optique, jamais eu lieu auparavant. L'homme aurait ainsi perdu progressivement mais irréversiblement ses œillères sur son rôle dans la procréation mais son entrée dans l'immanence n'a pas pour autant fait passer la femme du côté de la transcendance.

La supériorité de la transcendance

Cette série d'hypothèses, toutes récusées de nos jours, nous conduit au troisième paradoxe. Transcendance et immanence, part attribuée à chaque sexe dans son être au monde, sont là, données dès l'origine. Le reste de l'histoire précise, accentue, affine mais ne change rien à la donnée initiale. Pourquoi ? Parce que Simone de Beauvoir ne se contente pas de poser que l'organisme au féminin, accablé de maternités successives et des tâches subséquentes, subit un handicap mortel. Elle pose comme allant de soi qu'« *engendrer* (c'est nous qui soulignons), allaiter ne sont pas des activités, ce sont des fonctions naturelles ; aucun projet n'y est engagé ». Simone de Beauvoir utilise bien ce verbe, « engendrer », qui connote la fonction mâle, à la place du verbe « enfanter », qui connote la fonction féminine. Nonobstant, elle aurait pu se demander en quoi engendrer dépasse la simple « fonction naturelle » pour devenir un projet, à moins qu'à ses yeux le projet masculin soit nécessairement situé hors du champ de la sexualité et de la reproduction. Point de vue assurément contestable si l'on tient compte, comme il apparaît d'ailleurs dans le texte, du souci masculin apporté à s'assurer une descendance, point sur lequel nous reviendrons. Ainsi, la femme est donnée d'emblée comme éternellement passive dans l'immanence. Elle suit un destin sans jamais s'investir dans le projet « hautain » de faire que les choses soient à sa mesure : « En aucun domaine elle ne crée : elle entretient la vie de la tribu en lui donnant des enfants et du pain, rien de plus [24]. » Est-ce Simone de Beauvoir qui dit ce qu'elle pense ou se contente-t-elle d'exprimer ce qu'elle croit voir ressortir de l'histoire de l'humanité telle qu'elle la reconstitue, quand elle écrit (c'est nous qui soulignons) : « La volonté mâle d'expansion et de domination a transformé *l'incapacité* féminine en une malédiction. [...] Peut-être cependant si le travail productif était demeuré *à la mesure de ses forces*, la femme aurait réalisé *avec* l'homme la conquête de la nature. » Les hommes deviennent ainsi, à un moment de l'histoire, les sujets organisateurs d'une relégation des femmes, réfléchie, concertée, dans le domaine de la maternité domestique, en raison du retournement qui fait du privilège antérieurement craint et révéré de la fécondité un handicap, une incapacité, une infériorité.

Retenons cependant que l'histoire évolutive qu'elle nous conte se contente d'accentuer progressivement quelque chose qui est là dès l'origine, y compris du temps de la quasi-animalité de la parturition : immanence *vs* transcendance. Sur ces deux termes philosophiques se greffe toute une série d'oppositions du masculin et du féminin qui transparaissent clairement dans l'exposé, avec leurs valeurs contrastées négatives et positives : passivité *vs* activité, fermeture *vs* ouverture, intérieur *vs* extérieur, sédentaire *vs* mobile, matière *vs* esprit, magie *vs* technique, superstition *vs* raison, répétition *vs* création, désordre *vs* ordre, contrainte *vs* liberté, lourdeur *vs* intelligence, ombre *vs* lumière, crainte *vs* hardiesse, soumission *vs* autorité, féminin *vs* masculin... « C'est le principe mâle de force créatrice, de lumière, d'intelligence, d'ordre qu'il [c'est-à-dire l'homme] reconnaîtra alors comme un souverain [25]. »

À un moment de l'évolution qu'elle décrit s'opère le triomphe des valeurs masculines, mais le clivage était là, donné dès le départ de l'histoire, qui oppose le féminin immanent au masculin transcendant. Pourquoi, alors que le rapport des sexes aurait dû se mouler dans une réciprocité absolue, les femmes sont-elles vouées à l'altérité pure par l'homme qui est seul sujet et pourquoi l'acceptent-elles ? Simone de Beauvoir récuse immédiatement dans l'Introduction l'idée, qui n'est pas questionnable pour elle, que cette dualité dérive de l'observation de la différence des sexes : « Cette division n'a pas d'abord été placée sous le signe de la division des sexes [26] » et, plus loin, l'homme « saisit le monde sous le signe de la dualité ; celle-ci n'a pas d'abord un caractère sexuel [27] ». C'est au contraire notre postulat : à partir de l'observation par l'humanité de la différence immédiatement perceptible des sexes, tant anatomique que physiologique, qui traverse les espèces animales et le genre humain, se construit l'opération mentale primaire de symbolisation qui sépare absolument le même et l'autre, sans que la hiérarchie s'ensuive. Elle naît d'autres causes.

Récuser cette observation liminaire amène Simone de Beauvoir à introduire d'emblée – sur la base de l'animalité naturelle de la parturition, des risques et charges qui l'accompagnent où la femme se retrouve seule – une opposition de valeur qui postule, sans qu'il soit nécessaire de la fonder, la supériorité de la transcendance attribuée à l'homme sur l'immanence attribuée à la femme, et la supériorité *ipso facto* de toutes les valeurs rattachées par extension à la transcendance sur celles rattachées à l'immanence. Cette supériorité de la transcendance et donc du masculin est affirmée comme allant de soi.

Ce bouclage par un argument tautologique, somme toute, est-il un tour de passe-passe ? Oui et non, puisque, en fin de compte, il traduit efficacement l'aspect hiérarchisé, en fonction de valeurs implicitement associées au masculin et au féminin, des catégories mentales qui nous servent à penser. Mais l'assignation à la fécondité et à la parturition, c'est-à-dire à la maternité, du poids de l'immanence, face au privilège biologique de n'y être point englué qui est la figure de la liberté transcendante de l'homme, a pour effet de maintenir paradoxalement les femmes dans un destin : « La maternité destine la femme à une existence sédentaire ; il est naturel, tandis que l'homme chasse, pêche, guerroie, qu'elle demeure au foyer[28]. » Certes, c'est là ce que pensent les hommes et les femmes du néolithique, d'après Simone de Beauvoir. Mais cette assignation, qui est toujours pensée et vécue par la majorité de l'humanité, est-elle bien exclusivement due aux effets physiologiques et sociaux de la maternité ?

Des enfants ou des fils ?

Cela nous amène à traiter du dernier paradoxe que nous avons relevé. Simone de Beauvoir pose – là aussi sans faire subir à cette affirmation un quelconque questionnement – qu'au moment de la révolution néolithique, qui va voir l'association de la fécondité de la femme à celle de la terre, un culte apparaît ou s'impose, celui de la fécondité ou de la maternité à travers la figure des déesses mères ou de la grande déesse. Ce culte, sans doute partagé par hommes et femmes, mais qu'elle présente au masculin, révère le mystère caché dans le corps féminin, mystère que l'homme craint et redoute tant qu'il ignore qu'il joue un rôle dans la fécondation. Nous avons vu qu'on ne peut tenir pour assurées aussi bien l'affirmation du sens conféré par les historiens aux objets en cause que celle de l'ignorance où les hommes auraient été de leur rôle.

Y a-t-il cependant quelque chose qui, malgré l'absence de preuves et le déni ultérieur apporté aux arguments de Simone de Beauvoir, vaudrait qu'on s'y arrête, parce qu'il y aurait là quelque chose d'immédiatement vrai ?

Une chose étrange est la constance avec laquelle Simone de Beauvoir, qui cherche pourtant le mot juste et traque l'imprécision, se sert du neutre pour désigner le produit de la fécondité féminine. Elle parle d'enfants, de descendants, de postérité – « Le clan accorde un intérêt profond à ses descendants [29] » – ou bien encore :

« Les hommes qui font les codes ne la [c'est-à-dire la femme] considèrent pas avec la même bienveillance que les enfants [30] » et bien d'autres occurrences. Pourtant, ce n'est pas la même chose, et elle le sait plus que tout autre, de naître fille ou garçon, tant pour la vie à construire de l'individu que pour le regard que l'entourage porte sur l'enfant nouveau-né. Or les hommes veulent d'abord leur semblable, le même qu'eux. Ils veulent des fils, ce que Simone de Beauvoir a vu en passant : l'agriculteur du néolithique « veut que son clan engendre d'autres hommes qui le perpétueront en perpétuant la fertilité des champs [31] ». En effet, même dans les systèmes de filiation matrilinéaire, les hommes veulent des fils, car le système ne pourrait fonctionner sans la présence de ces fils et frères des femmes, sans la présence d'oncles maternels. Sans neveux, réciproquement, un oncle n'est rien, pas plus qu'un père sans fils dans un régime de patrilinéarité.

Or donc, même si les mécanismes de la fécondation étaient inconnus, même si l'humanité diverse du néolithique croyait à la fertilisation des femmes par des « larves ancêtres », que l'homme façonne à l'image du corps humain dans le ventre maternel, il reste un point majeur : un homme ne peut faire un fils, son semblable, que par le truchement du corps de l'Autre, sa femme, son épouse. Pour lors, on peut penser que ce qui est craint et révéré, c'est le bon vouloir à l'égard du masculin de cette puissance inscrite dans le corps des femmes. Et, du même mouvement, ce qui doit être maté, soumis et surtout approprié, c'est cette même puissance, non de faire des enfants en général, mais des fils aux hommes et pour eux.

Ce n'est pas parce qu'elles font les enfants que les femmes sont tenues en dépendance comme un matériau exploitable, ce n'est pas parce qu'elles sont fécondes comme la terre, c'est parce qu'il faut une femme aux hommes pour leur faire des fils. Simone de Beauvoir a entraperçu sans l'exploiter cette idée quand elle écrit qu'il faut des hommes au clan matrilinéaire puis quand elle ajoute que, après le passage à la patrilinéarité, l'homme « affranchi de la Femme [...] réclame aussi une femme et une postérité à lui... Il lui faut des héritiers » à qui il lègue ses biens et qui procéderont au culte des dieux domestiques. Des héritiers des deux sexes ? Non. Seuls les mâles sont capables d'hériter et de sacrifier en régime patrilinéaire. Elle n'est pas allée jusqu'au bout, autre point aveugle de son raisonnement, situé sur la distinction sexuée des enfants, et c'est dommage parce que cela l'aurait conduite à admettre que les mécanismes qui installent idéologiquement et valorisent le masculin comme transcendance ne dérivent pas seulement de la nature qui handicape les femmes par les faits biologiques liés à la parturition dont les hommes sont exempts, mais procèdent d'une extorsion, sans violence brute peut-être, mais d'une extorsion cependant.

Il faut ce chaînon supplémentaire dans l'argument pour comprendre la dureté, et la nécessité aux yeux des hommes, du lien de sujétion et d'appropriation dans lequel les femmes ont été tenues jusqu'à nos jours et continuent de l'être dans bien des pays, sujétion qui s'accommode du respect porté aux valeurs de fécondité et de maternité dans les liens du mariage. Tout le malheur, historique et structural (elles sont objet d'échange), des femmes est venu de ce qu'elles enfantent aussi ces corps différents du leur. Malheur immuable ? Non. Savoir le rôle égal que jouent les gamètes et bénéficier de la contraception, c'est-à-dire du libre choix, sont certainement les leviers essentiels pour que les femmes, collectivement et pas seulement pour des individus ou des groupes particuliers, accèdent à la transcendance.

Certes, l'argumentation de Simone de Beauvoir est erronée. Certes, elle écrit dans ce chapitre un « grand récit » qui n'est pas véridique. Certes, elle omet des pistes, aveuglée qu'elle fut, comme nous le sommes tous, par des représentations tant philosophiques qu'usuelles qui avaient (ou ont toujours) cours et qui fonctionnent comme des certitudes. Et pourtant, au bout du compte, une vérité est là, éclairante, obstinément posée. Et c'est notre paradoxe de dire à la fois que les chemins qu'elle a suivis dans ce chapitre n'étaient pas sans doute les plus appropriés, mais que le tableau qu'elle dresse est cependant, lui, approprié et juste.

DEUXIÈME PARTIE

Critique

CHAPITRE PREMIER

PRIVILÈGE DE LA MATERNITÉ ET DOMINATION MASCULINE *

L'un de mes principaux apports est d'avoir introduit la question du corps dans la réflexion anthropologique. Il ne s'agit pas là d'un présupposé logique que j'aurais formé depuis toujours. C'est au fur et à mesure de l'avancée de mes recherches, à travers l'analyse de systèmes complets d'alliance et de parenté, que cette nécessité de mettre le corps au centre de l'étude anthropologique s'est imposée à moi.

La plupart de mes orientations professionnelles ont été le fruit de hasards. Le premier de ces hasards est survenu alors que je me destinais encore à l'histoire et à la géographie. En 1958, j'ai saisi une chance qui s'offrait à moi : j'ai répondu à une demande pour partir au Burkina Faso et mener une étude concernant les Mossi. Le deuxième grand hasard, décisif cette fois, découle de ma décision de retourner en Afrique quelques années plus tard chez une autre population, les Samo,

---

* Texte publié dans *Esprit*, mars-avril 2001, sous forme d'entretien. Version revue et augmentée.

dont les villages avaient une apparence si remarquable qu'ils avaient retenu mon attention lors de mon premier voyage en 1958 : j'ai découvert chez eux un système de parenté tout à fait original.

L'importance idéelle des structures de parenté

Enquêtant sur la terminologie de parenté, mon but était simplement de recueillir un vocabulaire dans un domaine spécifique. N'ayant pas étudié l'ethnologie, j'étais persuadée que les appellations de parenté découlaient directement de régularités biologiques et qu'elles devaient donc avoir la même structure partout dans le monde. Chaque individu a un père, une mère, des frères et sœurs, pensais-je. Or, au cours de mon enquête, j'obtenais des résultats tout à fait déroutants. J'ai alors vérifié systématiquement chacune de mes informations : j'ai changé d'informateur, de village. Pourtant, je retrouvais toujours les mêmes résultats : ce système de parenté tout à fait particulier existait bel et bien. De retour en France, j'ai entrepris des recherches pour savoir si ce que j'avais relevé avait déjà été observé ailleurs. En effet, ce système de parenté était décrit dans des sociétés indiennes d'Amérique du Nord et portait le nom de « Omaha ».

Il possède une caractéristique étrange à nos yeux. Là où, dans notre culture, chacun se connaît des frères et des sœurs (des « germains »), issus des mêmes parents que soi, et des cousins, issus des frères et sœurs des parents, dans ce système chacun reconnaît et appelle « frère » et « sœur » non seulement ceux qui partagent les mêmes parents que lui, mais aussi ceux de ses « cousins » qui sont nés de la sœur de sa mère et du frère de son père : ils sont, réciproquement, nés de deux frères ou de deux sœurs, rapport d'identité qu'on appelle « parallèle » (deux sœurs, comme deux frères, sont « identiques » entre eux). En revanche, ce même sujet désigne ses autres « cousins », nés du frère de sa mère ou de la sœur de son père (ils sont réciproquement enfants d'un frère et d'une sœur), par des termes non égalitaires : « oncle », « mère » ou « grand-parent » pour les enfants de l'oncle maternel, « neveu utérin » (« nièce) » ou « petit-enfant » pour les enfants de la sœur du père. Cette forme de terminologie est dite « oblique », on comprend pourquoi.

Je me suis intéressée alors à la raison d'être de ce type de système si surprenant et des autres grands systèmes structurels de parenté. Je la situe au cœur de la relation frère/sœur, à laquelle Lévi-Strauss se réfère également pour d'autres raisons : on sait que pour lui le rapport frère/sœur commande, d'une certaine manière, la notion de réciprocité et d'échange par le biais de la prohibition de l'inceste. Les hommes, en s'interdisant l'accès à leurs sœurs, peuvent les échanger avec d'autres hommes dont ils reçoivent en échange les sœurs. Ainsi, un destin matrimonial lie le frère à la sœur. Dans certaines sociétés, notamment dans celles où l'échange s'accompagne de prestations en numéraire ou en bétail, le frère ne peut se marier qu'à partir du moment où sa sœur a été donnée en mariage ; il reçoit une compensation matrimoniale pour cette sœur et peut ainsi payer à son tour une compensation matrimoniale pour se procurer une épouse. Cette destinée conjointe des frères et des sœurs est extrêmement voilée dans nos sociétés occidentales modernes mais nous l'avons, sous d'autres formes, connue sous l'Ancien Régime.

En tant que matrice des systèmes terminologiques de parenté, le rapport frère/sœur peut se présenter de trois manières différentes :

1. le rapport est égalitaire structurellement, ce qui ne veut pas dire qu'il soit réellement égalitaire dans les rapports sociaux ;

2. le rapport est inégalitaire, avec une supériorité du frère sur la sœur ;

3. le rapport est inégalitaire, avec une supériorité de la sœur sur le frère.

La supériorité en question ne recouvre pas un statut réel mais d'ordre idéologique. Dans un système de parenté omaha, où le rapport inégal est au profit du frère, toutes les filles sont structurellement considérées comme appartenant à une génération inférieure à celle de tous les hommes de leur lignage, quelle que soit la génération où ces hommes se situent. Un homme appelle « neveux utérins » les enfants de la sœur de son père, comme si cette femme était sa sœur. Si une femme est la sœur d'un homme qui a un arrière-petit-fils, ses enfants à elle seront aussi des neveux utérins pour ce jeune garçon, comme si elle-même en était la sœur. Dans ce type de système, un degré de collatéralité équivaut à un degré de filiation, à ceci près que le frère est en situation de père et la sœur en situation de fille. Ce type de configuration est présent dans des systèmes terminologiques de parenté mais aussi, explicitement, dans des systèmes juridiques. Il associe étroitement patrilinéarité et domination idéelle du masculin.

Dans la figure inversée des systèmes omaha (qui sont patrilinéaires), c'est-à-dire dans les systèmes crow, matrilinéaires, c'est le côté du frère de la mère qui est abaissé et celui de la sœur du père qui est relevé, ce qui implique la supériorité tout aussi idéelle, comme principe configurant, de la sœur sur le frère. Et, pourtant, une femme ne peut appeler d'un terme signifiant « mon cadet » un homme qui est dans la réalité son aîné : dans ce cas, la logique d'ensemble ne peut s'appliquer jusqu'au bout parce qu'elle contredirait ce que j'ai appelé la « valence différentielle des sexes [1] ».

Une place différente sur une table des valeurs

La *valence différentielle des sexes* traduit la place différente qui est faite universellement aux deux sexes sur une table des valeurs et signe la dominance du principe masculin sur le principe féminin. Le rapport homme/femme est construit sur le même modèle que le rapport parents/enfants, que le rapport aîné/cadet et, plus généralement, que le rapport antérieur/postérieur, l'antériorité signifiant la supériorité. Cette série d'équivalences est universellement admise. Il n'y a, à ma connaissance, aucune société, même matrilinéaire, qui agisse en inversant ces relations ou simplement en niant leur existence.

La *valence différentielle des sexes* se retrouve dans la hiérarchie connotant le système binaire d'oppositions qui nous sert à penser et qui est partagé par les hommes et les femmes. Ces catégories binaires pourraient être neutres mais elles sont hiérarchisées. Ainsi, le haut est supérieur au bas, le plein est supérieur au vide, le dur au mou, la hardiesse à la passivité, la création à la répétition, etc. Ces oppositions sont extrêmement fortes et elles permettent de distinguer le masculin du féminin, le pôle supérieur étant toujours associé au masculin et l'inférieur au féminin. Toutes les langues ont recours à des oppositions binaires et à la distinction des pôles entre masculin et féminin. En fait, rien ne justifie ontologiquement que le créatif soit supérieur au répétitif, l'extérieur au domestique, ou, pour condenser le tout, le transcendant à l'immanent, comme l'écrivait Simone de Beauvoir. C'est parce que ces termes sont affectés en esprit du signe masculin ou du signe féminin qu'ils se trouvent valorisés ou dévalorisés. On peut s'en assurer par le changement de valeur que prend le même terme selon qu'une culture ou une autre l'associe l'une au masculin, l'autre au féminin.

À mon sens, cette catégorisation binaire remonte aux origines de l'humanité, la classification étant probablement l'une des toutes premières opérations mentales par lesquelles se manifeste la pensée. La différence anatomique visible entre ce qui est mâle et ce qui est femelle est le butoir permettant à l'esprit d'appréhender des différences indubitables et irréfutables sous la forme d'une opposition *princeps* entre identique et différent sur laquelle vont se construire toutes les autres. La hiérarchie est simplement un effet supplémentaire compte tenu du fait qu'un équilibre parfait n'est pas pensable. Il faut qu'il y ait du supérieur et de l'inférieur. Mais il n'est pas dans l'ordre naturel des choses que les catégories associées au masculin soient systématiquement considérées comme supérieures à celles associées au féminin.

Pourquoi cette représentation universelle ?

La raison pour laquelle le supérieur est toujours du côté du masculin et l'inférieur du côté du féminin est, à mon avis, une conséquence directe du fait que les hommes considèrent les femmes comme une *ressource* qui leur appartient pour qu'ils puissent se reproduire. Le rapport masculin/féminin est un rapport hiérarchisé pour cette raison. Mais cela ne veut pas dire, même si ce rapport existe de toute éternité dans le passé, qu'il le restera de toute éternité dans l'avenir, car les conditions dont dépendait sa mise en place ne sont plus les mêmes.

Pour expliquer de quelle manière cette appropriation du féminin par le masculin a pu advenir à un moment donné, il nous faut revenir à l'homme des origines. Celui-ci ne pouvait porter un jugement sur le monde que par le truchement de ses sens. Son corps lui permettait donc de faire un certain nombre d'observations et d'expériences et de donner sens au milieu dans lequel il était plongé. Deux observations brutes, portant sur des faits sur lesquels il n'a pas de prise, s'imposent à lui.

1. Il y a une différence visible, palpable, entre le masculin et le féminin, et cela dans tout le règne animal. C'est une régularité, une constante, qu'il est impossible de modifier. Une deuxième grande régularité, sur laquelle non plus l'homme n'a aucun pouvoir, est l'alternance du jour et de la nuit.

Ce sont là les deux régularités duales qui s'imposent immédiatement aux sens. C'est ainsi, vraisemblablement, que l'un des premiers ancrages de la pensée symbolique de l'humanité se donne sous la forme d'une classification dualiste en choses identiques et choses différentes. Tous les êtres qui sont pourvus d'un pénis sont identiques ; tous ceux qui n'en ont pas mais sont pourvus d'une vulve sont identiques entre eux et différents des premiers. Ainsi, le rapport identité/différence (le même, le soi, *vs* l'autre) apparaît comme la catégorie majeure de la pensée symbolique dans toutes les configurations sociales qui ont existé ou qui existent. Il n'y a aucune société qui soit en mesure de constituer un discours cohérent sans avoir recours aux classifications dualistes. Il peut y avoir d'autres types de classifications, qui font par exemple intervenir des éléments ternaires, mais les classifications dualistes sont toujours là comme pivots, rendant compte des deux constantes qu'on ne peut modifier.

Je pense donc que les classifications dualistes, qui fondent notre appréhension du monde, sont issues directement de l'observation de deux grands blocs de réalité irréductibles : la distinction du masculin et du féminin comme constante biologique, l'alternance du jour et de la nuit comme constante cosmologique. Par ailleurs, une affectation des catégories va s'opérer entre masculin et féminin. Le principe de distinction n'est pas hiérarchique *a priori*, la hiérarchie est seconde. Pourquoi ?

2. Les hommes des origines savent aussi que sans rapports sexuels les enfants ne viennent pas aux femmes. Les travaux de Malinowski[2] nous ont longtemps fait croire en l'ignorance qu'auraient encore de son temps les peuples primitifs et qu'auraient eue *a fortiori* nos ancêtres préhistoriques du rôle physiologique de l'homme dans la procréation. Pourtant, lui-même le précise, les Trobriandais insistaient sur le fait qu'une vierge ne pouvait avoir d'enfants d'une part, et, d'autre part, que tous les enfants ressemblaient à leur père qui les façonne dans le ventre maternel. Ce qu'ils récusent, c'est seulement ce que nous appelons le « pouvoir fécondant du spermatozoïde » dont ils ignorent l'existence. Mais ils ignorent tout aussi bien le rôle biologique de la mère, *via* l'ovule fécondé. Il y a certes l'évidence de l'enfantement. Mais ce qui entre dans la femme ouverte ne vient pas d'elle, c'est un esprit ances-

tral qu'elle nourrit, que l'homme façonne et dont elle accouche. Quelle que soit la part accordée par les représentations des différentes cultures à l'un et à l'autre sexe, on voit que le rapport des deux sexes est nécessaire pour qu'il y ait une naissance. Et c'est se faire une curieuse idée de nos ancêtres préhistoriques que de vouloir qu'ils n'en aient rien su.

Pourquoi les femmes font-elles aussi des garçons ?

Toutes ces observations conduisent à une interrogation qui concerne un *privilège* apparemment exorbitant de la féminité. Force est en effet de constater que, dans le règne animal, seuls les corps féminins font les enfants des *deux* sexes. Cette remarque peut paraître triviale pour nous, modernes. Depuis le XVIIIe siècle, nous sommes confortés par la découverte des spermatozoïdes et des ovules. Nous connaissons les rapports chromosomiques et géniques. Nous savons que nos gènes nous sont transmis par nos deux parents de façon partagée. Mais avant ces découvertes relativement récentes, où de grands combats furent livrés pour savoir si les virtualités à être se tenaient tout entières dans l'ovule ou dans le spermatozoïde, la seule certitude résidait dans ce constat que des corps possédant une certaine disposition anatomique et physiologique sont capables non seulement de produire leur semblable, c'est-à-dire des filles, mais également d'enfanter leur différent, c'est-à-dire des garçons. De là va naître une interrogation lourde de sens qui consiste à se demander *comment un corps parvient à faire du différent et ne se contente pas de produire du même.*

Ce questionnement a laissé des traces dans la mythologie. C'est ainsi, je pense, qu'il faut comprendre les représentations mythiques d'îles peuplées exclusivement de femmes, qui évoquent l'existence de lieux reculés au fond des océans où les femmes non domestiquées parce que sans hommes font seulement des filles. Il en va de même du mythe des origines très répandu en Afrique et qui explique que, au commencement, les hommes et les femmes vivaient séparés. Les hommes engendraient directement leurs fils et les femmes enfantaient des filles. Parce que les humains ont commis une faute, la divinité suprême les a punis en les condamnant à vivre ensemble. Elle a puni plus lourdement les hommes, plus coupables que les femmes, en leur faisant perdre le pouvoir de se reproduire directement et en les obligeant à passer pour cela par le corps des femmes. Ce mythe rend bien compte de cette réflexion primordiale pour tenter de comprendre pourquoi les femmes font aussi des garçons.

La seule réponse qu'il était possible de faire en liant les deux observations ci-dessus est la suivante : si les femmes font des fils, elles ne les font pas selon leur propre nature, de leur seule initiative. Soit les enfants potentiels sont mis en elles par les dieux ou les ancêtres, on en a un exemple, et les hommes façonnent des fils à leur ressemblance, soit la naissance de fils ou de filles dépend de l'issue d'un combat entre puissances, soit, et très fréquemment, c'est de l'homme que procèdent tant les garçons que les filles, la femme fournissant le véhicule ou le matériau brut. Ce paradoxe est très clairement exprimé, nous l'avons vu, par Aristote, pensée savante dont on connaît bien des équivalents exotiques : la naissance de filles signe un déficit de puissance virile, laquelle dans des conditions normales engendre les bons produits, c'est-à-dire des mâles. L'homme devient ainsi l'élément moteur de la procréation.

Les hommes ne peuvent pas se reproduire par eux-mêmes. La femme est alors la ressource pour faire des enfants certes en général, mais des fils en particulier. Cette représentation peut s'énoncer de manière extrêmement brutale. C'est Napoléon Bonaparte affirmant que « la femme est donnée à l'homme pour qu'elle lui donne des fils ». C'est encore le président du FIS algérien déclarant que les femmes sont faites pour mettre au monde des hommes musulmans. Récemment, l'amiral Philippe de Gaulle s'est exprimé pour protester contre la parité car, selon lui, les femmes n'ont pas à être des animaux politiques mais sont là pour donner des fils à la nation. Ainsi, de façon primaire, la femme est perçue comme cette ressource rare permettant aux hommes de se reproduire à l'identique et de constituer une lignée masculine en faisant d'autres hommes.

Les mécanismes de la dépossession

Le fait que l'homme ne peut se reproduire par lui-même permet de comprendre les mécanismes de la dépossession. Si les femmes sont cette ressource rare qu'il faut utiliser au mieux pour produire des fils, il faut à la fois que les hommes se les approprient et les contiennent dans cette fonction, dans cette tâche particulière. Selon Claude Lévi-Strauss, l'appropriation découle directement de la prohibition de l'inceste. Cet interdit est pour lui à la base de l'échange, de la réciprocité et, par extension, du mariage. Le mariage, c'est-à-dire l'union entre groupes prestataires de femmes et de services, est alors rendu durable par l'instauration d'un lien d'interdépendance entre les conjoints lié à la répartition sexuelle des tâches. Claude Lévi-Strauss établit ainsi un lien cohérent entre la prohibition de l'inceste, impliquant l'exogamie, l'échange et la réciprocité, et l'institution légale d'une union matrimoniale entre groupes et entre individus mais il ne s'interroge jamais sur la possession/dépossession des femmes et son bien-fondé. On lui a reproché d'avoir élaboré un système où les hommes *échangent* des femmes. À ceux-là, il a répondu à juste titre avoir rendu compte de la réalité observable. Cependant, il reste que le fait qu'il fallait que les sœurs fussent appropriables dans l'esprit de leurs frères, qu'ils estimassent être en droit d'en disposer pour les échanger contre des épouses afin d'avoir des fils, n'a pas semblé à Lévi-Strauss mériter une explication : il s'agit dans son schéma d'un fait naturel.

La hiérarchie entre hommes et femmes semble donc découler de cette *dépossession* initiale, laquelle est en fait une réponse d'une part à l'interrogation face au privilège féminin dont il fallait comprendre la nature, et d'autre part à la nécessité pour les hommes d'avoir en leur dépendance le matériau ou le véhicule nécessaire pour se reproduire à l'identique. Cette *dépossession* se donne alors comme une appropriation à la fois conceptuelle, symbolique et sociale. Elle signifie que, dans la symbolique de diverses sociétés, la procréation n'apparaît pas comme un phénomène où l'homme et la femme interviennent de façon égale, mais comme un phénomène qui émane de la volonté masculine, la femme n'étant que le moyen. Elle prend forme de façon particulièrement marquée dans tous les systèmes de représentation des différentes sociétés, patrilinéaires comme matrilinéaires, qui expliquent les apports du père et de la mère dans la procréation en faisant des femmes tantôt un lieu de passage, tantôt un simple matériau, même s'il existe quelques sociétés de droit matrilinéaire qui présentent une cohérence forte en ne voyant dans l'homme qu'un arroseur, la venue de l'enfant et son sexe dépendant d'une volonté transcendante extérieure.

Certains pensent que le partage sexué des tâches est un phénomène *princeps* et que de lui découle la hiérarchie. Mais il est difficile de considérer le partage sexué des tâches comme l'origine de la hiérarchie entre hommes et femmes sans fonder dans le même temps le partage des tâches sur l'affirmation d'une inégalité entre les capacités des corps masculins et celles des corps féminins.

Or cela n'est pas tenable. Le fait que, dans toutes les sociétés, ce sont les hommes qui chassent et non les femmes, n'est fondé ni sur la force ni sur une plus grande résistance qui serait propre à leur sexe. Ce n'est pas là l'effet d'une différence de capacité des corps. Lorsqu'on apprend aux femmes à tirer à l'arc, elles savent chasser tout aussi bien que les hommes et l'expérience commune montre que la capacité de résistance des femmes égale, sinon surpasse, celle des hommes. Ce partage particulier des tâches se fonde plutôt sur un rapport au sang qui découle de l'imaginaire hiérarchisant. S'observe là un interdit majeur : les femmes accompagnent parfois l'homme à la guerre mais elles ne font pas couler le sang. Image classique du western : la femme recharge le fusil mais elle tire rarement. Plus prosaïquement, les « tueurs » dans nos abattoirs sont des hommes, les femmes n'entrent pas dans la partie de ces établissements consacrée à la mise à mort des gros animaux[3], et dans nos campagnes, ce sont les hommes qui, presque toujours, saignent le cochon et tuent les lapins domestiques ; les femmes le font en l'absence des hommes seulement. Certaines femmes se sont engagées dans des mouvements de libération nationale ou de résistance, comme en Algérie ou en Espagne par exemple. Mais, une fois la crise passée, elles ont dû rentrer dans le rang. Le féminin n'est jusqu'à nos jours jamais sorti durablement de ce rapport inégalitaire avec le masculin qui lui est toujours défavorable, parce qu'il est ancré dans des représentations archaïques fortes, comme celles qui associent et opposent l'acte actif de faire couler le sang et la situation passive de voir couler son sang, et qui érigent en loi, dans un système sympathique de forces élémentaires, l'impossibilité pour les femmes d'être simultanément « cuiseuses » d'enfant et de vie et pourvoyeuses de mort.

N'y a-t-il jamais de valorisation du féminin ?

La situation réelle des femmes n'est pas identique dans toutes les sociétés et dans tous les temps. La *valence différentielle des sexes* implique que, dans nos représentations, le masculin soit supérieur au féminin. Mais cela ne veut pas dire nécessairement que les femmes sont dans un état d'oppression permanent dans toutes les sociétés. Il faut distinguer les femmes et le féminin. Lorsque je parle de la domination du masculin sur le féminin, il s'agit d'une idée considérée comme allant de soi ; je ne parle pas nécessairement de violence exercée continûment par des hommes sur des femmes, même si cette violence est facilitée par la domination du masculin sur le féminin.

Cependant, les rares valorisations du féminin que l'histoire a connues étaient fondées, pour la plupart, sur la notion de *maternité*. Cela rejoint l'idée que toutes les femmes sont bonnes à envisager par un homme comme objets sexuels à l'exception de sa mère, laquelle est pour cette raison valorisée. Elle n'existe que comme « mère » de cet homme. Le culte de la grande déesse est un culte de la femme comme mère ou plutôt de la fécondité potentielle dans le corps féminin, fécondité rétive qu'il faut se concilier. Mais cela ne signifie pas pour autant que ces cultes appartiennent à des systèmes sociaux où la femme a une position dominante ; cela traduit simplement que l'idée de fécondité ou de maternité était révérée. La valorisation de la femme comme mère n'est d'ailleurs pas forcément un bien pour la condition féminine, et la révérence pour la maternité se double très vite du confinement de la femme dans le domestique et les rôles maternels.

Tous les autres cas de valorisation du féminin s'inscrivent dans des situations historiques très particulières. Sei Shonagon, par exemple, appartient à une période où certaines femmes japonaises étaient des femmes lettrées. Mais cela ne concernait que les femmes issues de milieux aristocratiques. Il s'agit donc d'une valorisation partielle et non globale. De même, si l'on observe la période de la Fronde en France, la Grande Mademoiselle, figure féminine à valeur quasi masculine, avait un statut tout à fait singulier : elle était sœur de roi, et célibataire de surcroît. En effet, ce qu'il était possible à une grande dame de faire lorsqu'elle était encore fille ne lui était plus possible lorsqu'elle était mariée, on l'a vu. Dans un certain nombre de cas, il y a un rapport extrêmement net entre le célibat, la virginité, et la capacité masculine reconnue aux femmes. Dès lors qu'elles entrent dans le circuit de la reproduction, les femmes peuvent seulement être valorisées en tant que mères. Ce n'est donc pas le sexe féminin qui est en cause pour expliquer sa sujétion, mais la capacité de fécondité et de mise au monde de fils qu'il recèle.

Et si elles n'ont pas d'enfants ?

En toute logique, il pourrait découler de ce fait que, à condition d'être considérées comme individus et non comme éléments indifférenciés partie prenante d'un genre (et on conviendra que la condition contient en germe les prémisses de la réponse), les femmes stériles, ou les impubères, ou même les femmes ménopausées, se trouvent situées à côté ou en dehors de ce système hiérarchique.

En fait ce n'est pas le cas, mais même si on observe à l'égard de toutes ces situations ou de certaines d'entre elles seulement des positions particulières selon les sociétés, la lecture doit en être faite toujours à travers le prisme fondateur de la vision hiérarchisée. Appelons cela un « invariant ». Le travail anthropologique consiste à essayer de mettre en évidence des informations provenant de sociétés diverses pour tenter de déterminer, sous la disparité des usages et des coutumes, ce qu'il peut y avoir de commun, c'est-à-dire des *invariants*, ce qui ne signifie pas que certaines données resteront immuables de toute éternité, mais seulement qu'il y a des cadres de pensée et des interrogations qui subsistent à travers les siècles, et qui s'incarnent dans des réponses différentes selon les cultures et selon les époques.

Différents types de sociétés nous donnent à voir des pratiques tout à fait remarquables qui ne sont pas pensables dans la nôtre. Ainsi, certaines sociétés africaines comme les Nuer présentaient une coutume très particulière en ce qui concerne les femmes stériles : les femmes qui ont pu, après plusieurs années de mariage, fournir la preuve de leur stérilité, rejoignent leur corps familial d'origine, c'est-à-dire le lignage patrilinéaire dans lequel vivent leurs frères. Dès lors, elles sont considérées comme un homme, comme un frère parmi les frères. Par ce changement de statut, elles sont susceptibles d'épouser d'autres femmes car elles bénéficient d'une partie des compensations matrimoniales versées pour leurs nièces. En effet, dans ces sociétés, ces prestations sont essentiellement destinées au père de l'épouse, mais une partie revient aux collatéraux, aux frères du père. La femme stérile considérée comme un frère va donc elle aussi recevoir sa part, et elle va pouvoir se constituer un troupeau. Ces bêtes lui serviront alors à payer à son tour une compensation matrimoniale pour obtenir une femme d'un autre lignage, laquelle deviendra *son* épouse. Il ne s'agit pas là d'une union homosexuelle accompagnée de rapports charnels, au sens où nous l'entendons. Cela signifie simplement que statutairement la femme stérile est un mari, qu'elle est servie par son épouse et que, si enfants il y a, ils sont les siens en tant que père. Et il y a des enfants car un domestique est chargé de féconder l'épouse sans jamais être considéré comme le père de l'enfant à naître ; il est simplement le truchement dont un époux se sert pour avoir un enfant de son épouse.

Ainsi, certaines représentations effacent la frontière proprement sexuée : lorsque la femme n'est pas féconde en son temps, elle n'est plus une femme, mais elle est un homme. Elle est passée de l'autre côté de la barrière. D'autres visions de la stérilité sont cependant moins gratifiantes.

Les femmes stériles sont aisément répudiées. Dans les généalogies que j'ai recueillies en pays samo (Burkina Faso), elles forment le gros des troupes des femmes qui ont eu successivement plusieurs maris. La stérilité est imputée entièrement à la féminité mais on pense néanmoins qu'elle peut être due parfois à une incompatibilité d'humeur entre les deux ancêtres qui figurent respectivement parmi les composantes de la personne des deux protagonistes (la « trace » ancestrale) et qui n'acceptent pas de procréer ensemble à travers leurs descendants, ou bien à une condition formelle du « destin » individuel de la femme (autre composante de la personne) qui ne peut être dominée que par des conjoints particulièrement forts.

Sont également répudiées aisément les épouses qui ne mettent au monde que des filles. Dans bien des régions du monde le seul enfant qui compte est l'enfant mâle. On dira aisément d'un homme qu'il n'a pas d'enfants s'il n'a que des filles. La constance à enfanter exclusivement des filles est mise au compte du mauvais vouloir éminemment et essentiellement contrariant du féminin dans l'épouse. Elle pourra donc être violentée pour briser en elle cette résistance mauvaise à faire des fils à son mari.

Si, de façon générale, les fillettes impubères sont envisagées comme de futures épouses et mères, il reste que la chaleur propre à un corps qui ne refroidit pas encore périodiquement par la perte menstruelle les rend souvent aptes à tenir des rôles ou assumer des comportements proches de ceux des garçons : certains rituels dangereux doivent être accomplis en Afrique du

Sud soit par des filles impubères soit par des femmes ménopausées, ou encore se recrutent parmi elles, ou plus largement au sein des vierges célibataires, des femmes-soldats ou des accompagnatrices des hommes au combat.

C'est à la ménopause que se voit de façon particulièrement éloquente le lien établi entre fécondité (et naissance de fils) et domination masculine. Le statut des femmes change radicalement à la ménopause dans pratiquement toutes les sociétés. C'est moins visible dans les nôtres où, grâce à l'utilisation d'hormones et au souci de l'apparence, les femmes parviennent à masquer un temps cette période charnière. Mais, avec la ménopause, le statut féminin change cependant de façon cruciale. Les inquiétudes des femmes tiennent alors au sentiment de perte de l'essentiel de leur identité et de leurs caractéristiques féminines. Car si l'image de la femme est valorisée doublement en tant qu'objet de fécondité et objet sexuel, la ménopause se vit comme une perte irrémédiable sur les deux plans.

Dans la plupart des sociétés, ce passage se traduit de manière moins sommaire que dans nos sociétés occidentales où la ménopause, vécue comme un rejet et une entrée dans l'ombre, est d'abord un sujet de moquerie pour les hommes. Il se fait de façon orchestrée. Deux grands types de traitement social peuvent être décrits dans les sociétés, ou être présents simultanément dans la même. La femme ménopausée peut être victime d'un rejet social dans la déréliction. Si elle est vieille, pauvre, n'a plus de mari et pas de fils pour la protéger, elle devient la sorcière d'où provient tout le mal, la femme au masque froid que décrivait Balzac. Mais si elle est mariée, riche, douée d'une certaine habileté dans bien des domaines, si elle a eu un bon père, des fils, elle acquiert un statut particulier lui permettant d'accomplir des actes réservés aux hommes : elle peut, chez les Piegan, on l'a vu, boire de l'alcool, jurer, organiser des fêtes, offrir des sacrifices ou encore uriner debout. Ces femmes sont appelées « femmes à cœur d'homme » dans ces sociétés indiennes : ce sont aussi les matrones iroquoises ou, plus près de nous, les matrones bretonnes.

Mais il y a bien des variantes de ces deux attitudes extrêmes. D'autres questions se posent à l'égard de la fécondité et face à son rapport au temps. Dans toutes les sociétés humaines, il n'est pas aisé d'admettre que plusieurs générations puissent donner la vie de manière concomitante, et donc que les parents continuent de procréer quand les enfants ont déjà commencé. Dans nos sociétés occidentales, cette pratique est aujourd'hui admise d'autant plus facilement que les différentes générations ne vivent pas sous le même toit et que, avec la dissolution fréquente des premières unions, un homme âgé peut encore procréer légitimement avec de jeunes épouses. Mais le fait qu'un couple de parents puisse procréer après la quarantaine alors que certains de leurs enfants mettent déjà au monde leurs propres enfants est vu avec une certaine réprobation. On peut penser qu'il s'agit d'une loi sociale selon laquelle les générations ne peuvent pas se chevaucher, s'entremêler. Cette loi peut même s'accompagner d'usages stricts comme c'était le cas en Chine classique ou dans certaines sociétés africaines par exemple. En Chine classique, les parents cessent au mariage du fils aîné d'avoir des rapports sexuels. Ce passage s'effectue de façon officielle et solennelle puisque le couple parental abandonne la chambre commune et se sépare définitivement dès le mariage du fils ou à la naissance de son premier enfant. Les *deux* parents se retirent de la charge procréative et, d'une certaine façon, passent le flambeau de la procréation à leurs enfants. Dans ce cas, on le voit, la sortie de la période féconde n'est pas connotée individuellement pour les femmes de façon marquée, car elle est escamotée par l'obligation faite aux deux membres du couple de se conformer à un devoir social, celui de laisser à la génération qui suit la prérogative de la procréation et de la continuation de la lignée.

Statut de personne et contraception

La grande révolution de notre époque n'est pas la conquête spatiale. C'est bien plutôt la conquête par les femmes en Occident d'un statut de personnes autonomes juridiquement reconnu qui leur était jusqu'alors dénié. À mes yeux, le pivot de cette conquête est le droit à disposer d'elles-mêmes que leur donne la contraception par la maîtrise remise entre leurs mains de leur fécondité. Grâce à la contraception, la femme devient maîtresse de son corps et n'est plus considérée comme une simple ressource ; elle use de son libre arbitre en matière de fécondité, y compris dans le choix du conjoint, le choix du nombre d'enfants qu'elle souhaite et celui du moment où elle souhaite les avoir. Elle peut ainsi mettre fin à un système de domination qui consistait à l'utiliser pour faire des enfants. Certes, les femmes sont heureuses d'être mères, mais pas forcément de l'être sans avoir leur mot à dire. Il ne faut pas croire qu'une femme africaine qui aura douze ou treize couches dans sa vie, et souvent davantage, considère qu'il s'agit là d'un bienfait du ciel [4].

Les femmes sont dominées non parce qu'elles sont sexuellement des femmes, non parce qu'elles ont une anatomie différente, non parce qu'elles auraient naturellement des manières de penser et d'agir différentes de celles des hommes, non parce qu'elles seraient fragiles ou incapables, mais parce qu'elles ont ce privilège de la fécondité et de la reproduction des mâles. La contraception les libère à l'endroit même où elles ont été faites prisonnières. Il est d'ailleurs tout à fait remarquable de voir à quel point la contraception est d'une importance capitale pour les femmes de toutes les sociétés. Récemment, une enquête d'opinion publique a été menée par des sociologues pour savoir quels étaient les principaux événements de notre siècle. Les hommes répondent majoritairement qu'il s'agit de la conquête de l'espace. À 90 %, les femmes mettent en premier le droit à la contraception. Dans *La Pensée de la différence*, je posais la question du levier assez fort qui permettrait de sortir de la *valence différentielle des sexes*. C'est seulement après sa publication que je me suis rendu compte que le levier assez fort était déjà là. L'accès des femmes à la contraception est réellement un tournant sans précédent dans l'histoire humaine. Certes, il y a eu, au fil des siècles, des variations du statut de la femme. Mais ces variations supposaient toujours un niveau étal de représentations qui est celui de la domination masculine au sens classique du terme : les femmes représentent le foyer et doivent se cantonner à la gestion du biologique. Pour que ce substrat commun change de manière radicale, les femmes doivent accéder à ce statut de droit qui est le statut de personne autonome. L'accès à la contraception est donc selon moi le levier essentiel de l'émancipation du féminin.

Dans certaines sociétés, qui sont assez loin des sources modernes d'informations, les femmes continuent de faire tous les enfants que la « nature » leur donne. Dès la puberté, elles sont données en mariage. Commence alors le cycle grossesse-allaitement-nouvelle grossesse. Ces femmes ne voient pratiquement jamais couler leur sang entre puberté et ménopause. Ce régime devient de plus en plus exceptionnel et peu de sociétés sont encore aujourd'hui coupées totalement des sources d'informations. Ainsi, des infirmières et des sages-femmes itinérantes de Médecins du monde, qui parcourent le Sahara pour faire bénéficier les femmes touareg d'une protection maternelle et infantile, rapportent que ces femmes leur réclament la pilule. Elles ne veulent pas du préservatif car elles ne peuvent l'utiliser, leurs maris veulent des enfants et refusent la contraception. Elles savent que les femmes des pays développés peuvent prendre un contraceptif oral et que cela peut se faire à l'insu du mari. C'est cela qu'elles revendiquent. Mais il est impossible de leur fournir ce contraceptif faute de moyens et du suivi médical adapté.

Bien entendu, les systèmes de représentation ne peuvent pas changer brutalement. Pour une femme maghrébine ou africaine, la gloire et la validité de son existence c'est toujours d'avoir des enfants et surtout des garçons. L'idée du primat du garçon sur la fille, lors de la mise au monde des enfants, est toujours vivace. Mais, tout en continuant à vouloir des enfants, les femmes maghrébines et africaines en veulent moins, elles ne veulent plus subir et avoir à élever tous les enfants que le rapport conjugal leur donnerait si elles n'avaient pas les moyens d'y remédier.

La contraception n'est pas encore à l'ordre du jour dans les pays du Maghreb. Et, pourtant, la natalité est en train de chuter. Bien sûr, le taux de fécondité s'élève encore à 2,3 ou 2,5 mais la baisse est considérable par rapport au taux des années 1970[5]. De même, on constate une forte chute dans les pays très chrétiens tels que l'Espagne et l'Italie. De façon apparemment paradoxale, les pays qui favorisent le travail féminin, comme le Danemark ou la France, sont ceux qui ont le taux de fécondité européen le plus élevé. Les femmes veulent toujours avoir des enfants, mais elles veulent les avoir quand elles le souhaitent et en fonction de leurs impératifs de réalisation individuelle. Elles veulent gérer leur temps pour à la fois avoir des enfants et se réaliser comme les hommes se réalisent. Au contraire, dans les pays qui ne favorisent pas le travail féminin, comme l'Italie, ou ceux qui même le pénalisent sur le plan fiscal, comme l'Allemagne, on observe une chute du taux de fécondité ; ce n'est pas parce que les femmes doivent rester à la maison qu'elles font plus d'enfants. Ainsi, l'accès des femmes à des tâches bien rémunérées ainsi qu'à des professions reconnues ne va pas de pair avec une diminution obligée de la fécondité, bien au contraire.

Nous vivons une période de transition démographique majeure. J'épouserais volontiers les hypothèses énoncées par le démographe américain Max Singer qui, loin de souscrire aux hypothèses catastrophiques d'un accroissement démesuré de la population mondiale durant le XXIe siècle dû à la fécondité incontrôlée des pays pauvres, pense qu'avec l'extension des techniques contraceptives, le développement de l'éducation des femmes, le recul de la mortalité infantile et la montée en puissance de la notion de bien-être, nous pouvons au contraire être confrontés à une diminution de la population mondiale[6]. Il y faudra du temps, mais l'évolution va dans le sens de l'émancipation féminine, d'autant que les intérêts économiques mondiaux vont dans cette direction.

L'octroi paradoxal aux femmes de l'instrument de leur émancipation

Cet instrument d'émancipation a été accordé aux femmes pratiquement par erreur. Certes, les gouvernements de l'époque étaient mus par des intentions tout à fait généreuses mais ils n'ont pas perçu les conséquences qu'une telle décision pouvait avoir. Si la contraception s'est appliquée exclusivement sur le corps des femmes, alors même que des recherches ont été menées pour mettre au point une contraception masculine, cela tient aux représentations collectives que j'ai décrites plus haut : les hommes, comme la plupart des femmes d'ailleurs, considèrent que tout ce qui touche à la fécondité, à la stérilité, à la procréation, est affaire de femmes. Au départ, personne n'a pensé un seul instant que les femmes se serviraient de la contraception comme d'un instrument d'autonomie. Dans l'esprit des parlementaires, l'accès à la contraception était un moyen de réguler les naissances dont les femmes étaient chargées, pas un levier pour accéder à l'autonomie et à la liberté.

Comment expliquer que les progrès scientifiques n'aient pas encore remis en cause un système de représentation qui procède à l'origine de l'absence de connaissance des mécanismes de la procréation humaine ?

Le problème réside tout d'abord dans le fait que, alors même que les sociétés et la connaissance scientifique évoluent, on observe nécessairement une discordance entre le temps de l'apparition des nouvelles connaissances et celui de la transposition de ces nouvelles connaissances dans un nouveau registre de représentations globales. À l'heure actuelle, nos sociétés les plus évoluées sont encore marquées par la survivance du type de pensée archaïque.

Ensuite, on peut prévoir que les sociétés ne changeront pas radicalement de système de représentations avec l'acquisition complète des conceptions scientifiques modernes. Nous voyons bien qu'en Occident plusieurs systèmes de représentations coexistent. Notre société est sans cesse bombardée par des informations de type scientifique, et pourtant l'irrationnel connaît un grand succès. Ainsi, les systèmes de croyances traditionnelles coexistent fort bien avec des systèmes d'interprétation scientifique des choses. On peut connaître l'existence des microbes et croire cependant être victime d'une attaque sorcière en cas de maladie. Selon moi, une humanité exclusivement rationnelle n'est pas pensable.

La *valence différentielle des sexes* est un système d'idées en actes. La violence vient se greffer sur cette réalité mais tout ne peut pas s'expliquer par elle. Nous ne vivons pas la guerre des sexes mais le fait que les deux sexes sont victimes d'un système de représentations vieux de plusieurs millénaires. Il est donc important que les deux sexes travaillent ensemble à changer ce système. L'oppression et la dévalorisation du féminin ne sont pas nécessairement un gain pour le masculin. Ainsi, lorsque les positions du masculin et du féminin ne seront plus conçues en termes de supériorité et d'infériorité, l'homme gagnera un interlocuteur : il parlera avec la femme d'égal à égal. Par ailleurs, les hommes n'auront plus honte de leur part féminine. Et il n'est pas évident que l'égalité des personnes supprime entre elles le désir et l'amour.

La maîtrise du vivant peut-elle changer le rapport masculin/féminin ?

Les nouvelles technologies de la reproduction ne semblent pas devoir avoir une incidence particulière sur le rapport du masculin et du féminin. La technique palliant la stérilité masculine fait de plus en plus appel à l'*intra cytoplasmic spermatozoïd insemination* (ICSI) plutôt qu'à l'insémination artificielle avec donneur, c'est-à-dire qu'elle privilégie la paternité biologique, réelle, de l'homme, ce qui est en accord avec la vision traditionnelle : on peut même prélever des spermatides de l'homme stérile, c'est-à-dire en l'état antérieur des spermatozoïdes, et les introduire par injection au cœur de l'ovule pour obtenir un embryon. En ce qui concerne la stérilité féminine, la méthode reste la fécondation *in vitro* (FIV). Elle est généralement réalisée avec le sperme du mari et un ovule de donneuse, consacrant ainsi l'idée de l'irréversibilité de la stérilité féminine et celle de l'interchangeabilité des mères. Je ne vois donc pas en quoi ces méthodes palliant la stérilité masculine ou féminine peuvent influer sur le rapport actuel du masculin et du féminin.

Toutefois, il y a dans le rapport qu'entretient la société à ces méthodes de reproduction médicalement assistée l'idée très forte que la stérilité masculine comme l'impuissance sont des atteintes à la virilité. Ainsi, le professeur David, qui est à l'initiative des CECOS (centres d'étude et de conservation du sperme humain) dans les années 1970, fait remarquer qu'il n'y a jamais eu de reportage dans la presse sur un couple ayant eu recours à l'insémination artificielle avec donneur (IAD) ou des enfants nés de cette technique. À l'inverse, les premières nées par fécondation *in vitro* et transfert d'embryon (**FIVETE**), Louisa Brown en Angleterre (1978) et Amandine en France (1982), ainsi que leurs parents ont été surmédiatisés. La raison de ce décalage est très simple. La stérilité que la FIV permet de pallier est d'origine féminine ; il n'est pas choquant d'en parler. En revanche, la stérilité masculine palliée par l'IAD est très mal acceptée et très mal vécue par les hommes et par leur famille. Le recours au donneur doit rester secret. Toutes les formes de stérilité ont toujours été considérées, dans les représentations collectives, comme étant purement d'origine féminine, comme procédant du mauvais vouloir de la féminité. Nous en voyons ainsi la trace dans notre propre système de représentations.

Et le clonage ?

Le clonage reproductif intensif pourrait être un facteur de changement. Mais il est prohibé dans toutes les sociétés, y compris aux États-Unis où la recherche est interdite dans les établissements publics si elle ne l'est pas dans les établissements privés. Personne ne s'est encore risqué à le faire de façon privée même si un gynécologue italien connu annonce son intention de le faire et même, en 2002, son passage à l'acte. La raison invoquée pour interdire le clonage reproductif est son caractère jugé attentatoire à la dignité humaine. Mais en quoi exactement la reproduction par clonage est-elle attentatoire à la dignité humaine ? Pour ma part, je pense que les gouvernements ont parfaitement raison d'interdire le clonage reproductif, mais pour une tout autre raison. Le clonage est attentatoire, non pas à la dignité humaine, mais à la constitution du social par la reconnaissance de l'altérité.

L'individu en société connaît deux grands plaisirs : le plaisir de l'entre-soi dans la consanguinité et la territorialité, c'est-à-dire le plaisir d'être auprès de ses proches et familiers, et le plaisir de l'entre-soi de genre, c'est-à-dire le plaisir d'être entre hommes ou entre femmes. Le plaisir de l'entre-soi de la consanguinité a été très rapidement inhibé par l'interdit de l'inceste. « Closes sur elles-mêmes », disait Lévi-Strauss, il fallait que les unités consanguines s'ouvrent pour que la société s'installe. L'interdiction des rapports sexuels avec les proches consanguins oblige les individus à aller chercher leur conjoint dans d'autres unités consanguines. La société résulte de la création de multiples alliances entre des unités consanguines qui éclatent.

En revanche, le social tolère très bien les « entre-soi de genre » tant que les systèmes d'alliance matrimoniale favorisent les rapports sociaux économiques, politiques et militaires ou ne leur nuisent pas. Mais si l'entre-soi de genre parvenait à réaliser le mythe des origines, à savoir la reproduction des garçons par les hommes et des filles par les femmes, la société deviendrait non viable. Le recours indispensable au corps de l'autre ne serait plus nécessaire pour se reproduire, ce qui entraînerait la perte du lien social par la rencontre sexuelle de l'homme et de la femme appartenant à des groupes différents de consanguinité.

C'est pour parer à cette dérive que les gouvernements ont interdit le clonage reproductif même si la véritable raison n'en a pas été donnée. S'il était autorisé, le clonage reproductif pourrait donc modifier les rapports du masculin et du féminin. Mais je doute qu'il le soit jamais pour une autre raison encore qu'il convient de développer.

Par le clonage reproductif, le mâle pourrait se reproduire à l'identique. Mais il ne pourrait pas le faire seul : il a besoin d'ovules et d'utérus. On imagine qu'il pourrait passer par des utérus de truies ou de vaches, mais l'ovule utilisé doit être humain. Le clonage reproductif masculin impliquerait donc une énorme demande d'organismes féminins pour fournir des ovules et des utérus. Ce serait une mise en esclavage absolument dramatique du genre féminin. S'il n'est plus nécessaire de passer par l'amour, le désir et les relations sexuelles pour procréer, cela signifie que les femmes sont véritablement réduites au rôle de production d'ovules pour permettre à l'homme de se reproduire à l'identique. Le corps féminin serait alors complètement instrumentalisé et soumis à la réalisation du fantasme masculin.

À l'inverse, le sexe féminin pourrait se reproduire à l'identique par le clonage sans avoir aucunement recours au sexe masculin. Il suffirait aux femmes de ponctionner un ovule, de l'énucléer, de remplacer le noyau par une cellule somatique prélevée sur leur organisme et de réimplanter le tout dans leur propre utérus.

Le danger est donc plutôt de ce côté-là. C'est la raison pour laquelle je considère personnellement que le clonage reproductif ne sera jamais possible. Bien sûr, le danger existe de la mise en esclavage de la femme, par la violence du masculin sur le féminin, en ce qui concerne le clonage reproductif des hommes. Mais c'est surtout le fait qu'il ne serait plus du tout nécessaire de conserver des exemplaires masculins pour perpétuer l'espèce humaine si le clonage reproductif féminin devenait la règle. Il suffirait de conserver quelques paillettes de semence congelée pour renouveler de temps en temps l'espèce, mais le genre masculin pourrait disparaître. Ce serait alors le triomphe absolu du *privilège exorbitant de la féminité* dont l'histoire de l'homme montre qu'il a toujours voulu l'asservir et s'en servir. Mais cela est impensable pour cette même raison.

CHAPITRE 2

QUESTIONS DE GENRE ET DROITS DES FEMMES

Les questions posées ici sont des questions difficiles qui obligent à prendre parti : peut-on imposer de l'extérieur des modèles et des pratiques à valeur universelle ou faut-il se contenter d'espérer une évolution interne ? La communauté internationale a-t-elle le droit ou le devoir de protéger des nationaux bafoués dans leur propre pays ? Comment et par quels moyens la communauté internationale peut-elle encourager ou amener les États réticents à une plus grande ouverture ? Quelle est la réponse éthique à la question posée par l'argument du relativisme culturel, raison majeure proposée pour justifier le refus du changement ?

Je m'en tiendrai pour les traiter à la question des droits des femmes. Pourquoi la situation des femmes est-elle mineure, dévalorisée, contrainte, et cela de façon universelle, alors que le sexe féminin est simplement l'une des deux formes que revêt l'humanité et que son « infériorité » sociale n'est pas une donnée biologiquement fondée, et pourquoi est-il si difficile de renverser cette situation ? Répondre à cette question de la symbolisation me paraît un devoir impératif. De nombreux travaux montrent la réalité et l'ampleur de la domination masculine. L'action menée tant par des politiques gouvernementales et internationales en aval que par des organisations, des associations ou des personnes en amont vise à diminuer l'extension de cette domination, marquée par la discrimination, la hiérarchie et la violence, et à la faire disparaître à terme. Du moins peut-on espérer que cette volonté politique existe. Mais comment savoir si les moyens d'action choisis sont les bons si l'on continue d'ignorer la raison d'être d'une inégalité dont on dit seulement qu'elle est ratifiée par les croyances, les usages, les coutumes et les volontés identitaires des nations ? Pour agir, il faut avoir une claire conscience des réalités, une réelle volonté de les modifier et disposer des bons moyens d'action. Pour disposer des bons moyens d'action, il faut comprendre les raisons de cet enracinement profond de la résistance montrée par de nombreux États à accorder aux femmes les mêmes droits que ceux reconnus aux hommes.

Le relativisme culturel

Examinons d'abord quelques points touchant à l'argument du relativisme culturel, et à la réalité observable actuellement dans le monde.

Le relativisme culturel est l'argument théorique central objecté à l'extension des droits de l'homme aux femmes, sous couvert du droit des gouvernements à interpréter les droits de l'homme selon leur propre philosophie. Considérons les textes. La réunion préparatoire de Djakarta en juin 1994, en préalable à la

Conférence mondiale des Nations unies sur les femmes de Pékin (septembre 1995), a souligné que « les pays ont compétence sur le plan national pour formuler, adopter et exécuter leurs politiques respectives en matière de promotion de la femme, cela eu égard à leur culture, leurs valeurs et leurs traditions, ainsi qu'à leur situation sociale, économique et politique ». Autant dire que la porte est fermée à l'action et à la validité de toute action internationale en ce domaine. Mais que vaut l'argument du relativisme culturel ?

Celui-ci a été inventé au milieu de ce siècle par l'anthropologie sociale pour tenter d'instaurer le respect des différences, la reconnaissance de la variabilité, légitimer la défense des petites sociétés, non pour les ériger en citadelles d'absolue incommunicabilité. Toutes les sociétés humaines sont construites à partir des réponses particulières données à des questions et à des problèmes universels. C'est la question universelle qui compte car elle est immuable (pourquoi y a-t-il deux sexes et que doivent être leurs rapports ?) et non les réponses culturelles qui, elles, ne le sont pas.

De plus, force est de constater qu'on peut difficilement parler d'un relativisme culturel qu'il faudrait défendre, au sens où chacun des États concernés aurait une réponse personnelle et originale à la question de savoir si hommes et femmes sont égaux en droits et doivent être traités de la même manière, si l'on veut bien s'apercevoir que ces soi-disant différences étatiques recouvrent en fait une unanimité sur un postulat de base qui refuse le principe de l'égalité des sexes, même si des droits sont reconnus aux femmes mais au sein d'un régime fondamental d'inégalité. Ainsi, il s'agit moins des infinies variations de diversités culturelles que d'une seule et même réponse négative à la question centrale : les femmes jouissent-elles de la même dignité que les hommes, c'est-à-dire du droit de disposer librement d'elles-mêmes, de leur corps, de leurs actes et de leur esprit ? Cette dignité peut-elle leur être reconnue et garantie ? La réponse est globalement « non », et c'est de cette unanimité qu'il importe de rechercher les raisons lointaines et toujours présentes.

L'argument relativiste prône de plus que si l'on répond positivement à ces questions, il s'agit là aussi d'une réponse culturelle, circonstancielle, historiquement située et que toute tentative d'extension de cette simple option s'apparente à un coup de force colonial. C'est oublier ou ne pas vouloir voir que cette réponse positive est le fruit d'une évolution intellectuelle et morale qui, pour des raisons diverses, s'est produite dans des régions du monde qui n'avaient pas antérieurement, dans des temps qui ne sont pas si lointains, des conceptions très différentes de ceux qui répondent négativement. C'est oublier aussi que dans ces régions mêmes, l'égalité des droits est encore bien loin d'être réalisée et que les conceptions ordinaires du rapport des sexes tiennent toujours, dans les esprits et les usages, le haut du pavé. Il s'agit donc moins d'une situation impérialiste où l'Occident voudrait imposer aux autres ses propres valeurs et son mode d'être culturel que d'une réflexion intellectuelle et morale collective, d'un effort universel à penser et transformer le réel, que tous les pays doivent entreprendre dès lors qu'ils acceptent de se demander ce qui légitime et explique la subordination de l'une des formes que revêt l'espèce humaine à l'autre.

Tout d'abord quelle est la situation observable actuellement dans le monde ?

Violence et abus sexistes

La première réalité, comme le proclame Amnesty International, c'est que « la discrimination reste une réalité internationale » et c'est « une maladie qui peut tuer. Les violences et abus sexistes en tout genre tuent davantage de femmes et de fillettes que tout autre type de violation des droits de la personne humaine [1] ». Plus d'un million de filles meurent chaque année en Chine, qui ont eu le simple tort de naître filles dans des foyers où l'on espérait un fils, au point d'engendrer un déficit de population féminine, qu'il s'agisse d'avortement provoqué après échographie, d'infanticide à la naissance ou d'abandon dans des orphelinats mouroirs dont on sait que, sous la mention euphémisante d'« enfants abandonnés », il s'agit en fait de filles viables à 98 % ; les 2 % restant sont bien des garçons, mais atteints de malformations diverses. La politique de l'enfant unique explique ces abandons, dans l'espoir des parents que l'enfant suivant sera un garçon sain. C'est vrai aussi en Inde. Amyarta Sen, qui prend comme valeur de référence un *sex ratio* naturel de 94,8 filles pour 100 garçons à la naissance, montre que dans les États du nord et de l'ouest du pays, cette proportion tombe à 79,3 et 87,8 seulement, alors que dans les États de l'est et du sud, et sans qu'on puisse au moyen d'indicateurs économiques, religieux, ou politiques avancer une explication à ces disparités, cette proportion est supérieure à l'indice de référence [2]. L'avortement sélectif des filles se repère aussi, grâce à l'indicateur du *sex ratio*, à Singapour et Taiwan (92), en Corée du Sud (88), en Chine (86). Dans ce dernier pays, le *sex ratio* dans l'enfance et non plus à la naissance est de 85 seulement, compte tenu, nous venons de le voir, de l'abandon sélectif des filles condamnées à une mort prématurée.

Lors des guerres et guerres civiles, les femmes paient le plus lourd tribu : même s'il est condamné officiellement, le viol est considéré par ses auteurs comme une pratique ordinaire de jouissance gratuite relevant du droit du vainqueur mâle, lorsqu'il n'est pas organisé systématiquement par l'État comme ce fut le cas pour les 200 000 jeunes filles coréennes (mais aussi indonésiennes, malaisiennes, philippines…), vierges, souvent stérilisées de force, contraintes par la violence de devenir les « femmes de réconfort » (*ianfu*) de l'armée japonaise pendant la Seconde Guerre mondiale, qualifiées dans les ordres de route de « munitions » ou d'« équipements de détente », et dont la plainte fut déboutée par la Haute Cour de Tokyo au motif qu'elles « n'ont pas le droit en tant qu'individus d'exiger d'être indemnisées pour des faits concernant des nations en état de guerre [3] », ceci justifiant et légitimant cela. Plus fréquemment, il est utilisé comme moyen de faire régner la terreur dans la population civile et d'humilier en outre les hommes de la famille des victimes. Ce fut le cas en Algérie comme en Yougoslavie.

Le 22 février 2001, le Tribunal pénal international pour l'ex-Yougoslavie (TPIY) a rendu un verdict condamnant trois Serbes de Bosnie accusés de viols à répétition commis en 1992 sur des femmes de la ville de Foca, qualifiant ainsi pour la première fois dans l'histoire le viol de civils en temps de guerre de « crime contre l'humanité ». Le viol à répétition (de femmes, rappelons-le) est un « instrument de terreur dont ils [les membres des forces armées serbes de Bosnie] pouvaient user en toute liberté contre quiconque et quand bon leur semblait[4] ». Quant à la grossesse forcée, elle est aussi reconnue depuis peu, on l'a vu plus haut, comme crime contre l'humanité.

En temps normal, les femmes sont aussi victimes de violences. Parlons pour commencer de la France. L'enquête ENVEFF (Enquête nationale sur les violences envers les femmes en France), commanditée par le service des droits des femmes et le secrétariat d'État aux droits des femmes, fait état des violences subies par des femmes à l'âge adulte au cours des douze derniers mois, dans l'espace public, au travail, au sein du couple et dans les relations avec la famille et les proches[5]. Dans le questionnaire, la violence n'est pas nommée comme telle mais repérée à travers des actes, des faits, des gestes, des paroles, permettant de dépasser le déni de violence par les victimes elles-mêmes. L'enquête est menée auprès d'un échantillon représentatif de 6 970 femmes âgées de 20 à 59 ans.

Il apparaît que le huis clos conjugal est le haut lieu des violences : insultes et menaces (4,3 %), pressions psychologiques (37 %), agressions physiques (2,5 %) et pratiques sexuelles imposées (0,9 %), l'indice global de violence domestique étant de 10 %. Dans l'espace public, les insultes et menaces verbales montent à 13,2 % et l'indice global de harcèlement sexuel à 8,3 %. Au travail, les insultes et menaces verbales s'élèvent à 8,5 %, les pressions psychologiques à 16,7 %, le harcèlement sexuel à 1,9 %. On n'étonnera personne en ajoutant que ces chiffres sont d'autant plus élevés que les femmes sont dans les tranches d'âge les plus basses (20 à 24 et 25 à 34 ans), c'est-à-dire au cœur de la période la plus forte d'attractivité sexuelle et de fécondité : pour elles, l'indice global de harcèlement sexuel dans l'espace public est respectivement de 21,9 % et de

9,9 % ; au travail, de 4,3 % et 2,8 % ; dans l'espace domestique, celui de violence conjugale est alors de 15,3 % et 11 %.

Jusqu'au meurtre

La moitié des femmes tuées depuis dix ans à Paris l'ont été par leur conjoint, titre *Le Monde* du 1er mars 2001, résultat obtenu à partir du cas de 652 femmes étudié en dix ans par l'Institut médico-légal de Paris, soit trois femmes tous les quinze jours, tuées le plus souvent à mains nues. En Grande-Bretagne, un rapport parle d'une femme tous les trois jours. En octobre 1998, le rapport au Congrès espagnol sur l'état de la société montrait que 91 femmes étaient mortes cette année-là des mauvais traitements de leur mari (soit une tous les quatre jours). En 2001, la violence domestique exercée en Espagne contre les femmes tue plus que le terrorisme de l'ETA : 90 victimes contre 15, sans susciter le même écho dans la presse et dans la sensibilité nationale. Il s'agit d'une violence domestique stable, au sein d'une Espagne « moderne et libérale [qui] n'a pas eu besoin [...] de quotas imposés pour ouvrir ses listes politiques aux candidates féminines[6] » : 28 % des parlementaires sont des femmes. L'agresseur type est un homme jaloux, qui ne s'estime pas, alcoolique en majorité, élevé dans un milieu violent, qui se défoule naturellement sur la femme qui est en son pouvoir.

Les ministres des Quinze en charge du droit des femmes se sont réunis en février 2002 à Saint-Jacques-de-Compostelle pour débattre du problème[7]. La commissaire européenne, qui déplore que « les hommes politiques et les opinions publiques [...] rechignent à briser le silence », montre qu'une Européenne sur cinq subit au cours de sa vie des violences infligées par son mari ou son compagnon et que, âgées de 15 à 44 ans, les femmes ont plus de probabilités d'être blessées ou de mourir des suites de violences domestiques que « tout pris ensemble, du cancer, de malaria, d'un accident de circulation ou d'une guerre ». Le coût économique en frais d'hospitalisation et arrêts de travail est très élevé : pour les Finlandais, 50 millions d'euros par an, trois fois plus en Hollande. Les Quinze sont conscients qu'une des racines du mal est la dépendance économique des femmes mais proclament également qu'il faut former des professeurs pour propager des idées de respect mutuel et favoriser l'égalité dès l'école, tout en mettant en place des mécanismes pour accélérer les procédures judiciaires.

Quand celles-ci existent. Dans un certain nombre de pays, les « crimes d'honneur » perpétrés par des pères, frères, maris, cousins, voire fils, contre des femmes censées avoir porté atteinte à la réputation de la famille par leur comportement, sont impunis. « On efface la souillure en effaçant l'objet de la souillure. Peu importe que la femme soit coupable ou non de ce qu'on lui reproche. Peu importe qu'elle soit en réalité une victime. L'essentiel tient à la réparation publique d'une honte publique[8]. » Cet usage connu dans les cultures méditerranéennes s'étend désormais dans le monde musulman mais aussi au Brésil, en Ouganda, en Israël, au Liban... Environ 5 000 femmes sont tuées par an pour cette raison dans le monde, et la pratique serait en augmentation selon la rapporteuse spéciale des Nations unies sur les exécutions extrajudiciaires.

La Jordanie a choisi d'affronter le problème en demandant par la voix des milieux monarchiques, du gouvernement et des militants des droits de l'homme (une pétition de 15 000 signatures) l'abrogation de l'article 340 du Code pénal qui exempte de châtiment les hommes auteurs de « crimes d'honneur ». En 2000, les députés de la Chambre basse du Parlement jordanien (tous des hommes, note Florence Beaugé) ont refusé cette abrogation pour la deuxième fois. « Nous avons d'autres urgences », disent les hommes politiques, « les crimes d'honneur sont affreux mais ne sont pas notre priorité », laquelle s'oriente vers la politique étrangère (situation en Palestine et en Irak) ou vers la situation économique. Même si, comme l'analyse une sociologue d'Amman, la classe politique, comme les individus, se ressoude et se retranche derrière l'intégrité de la cellule familiale menacée par les changements venus d'Occident, il n'y a pas eu en Jordanie de débat public sur la place des femmes dans la société et nombre de personnes estiment toujours qu'elles n'ont tout simplement pas le droit de vivre si elles s'avisent d'avoir des relations sexuelles hors mariage, c'est-à-dire hors des canaux masculins qui ont choisi pour elles leur vie et leur destin.

En 2002, cependant, des amendements ont été apportés à la loi mais non pas l'abrogation [9]. Les femmes ont obtenu l'égalité avec les hommes dans le cas du « crime d'honneur » de l'épouse bafouée, mais la loi ne précise pas si elles seront pour autant exemptées de sanction au cas, improbable, où elles tueraient pour adultère un fils ou un frère, situation pourtant symétrique à celle des hommes qui tuent leurs filles ou leurs sœurs. Si la collectivité des hommes est menacée par la faute supposée d'une femme de la famille, une femme ne peut être victime de la faute de son mari qu'en tant qu'individu directement concerné.

Au Pakistan, c'est trois femmes *par jour* qui sont victimes de crimes d'honneur. National Geographic Channel a consacré un reportage en avril 2002 à une épouse rescapée, qui, alors qu'elle était enceinte, soupçonnée d'adultère, fut pendue par les pieds et rouée de coups par un mari jaloux qui lui a coupé les oreilles, le nez, la langue et arraché les yeux. Ayant survécu et poursuivi son mari avec l'aide d'une avocate, celui-ci, véritable tortionnaire, est effectivement condamné pour excès. Peut-être ne l'aurait-il pas été s'il l'avait simplement tuée. Mais le Pakistan refuse, par la voix de son président, de voir dans les « crimes d'honneur » un problème national.

Des femmes sont lapidées ou menacées de l'être comme la Nigériane Safiya Husaini, condamnée pour « adultère » après avoir mis au monde un enfant après sa répudiation, acquittée en appel grâce aux pressions internationales en sa faveur. Une Iranienne a eu moins de chance le 20 mai 2001, lapidée pour indécence, dans la prison d'Evine à Téhéran, après avoir été enterrée jusqu'aux aisselles afin, souci étrange à nos yeux, de ne pas abîmer ses seins. En décembre 2001, des femmes afghanes, arrêtées par l'Alliance du Nord et non par les talibans, ont été mises en prison à Kaboul pour avoir tenté l'une de divorcer, l'autre de rompre ses fiançailles.

Mariages contraints

Les femmes ne peuvent donc selon leur libre arbitre se sortir du destin qui a été tracé pour elles par leur famille – les mères autrefois victimes étant souvent complices. C'est au péril de leur vie qu'elles le tentent. Pis encore, elles peuvent être victimes de simples soupçons et d'accusations fausses, mais aussi d'un système économique qui, comme c'est le cas en Inde, ne donne pas cher de la vie d'une épouse dont le père n'a pu acquitter la totalité escomptée de la dot.

Pour ne pas parler des mariages forcés. Si la grande majorité des mariages conclus dans le monde sont des mariages arrangés mais acceptés, où les conjoints souvent ne se connaissent pas avant le jour de la fête, un bon nombre de ces mariages sont en fait des mariages forcés, où la jeune fille, loin de consentir à l'arrangement voulu par sa famille, est contrainte par la force. En France, aux États généraux des femmes des quartiers, tenus à la Sorbonne en janvier 2002, les femmes et jeunes filles issues de l'immigration dénoncent cette situation [10]. On estime qu'en France « plusieurs dizaines de milliers de jeunes Françaises ou étrangères, issues de familles maghrébines, turques ou d'Afrique subsaharienne, sont potentiellement concernées par cette pratique [11] » et l'Éducation nationale a même organisé une journée de sensibilisation sur ce thème. Et pourtant les pays d'Afrique francophone sont officiellement opposés à cette pratique. À la Rencontre de Bamako (28-29 mars 2002), dix pays africains francophones ont adopté une loi d'orientation commune fixant l'âge légal du mariage à 18 ans et exigeant le consentement des deux époux. Au Mali, le mariage forcé est interdit depuis 1962 ; depuis dix ans en Côte-d'Ivoire. Le problème, selon le ministre des Affaires sociales de Guinée, est la cohabitation de trois droits : moderne, musulman et coutumier, la population analphabète se référant à 90 % à ce dernier. En fait, bien que pénalisés par la loi d'État, les mariages précoces sans consentement des filles sont toujours pratiqués dans un milieu rural qui ignore enfreindre la loi moderne ou qui est sûr de son bon droit. On trouvera un exemple de cette bonne conscience dans un fait divers relevé par la presse [12], rapportant que des parents (il faut entendre par là des parents mâles) ont « pris d'assaut » le bureau du service de l'enfance du district de Kwale au Kenya, lequel avait fait échouer dix-sept mariages forcés conformément à la loi de l'État, en réclamant du service le remboursement des « vaches promises en échange de leurs filles âgées de 9 à 13 ans » ; selon l'usage de la compensation matrimoniale traditionnelle, les filles sont promises en mariage contre un certain nombre de têtes de bétail. Les parents veulent donc que l'État moderne les dédommage de ce manque à gagner selon la règle coutumière.

Mutilations

On ne peut pas ne pas évoquer ici les mutilations sexuelles dont les femmes sont victimes dans leur enfance : excision sous toutes ses formes (ablation du capuchon du clitoris ou du clitoris en son entier, ablation des petites lèvres ou combinaison des deux pratiques) et infibulation. Cette opération implique à la fois l'excision du clitoris et des petites lèvres, un dépouillement chirurgical de la peau de la surface interne des grandes lèvres suivi d'une suture de ces dernières, en aménageant un orifice pour l'écoulement de l'urine et des menstrues. Les conditions septiques d'opération, les instruments utilisés, l'absence d'anesthésie rendent l'opération elle-même et la période de cicatrisation insupportablement douloureuses, entraînent parfois la septicémie et la mort, et ont des conséquences durables sur la santé des femmes, qu'il s'agisse d'infections urinaires, de difficultés sexuelles ou d'accouchements dangereux. Il faut rappeler que l'infibulation suppose une défibulation faite, au poignard, par l'époux, au moment des noces. De par le monde, c'est vraisemblablement 100 à 130 millions de femmes, surtout africaines, qui ont subi l'une ou l'autre de ces opérations, tandis qu'on estime à 5 ou 6 millions celles qui ont subi l'infibulation proprement dite. Cette dernière opération est surtout pratiquée en Somalie, en Érythrée, au centre et au nord du Soudan, au sud de l'Égypte, au nord-est du Tchad (Hazel et Mohamed-Abdi).

C'est là un des grands domaines où s'exerce à plein l'argument culturel pour interdire ou limiter tout droit de regard extérieur, lorsque l'opposition à la pratique provient d'organismes officiels ou de mouvements féminins organisés localement contre l'excision. Il ne s'agit pas, en ce cas, de justifier ou cautionner mais de refuser un droit de regard et de jugement à des interventions extérieures jugées colonialistes, lourdes d'une incompréhension méprisante, inappropriées et malhabiles, face à des pratiques généralisées dont la popularité en milieu rural tient à ce qu'elles soient transmises par les femmes elles-mêmes. On estime que la disparition de la pratique ne peut venir que de l'intérieur. L'argument central est bien celui de la non-ingérence, réclamée d'un côté, acceptée de l'autre [13]. Tel quel, il dénie de fait l'idée que la question des mutilations sexuelles est une affaire qui concerne les droits universels de l'humain, puisqu'il revient à dire : c'est notre problème, pas le vôtre ; c'est leur problème, pas le nôtre.

On peut noter une évolution historique. Ainsi, l'Organisation mondiale de la santé a fait savoir en 1958 qu'elle ne pouvait pas prendre des mesures adéquates puisque « les pratiques en question résultent de conceptions sociales et culturelles dont l'étude n'est pas de sa compétence [14] ». Mais, à Khartoum en 1979, l'OMS condamne officiellement les mutilations sexuelles y compris lorsqu'elles sont médicalisées pour les rendre moins difficiles à supporter, en demandant aux États concernés de prendre leurs responsabilités. En 1984, le Comité interafricain, réuni à Dakar, considère pour la première fois ces mutilations comme une atteinte aux droits des femmes et pas seulement à leur santé, ce que reconnaît ensuite la communauté internationale au Caire en 1994 lors de la Conférence internationale sur la population et le développement. La quatrième Conférence des femmes tenue à Pékin en 1995 classe les mutilations sexuelles féminines au rang des violences sexuelles.

Des associations et mouvements de femmes africaines ont ainsi refusé fermement l'immixtion de leurs homologues européens tout en reconnaissant des années plus tard que cet appui, qu'ils étaient contraints pour des raisons nationalistes de refuser, avait été indispensable pour faire comprendre à leurs gouvernements respectifs la nécessité d'agir.

Par ailleurs, le problème ne pouvait être limité étroitement aux pays africains. Il s'est vite retrouvé en scène dans les pays européens où des immigrés continuaient de faire pratiquer l'opération sur leurs filles selon leurs usages et leurs méthodes traditionnelles « tout en souhaitant parfois avoir recours à la médecine par souci d'humanité ». Il est évident que cela introduit un conflit de droit, le droit européen ne pouvant accepter sur son sol l'exercice, pour des raisons dites « culturelles » étrangères, d'atteintes à l'intégrité de la personne humaine, qui plus est sur des dépendants par des personnes ayant autorité. Conflit de droit et non de droits, car tous les pays africains disposent de textes criminalisant les coups et blessures volontaires ayant entraîné la mutilation ; un certain nombre d'entre eux ont également des législations répressives concernant directement les mutilations sexuelles féminines (Soudan, Burkina Faso, Côte- d'Ivoire, Sénégal, Togo), même si la loi n'a pas toute l'efficacité souhaitée, car seuls les procureurs peuvent déclencher enquête et procès comme au Sénégal, et plus généralement les victimes et associations de défense ne sont pas habilitées à porter plainte.

En fait, l'essentiel du travail est accompli localement par des actions concrètes de sensibilisation menées par des associations de femmes au sein de programmes nationaux ou internationaux. Les progrès sont lents sinon douteux. Laurence Porgès note qu'on est passé de 70 % de femmes excisées en 1976 à 66 % en 1996 au Burkina Faso. Tous les moyens d'information sont bons. Comme pour les pieds bandés des Chinoises dont la coutume disparut en une génération au début du XXe siècle, on cherche à obtenir la constitution d'associations de parents qui s'engagent non seulement à ne pas suivre la coutume mais également à laisser leurs fils épouser une fille non mutilée.

Car tout le problème est bien là. Une fille non mutilée est considérée comme difficilement mariable, du fait de la pression sociale. Les hommes n'en veulent pas. On a dit et redit que ce sont les femmes qui insistent pour que l'opération soit pratiquée sur leurs filles afin de leur garantir un avenir normal dans leur propre société. Les hommes interrogés disent généralement qu'il s'agit là d'affaires de femmes, dans lesquelles ils ne sont pas partie prenante et qu'ils n'ont donc ni à encourager ni à décourager. Si l'on regarde les faits cependant, il est souvent plus difficile au groupe de femmes, qui souhaite investir un village pour y mener une action de sensibilisation, de convaincre les officiels et dignitaires masculins du village de les laisser faire que de réunir les femmes pour en parler, et cela même si elles présentent leur action comme soutenue par la loi de l'État. Comme dans le cas des mariages forcés, le conflit non dit se situe entre la coutume et le droit de l'État-nation, pas le droit international.

La domination au cœur des pratiques mutilantes

Les femmes sont donc bien le vecteur apparent de la pratique, si l'on ne peut constater nulle pression évidente sur elles de la part des hommes d'un côté, et nulle pression religieuse puisqu'il ne s'agit pas d'une prescription rituelle figurant dans le Coran, de l'autre.

Et pourtant, la permanence de l'institution et le souci qu'ont les femmes de la maintenir, certes pour conserver leurs traditions mais surtout pour offrir à leurs filles le seul avenir convenable dans leur société, s'inscrivent bien dans l'inégal rapport masculin/féminin, domination d'un côté, assujettissement de l'autre. Si la considération, le respect, l'estime qu'on leur porte passe par le fait d'avoir des garçons, les femmes souhaitent avoir des garçons et contribuent plus ou moins volontairement dans leurs pratiques domestiques à l'élimination physique des filles comme en Inde. Si la considération, le respect et l'estime passent par le fait d'être excisée, ou plutôt, au rebours, si déconsidération, rejet et mépris sont liés au fait de ne pas l'être, alors elles souhaitent l'être et que leurs filles le soient, dans des milieux où aucune échappatoire ne leur est en pratique offerte.

On voit bien l'efficacité de cette pression sans intervention masculine directe à travers les explications « culturelles » proposées tant de l'excision (sous toutes ses formes y compris l'infibulation) que de la circoncision. On utilise par ailleurs souvent l'argument de la symétrie (même s'il n'est pas validé dans les faits puisque les cartes de ces pratiques ne se recouvrent pas) pour relativiser l'effort d'éradication de l'excision et minimiser son impact. Nul ne doute, on l'espère, que les conséquences des deux opérations ne sont pas du même ordre de grandeur, tant sur le plan physiologique que psychologique. Mais si l'on considère attentivement les raisons invoquées tant par les informateurs que par les analystes pour expliquer ces deux usages, au-delà de celle qui parle d'hygiène et de propreté pour les deux sexes, on retrouve en filigrane le modèle idéal de domination du masculin sur le féminin. On observe que la circoncision a pour effet de rendre évidente une sorte de permanente virilité turgide par l'ostentation du gland [15]. Si une explication combinée fait valoir que dans l'un et l'autre cas, on enlève dans un sexe ce qui l'apparente à l'autre, prépuce et clitoris donc, argument classique qui renvoie les deux pratiques dos à dos mais fait l'impasse sur l'ablation des lèvres et l'infibulation, c'est-à-dire qu'elle renvoie à une volonté archaïque de complète différenciation des sexes, les autres arguments relevés pour conforter la pratique de l'excision disent autre chose : il est nécessaire de préparer le sexe féminin à ce qui sera son ordinaire par des pratiques visant à s'assurer l'exclusivité sexuelle et la fidélité, à ôter aux femmes le plaisir et même le goût pour l'acte sexuel, à les préparer aux douleurs de l'accouchement ; mais aussi, de façon plus idéelle, pour légitimer cependant la pratique la plus dure qu'est l'infibulation, il convient de conserver à l'intérieur la fraîcheur des substances féminines, nécessaire à une bonne procréation et à un bon accomplissement de la féminité [16].

Comme on peut s'en apercevoir si l'on me suit bien, la pratique des mutilations sexuelles n'a pas le même sens dans l'un et l'autre cas : évidence ostentatoire de la virilité d'un côté, mainmise sur les possibilités du sexe féminin de l'autre, même s'il est vrai qu'il ne s'agit pas là de pratiques universelles. Il n'est donc pas nécessaire que les hommes prêtent la main à la pratique des mutilations féminines. Il suffit de laisser faire les épouses et les mères. C'est la raison pour laquelle le travail de sensibilisation doit nécessairement porter sur elles parce qu'elles en sont les victimes. Lutter contre l'excision est ainsi lutter contre un symptôme de la domination, non contre sa cause, même s'il est vrai que l'élimination d'un symptôme peut parfois contribuer à la guérison.

Les mutilations génitales féminines se trouvent ainsi exprimer de façon évidente le noyau de la domination sexuelle : l'appropriation du sexe des femmes, son contrôle au bénéfice des hommes, est un préalable ou un corollaire nécessaire à l'appropriation de leur fécondité. Ainsi, il ne s'agit pas d'un problème adventice ou localisé, mais bien de l'expression quasi quintessencielle de la domination. Pour cette raison, elles relèvent de la responsabilité de l'humanité tout entière, et non pas simplement des personnes vivant dans les régions concernées. Elles relèvent de la défense des droits des femmes, au sein des droits de l'humain comme conquête de la raison, ce qui légitime toutes les positions internationales officielles sur la question : ce n'est pas d'ingérence dans les pratiques résiduelles de quelques peuples qu'il s'agit, mais de quelque chose de fondamental qui nous concerne tous.

Discrimination et subordination

La discrimination ne revêt pas seulement une forme violente, qui attente à l'intégrité physique et à la vie. On observe massivement bien d'autres discriminations. Y compris dans les pays qui souscrivent à toutes les déclarations.

Discrimination politique. Le dernier bastion contre le droit de vote des femmes, la Suisse, n'est tombé que dans cette dernière décennie. En France, les femmes n'ont eu ce droit qu'en 1944, par l'article 17 de l'ordonnance du 21 avril du gouvernement provisoire : « Les femmes sont éligibles et électrices dans les mêmes conditions que les hommes. » Le Sénat avait déjà refusé par trois fois (en 1929, 1935, 1936) de leur accorder ce droit, voté par l'Assemblée nationale, à une quasi-unanimité suspecte en 1936 car sans doute due à l'irréductibilité rassurante et bien connue du Sénat[17]. Mais la représentation des femmes dans les deux assemblées ne fut que de 5 à 6 % avant de tomber rapidement à 3 et 2 %. Si le droit de vote était acquis, le droit et surtout la possibilité offerte aux femmes d'être élues ne l'étaient pas. La représentation des femmes dans les instances politiques est de 13 % au niveau mondial en 2000, d'après l'Union interparlementaire européenne, allant de 3,5 % dans les États arabes à

15,5 % en Europe en moyenne, la Suède occupant la première place avec une représentation féminine à 42,7 %. En France, où elle est de 11 %, la Constitution de 1948 a été révisée par le Congrès en juin 1999 par l'inscription de la parité après un vif débat public autour du choix entre le principe de la représentation démocratique, où un individu peut représenter tout autre individu, et le mal nécessaire de la parité pour parvenir un jour à l'égalité. Le texte qui fut voté par l'Assemblée le 26 janvier 2000 stipule que la loi désormais « favorise l'égal accès des hommes et des femmes aux mandats électoraux et aux fonctions électives ». C'est une forme de discrimination positive. La place des femmes est encore plus restreinte dans les gouvernements et les cabinets ministériels où s'exerce le pouvoir exécutif. En 2000, sur 190 pays, on comptait seulement 6 femmes à la tête de l'État, 3 avec une femme comme Premier ministre, et 48 pays ne comptaient aucune femme dans le gouvernement[18].

Discrimination professionnelle. En France, l'écart moyen des salaires est encore de 25 %, les femmes sont plus touchées que les hommes par le chômage et l'emploi partiel ; à titres égaux, elles accèdent peu aux postes les plus élevés : dans les 5 000 premières entreprises françaises, les femmes ne représentent que 7 % des cadres dirigeants. C'est l'effet dit « plafond de verre ». En Europe, le taux d'activité des femmes le plus élevé est dans les pays nordiques : 70 % au Danemark (contre 52 % en France). Il est le plus faible au Sud : 38 % en Italie, 35 % en Espagne. Mais au total, tous pays confondus, 80 % des femmes actives travaillent dans le secteur dit « des services ». Et leur travail est souvent précaire : 12,4 % d'entre elles sont en contrat à durée déterminée contre 9,7 % pour les hommes. Un tiers des femmes actives ont un contrat à temps partiel et 80 % des travailleurs à temps partiel (qui n'est pas un temps choisi, mais le plus souvent imposé) sont des femmes. Le taux de chômage est pour elles plus élevé : 13 % contre 11 % en moyenne (en France, 15 % contre 12 % ; en Espagne, 30 % contre 17 %). Cette situation perdure malgré l'acquis communautaire des directives sur l'égalité homme-femme et l'Union européenne fait de cette égalité dans les textes et entamée dans les pratiques une condition d'adhésion des pays candidats [19].

Et dans les pays développés en dehors de l'Europe, quelle est la situation ? En Chine, l'écart des salaires est en moyenne de 30 % en 2002 et le *Journal des femmes de Chine* révèle que les entreprises recommandent expressément d'éviter de recruter des femmes ou alors de leur faire signer un engagement de ne pas tomber enceintes durant leur contrat [20]. Aux États-Unis, selon un rapport publié en janvier 2002 par le General Accounting Office [21], l'écart de rémunération des cadres ne cesse de s'élargir entre hommes et femmes, y compris pendant la période du boom économique de 1995 à 2000, et surtout dans les domaines de la communication et des loisirs, où il est respectivement en 2000 de 25 % et de 38 %. Cette différence n'est pas due à un absentéisme particulier à cause des enfants, mais en raison du plafond de verre et du fait que les primes et *stock-options* vont aux fonctions les plus influentes qui sont réservées aux hommes (pratiquement aucune femme ne figure parmi les têtes dirigeantes des grands groupes de médias et de loisirs). Et pourtant, 60 % de ces cadres féminins, moins rétribués que leurs homologues masculins, n'ont pas fondé de famille alors que 60 % de leurs collègues masculins l'ont fait, et l'on observe en outre que la disparité de salaire à tâche égale est d'autant plus élevée que l'âge de la femme augmente.

Discriminations éducatives et scientifiques. D'après l'UNESCO, les deux tiers des 875 millions d'analphabètes dans le monde sont des femmes. Le taux d'alphabétisation des femmes n'est que de 24 % au Pakistan (contre 50 % pour les hommes), 23 % au Sénégal (43 % pour les hommes), 35 % au Soudan (58 % pour les hommes). Et l'on peut montrer que la volonté d'éducation des filles n'est pas en rapport direct avec la pauvreté relative du pays : 91 % des femmes sont éduquées au Vietnam, 92 % en Thaïlande, 87 % au Sri Lanka, 94 % aux Philippines [22].

En Europe, si elles poursuivent de plus en plus longtemps leurs études, une enquête de l'Observatoire de la vie étudiante, menée en 1997, montre que, jusqu'au troisième cycle, les filles sont moins soutenues financièrement que leurs frères par les parents, ce qui est vrai aussi pour la dotation en matériel électronique (37 % des garçons ont un ordinateur contre 22 % des filles étudiantes) et en équipement de loisir. Elles compensent ces différences de revenu familial par des activités occasionnelles tout en bénéficiant moins que les garçons des « emplois privilégiés » (stages rémunérés). De plus, majoritaires à l'université (56 % des effectifs), les filles, surtout quand elles sont issues des milieux populaires, sont moins présentes dans les études doctorales [23].

Dans la suite de leur carrière, et notamment à l'université, elles sont sous-représentées dans les postes à responsabilités. Toutes disciplines confondues, on observe que 5,5 % des professeurs titulaires universitaires sont des femmes en Allemagne, 4,9 % aux Pays-

Bas, 14 % en France, 13,2 % en Espagne selon le rapport *Femmes et Sciences* publié par la Commission européenne le 23 novembre 1999.

Si l'on détaille la situation française, où 14 % des professeurs d'université sont des femmes (et 36 % des maîtres de conférence), on note d'intéressantes disparités selon les disciplines. C'est en lettres et en sciences humaines que les femmes professeurs sont les plus nombreuses (26,8 %) et en médecine qu'elles le sont le moins (7,8 %, soit 92,2 % pour les hommes), ainsi qu'en sciences (9,4 %) et en droit (14,2 %)[24].

Une Mission ministérielle pour la parité en sciences et en technologies a été créée à l'automne 2001, qui a parmi ses objectifs « le rééquilibrage des sexes dans les instances délibératives ou consultatives », dans la mesure où l'on peut observer à l'heure actuelle que « les comités de recrutement et d'évaluation, les conseils d'orientation et de programmation, [...] instances où se décident les affaires de la recherche [...] restent des chasses gardées des hommes[25] ». La Commission de Bruxelles a pour objectif de placer 40 % de femmes dans les instances qui définissent la politique scientifique alors qu'elles ne sont que 10 % à l'heure actuelle.

Les filles sont en général minoritaires dans les disciplines de sciences de la matière, dans les écoles d'ingénieurs elles représentent seulement 23 % des effectifs en 2001 en France. Cette sous-représentation tient, selon la sociologue Catherine Marry[26], au fait que « le monde des sciences s'est construit comme un monde sans femmes » ; avec des interdits explicites « légitimés par un discours sur l'infériorité intellectuelle des femmes », discours dont nous avons souligné la prégnance encore actuelle dans les stéréotypes mentaux (*cf.* première partie, chapitre premier) et qui entraînent chez les filles une sous-estimation de leurs propres capacités ainsi que le bridage de leurs ambitions.

Discriminations domestiques. En France, les mères consacrent deux fois plus de temps, en 2000, à leurs enfants que les pères, en plus des autres tâches domestiques qu'elles assument à 80 %, d'après un rapport du Centre national de la recherche scientifique qui voulait évaluer la pertinence du rôle des « nouveaux pères » arrivés sur le marché [27]. Pertinence qui s'avère négligeable. Si l'on s'en tient au noyau dur de la production domestique, 80 % en revient aux femmes. L'augmentation du temps de travail domestique effectué par les hommes est de 10 minutes par jour, si l'on compare les données chiffrées de l'INSEE recueillies en 1985 et en 1998. Une des données les plus intéressantes du rapport du CNRS [28] est la suivante : si l'on observe les familles monoparentales, on constate peu de différences entre les activités accomplies par l'un ou l'autre sexe, ce qui implique une capacité équivalente des deux sexes à accomplir ces tâches, une fois acquis l'apprentissage nécessaire. En revanche, en couple, on retrouve les pratiques sexuées qui accentuent le privilège du temps professionnel chez les hommes. Les pères en couple donnent 76 % de leur temps à l'activité professionnelle contre 51 % pour leur conjointe, laquelle accorde à peu près le même temps (49 %) à la vie parentale, ce qui légitime l'appellation de « double journée de travail », sans compter que, remarque l'INSEE, les tâches accomplies « ne sont pas équivalentes du point de vue des désagréments qu'elles causent et de la satisfaction qu'elles procurent ». Constatation qui implique, malgré les efforts accomplis par les pères eux-mêmes dans le sens d'un meilleur partage, qu'à compétences égales et compte tenu du privilège de situation conféré par la représentation archaïque du rapport des sexes, la majorité des pères trouve plus confortable de se rallier à terme au modèle dominant quand ils ont la chance d'avoir une partenaire féminine au foyer. La responsabilisation des femmes dans le domaine domestique n'est ainsi une question ni de propension naturelle ni de choix réfléchi, mais l'effet récurrent du modèle archaïque encore vivace dont nous avons démontré le mécanisme de mise en place.

Cela est vrai aussi en Suède. Contrairement aux idées reçues, si le gouvernement compte bien 50 % de femmes et le Parlement 40 %, celles-ci continuent d'être dominées dans la sphère domestique où elles effectuent 47 heures de travail contre 18 par semaine pour les hommes, mais aussi dans le monde du travail, tant sur le plan des salaires que pour l'accès aux postes de responsabilité[29]. Même dans un couple dont l'homme est au chômage, ce sont elles qui prennent en charge la majorité des tâches ménagères[30], ce qui conforte l'analyse ci-dessus.

Comme on peut le constater par cet inventaire incomplet mais significatif, violences et discriminations de tous ordres sont toujours la règle, y compris dans les pays considérés comme les plus développés sur le plan économique, même si les revendications des femmes pour approcher de l'égalité s'y font entendre librement et si des efforts sont consentis officiellement en ce sens. Il est donc ironique que, dans les pays européens où il y a tant de pierres d'achoppement, l'application aux femmes des droits de l'homme passe pour n'être qu'un simple vœu pieux, ou même une hypocrisie des gouvernants, alors que cette même application est présentée par ceux qui en récusent le principe dans d'autres régions du monde comme le choix fondamental qu'aurait fait une autre culture. Or, on le voit, ce n'est ni l'un ni l'autre. Un même système global de représentation des rapports homme-femme (un même système culturel donc) a bien cours partout. L'extension aux femmes des droits de l'homme, dont nous avons dit qu'elle procède d'un objectif universel né de la pure raison, ne peut que se réaliser à des vitesses différentes en raison des résistances au modèle tant de ceux qui occupent la position dominante, y compris dans les sociétés de très grande pauvreté, que de celles qui ont intériorisé la situation qui leur est faite. En ce sens, le combat féministe n'est pas, ne peut pas être, un combat « féminin » comme le dit justement Christine Delphy [31] mais celui de l'humanité.

Un paradoxe contre-productif

À côté des violences et des discriminations, il convient de souligner un paradoxe particulièrement contre-productif. En effet, on découvre depuis peu que l'amélioration du sort fait aux femmes n'est pas seulement un impératif d'ordre éthique et philosophique, mais aussi un impératif économique. D'après une étude de la Banque mondiale présentée à l'occasion de l'Assemblée générale des Nations unies sur l'égalité entre les sexes en juin 2000, l'expérience montre qu'une société qui accorde plus de droits aux femmes et surtout leur permet l'accès à l'éducation, améliore la productivité économique à long terme et la santé globale de la population [32]. L'éthique et l'économique se rejoignent à ce point pour le bien de l'économie. La lutte contre la pauvreté est devenue une priorité des institutions multilatérales, en raison de la menace majeure que son augmentation dans le monde fait courir à l'économie. La Banque mondiale écrit : « Si les pays du Proche-Orient, d'Asie du Sud et d'Afrique réussissaient à réduire l'écart d'éducation entre les sexes, leur croissance annuelle serait de 0,5 à 0,9 point plus élevée qu'aujourd'hui. » Le prix Nobel d'économie Amyarta Sen pense de la même façon que l'émancipation des femmes est un facteur décisif de changement[33].

Il montre ainsi que le passage de l'alphabétisation féminine en Inde de 22 % en 1981 à 75 % en 1991 a réduit la mortalité des enfants de moins de 5 ans de 156 pour mille à 110 pour mille. De même, la baisse souhaitable au niveau national du taux de fertilité est une conséquence de l'élévation du niveau d'instruction des femmes : « L'instruction a élargi leur horizon, les a mises au contact de quelques notions, au moins, de planning familial et les a dotées d'une plus grande latitude pour exercer leur rôle d'agent dans les décisions familiales, y compris en matière de fertilité et de naissance », écrit-il.

Les expériences particulières menées au Bangladesh, au Pakistan, en Inde, dans quelques pays d'Europe et d'Amérique latine par la Grameen Bank de Mohamed Yunus qui prête quasi exclusivement aux femmes de petites sommes pour se lancer dans de très petites entreprises, montrent que les femmes clientes remboursent leurs modestes emprunts, font fructifier leurs entreprises et de surcroît investissent collectivement une part de leurs bénéfices dans des projets communs d'amélioration locale : routes, puits, écoles, dispensaires. Mohamed Yunus encourage ces créations et ces investissements par un soutien d'alphabétisation lorsqu'il en est besoin. Ces entreprises démontrent au grand jour à la fois le rôle important des femmes dans le développement et réciproquement le rôle de leur réussite économique et financière dans la reconnaissance de leurs aptitudes et d'une forme d'autonomie à laquelle elles accèdent par rapport à leur famille.

Dans un contexte européen de prospérité générale très différent de celui qu'on vient d'évoquer, un rapport du Conseil d'analyse économique en France, publié en 1999, montre qu'à l'encontre des idées reçues, qui rendent le travail des femmes responsable de la montée du chômage et de la baisse de la natalité, on observe en fait que le travail des femmes est un moteur de la croissance et qu'il favorise la natalité. Moteur de croissance, il génère des richesses et engendre une augmentation de la consommation, la création d'emplois domestiques ou de gardiennage peu mécanisables, l'augmentation du volume du travail, celle des retraites, fait naître le sentiment de la valorisation personnelle et rend possible l'accès à l'autonomie. Moteur de natalité, il apparaît qu'en Europe ce sont les pays qui encou-ragent le travail féminin qui voient les femmes faire le plus d'enfants (Danemark : 12 pour mille ; France : 12,7 pour mille), contrairement aux pays qui décou-ragent le travail féminin par un système fiscal défa-vorable ; ce sont dans ces derniers que les femmes au foyer ont le taux de natalité le plus bas (Italie : 9,5 pour mille, Allemagne : 9,2 pour mille). Force est de constater que lorsqu'on leur donne les moyens de concilier travail et famille par des aides collectives appropriées, les femmes européennes font les enfants qu'elles souhaitent avoir, en usant au mieux des méthodes de gestion de la conception dont elles disposent, tout comme les femmes indiennes parviennent à diminuer un taux de fertilité trop élevé dès qu'on leur donne le moyen d'accéder à l'éducation et à l'autonomie.

On pourrait formuler les choses ainsi : le maintien de la subordination et de l'analphabétisation des femmes n'est pas une conséquence du sous-développement. Au contraire, celui-ci résulte et se nourrit, parmi d'autres causes, du maintien des femmes dans un état de subordination et d'analphabétisation.

Les femmes ont conscience de cet enchaînement lorsque le nécessaire est fait pour qu'elles puissent en prendre conscience. Une intéressante expérience a été présentée au Forum mondial sur l'éducation tenu à Dakar, sous l'égide de l'UNESCO, en présence des représentants de 181 pays, avec pour but d'instaurer l'égalité dans l'enseignement primaire et secondaire en 2015. On constate en 1998 que 113 millions d'enfants ne sont pas scolarisés dans le monde, contre 127 millions en 1990, la proportion de filles restant identique (59 %). D'après l'UNESCO, la raison de cette différence est le retrait de l'école des filles par les parents, autour de leur dixième année, en vue du mariage. Pour tenter de remédier à cette situation, une idée originale développée au Mali associe les mères au processus d'alphabétisation. Lorsqu'elles y sont gagnées et ont compris les avantages à venir pour leurs filles, les femmes vont elles-mêmes chercher les filles dans les familles récalcitrantes et ont fait changer le taux féminin de scolarisation dans les 18 villages où a eu lieu l'expérience. Ce taux est passé de 18 à 33 % en trois ans [34].

On voit bien ainsi que si les intérêts globaux économiques et de santé sont liés à l'émancipation des femmes de la tutelle masculine, les raisons profondes pour mettre les femmes et les garder en tutelle sont à chercher dans d'autres domaines.

Les droits sexuels des femmes

Quel est le fond de la question ? On le voit clairement à travers les résultats de la Conférence mondiale de Pékin (1995) ou, plus récemment, de l'Assemblée générale extraordinaire sur les femmes, tenue à New York du 5 au 10 juin 2000. Cent quatre-vingts États participaient à cette dernière réunion dont les représentants ont souscrit à une plus grande protection des femmes dans la famille et au travail, à de meilleurs soins, plus d'éducation, un meilleur accès à l'emploi. Mais la bataille la plus dure et restée sans succès a touché aux droits sexuels. Dans cette bataille, comme l'écrit le journal *Le Monde* [35], « l'alliance objective entre le Saint-Siège, certains pays catholiques conservateurs comme la Pologne, et les pays musulmans s'est reformée ». Mais si la référence, la simple mention à des droits sexuels est rejetée, il reste qu'on en parle et que cela a des « effets dynamiques insoupçonnés [36] ». Ainsi l'exemple de l'excision : on n'en parlait pas à Mexico, on en a parlé un peu à Nairobi en 1985, à Pékin beaucoup plus. Alors que l'intervention occidentale était rejetée violemment au début, au titre de l'argument culturel, des mesures ont été prises depuis dans le continent africain et la pratique est désormais légalement interdite dans seize pays, même si elle n'est pas éradiquée dans la réalité. Il pourrait en être de même sur d'autres points, comme la polygamie, la répudiation, l'héritage différentiel ou la prostitution (pour laquelle on est malheureusement loin d'être sortis du débat sémantique entre prostitution forcée et prostitution choisie). Mais il faut rappeler que c'est déjà autour de la sexualité que s'étaient nouées toutes les discussions à Pékin. Cette notion était évoquée pour la première fois aux Nations unies, ce qui était déjà en soi une avancée ! Mais les résistances sur ces points – « contrôler et décider librement de leur sexualité [c'est-à-dire du choix de leur conjoint]... et de leur santé sexuelle, sans coercition, discrimination et violence » – montrent que là est bien l'enjeu essentiel, à savoir la libre disposition de leur corps. On l'a vu encore récemment au Maroc à propos de la réforme du statut de « la » femme (Projet national pour l'intégration de la femme au développement, 1999) où les propositions qui font problème sont celles de relever l'âge au mariage des filles à 18 ans, de substituer le divorce judiciaire à la répudiation, de supprimer la polygamie et de ne pas faire du remariage de la mère un motif pour lui retirer la garde de ses enfants.

Les arguments des défenseurs du code du statut personnel soumis au projet de réforme sont révélateurs : relever à 18 ans l'âge du mariage des filles, c'est encourager les rapports sexuels précoces, compte tenu sans doute de la propension libidineuse des filles à s'y livrer qui implique la nécessité corollaire de les contrôler de bonne heure ; quant à la polygamie, elle est un moindre mal « pour une femme qui risque d'être délaissée par des hommes naturellement volages[37] ». Une double imputation fait ainsi, et de manière contradictoire, de la « nature » supposée licencieuse des jeunes filles la cause de leur mise en dépendance, tandis que de la « nature » orgueilleusement volage des hommes se déduit une situation qui n'a pas pour but de contrôler les effets de cette inconstance mais d'assurer davantage la domination sur les femmes qui en sont victimes.

Nous concluons que le refus dit « culturel » opposé au caractère universel des droits de l'homme et par conséquent applicables et appliqués aux femmes, tient au premier chef, à travers les spectres honnis de droits sexuels égaux, à la crainte de la perte du contrôle qu'exercent les hommes sur la sexualité féminine, tous les autres aspects étant subsidiaires de celui-là.

Il est curieux de constater qu'on ne pose jamais à des femmes la question de savoir si elles jugent fondé le pouvoir exercé par les hommes à leur détriment. Cela dit, ce serait une erreur de le leur demander localement tant qu'on ne leur a pas donné les moyens de s'affranchir intellectuellement et de raisonner par elles-mêmes, car sans cet investissement minimal, qui leur est d'ailleurs par précaution refusé, elles entrent dans le jeu de la domination qui a pour effet l'autodénigrement et la justification du statut du dominant.

En tout cas, le fond de la question, c'est que l'idée même de l'égalité homme/femme n'est pas acceptée au fond du cœur de milliards d'individus dans le monde et pas seulement par des États, des groupes de pensée et des gouvernants, parce que cette égalité accorderait aux femmes le statut d'individu libre, et donc de personne, ce qui leur est fondamentalement dénié.

En tant qu'êtres humains, quelles que soient notre époque et notre société, nous sommes mus par des représentations extrêmement prégnantes, transmises de génération en génération, provenant de nos lointains ancêtres, et qui fonctionnent toutes seules, sans qu'il soit nécessaire de les mobiliser de façon consciente à chacun de nos actes, à chacune de nos pensées. Si des femmes, dans des pays où elles ont acquis des droits de quasi-égalité, ressentent la discrimination morale et doutent parfois elles-mêmes de leur légitimité, de leur droit intrinsèque à être à la place qu'elles occupent, comme le montrent des études menées auprès de femmes « arrivées », c'est aussi parce que, inconsciemment et malgré leur statut objectif, elles partagent depuis leur naissance et leur éducation enfantine le sentiment que seuls les hommes sont, authentiquement et de droit naturel, les maîtres du monde. Ce sont ces représentations archaïques qu'il convient de faire changer, mais qu'il est si difficile et si long de mouvoir. Il ne s'agit donc pas de blocages culturels à proprement parler ou alors il s'agit bien d'une culture partagée par l'humanité tout entière.

Nous continuons de vivre à des degrés divers de prégnance sociale avec le système implicite de représentations dont nous traitons dans cet ouvrage, où les femmes sont traitées comme une « ressource » générique (la femme comme la terre) dotée de capacités indispensables à la survie des groupes et à la reproduction des hommes. L'appropriation de leur fécondité passe par celle de leur sexualité, tant que les deux processus ne sont pas disjoints dans l'esprit. Mais nous pouvons nous en détacher, les yeux ouverts. Les progrès de la connaissance, la découverte des gamètes au XVIIIe siècle (siècle des Lumières et de la première Déclaration des droits de l'homme, est-ce un hasard ?), celle du jeu chromosomique et de l'ADN au XXe ont fait apparaître l'apport partagé de l'homme et de la femme, du père et de la mère biologiques dans la procréation. Le droit à la contraception accordé aux femmes dans quelques pays dans la seconde moitié du XXe siècle est le signe éminent de la reconnaissance de leur statut comme des personnes à part entière, car elles se libèrent ainsi au point exact où était ancrée leur sujétion. Ce droit devient alors, semble-t-il, le signe majeur de l'accès à l'égalité. On peut dissocier désormais ouvertement la sexualité de la procréation et on le fait même dans des pays musulmans. Ainsi la fécondité a chuté au Maghreb, où elle a rejoint pratiquement le niveau européen (Tunisie, 2,2 en 1998 ; Maroc et Algérie, 3,1 en 1996 et 1997, contre plus de 7 en 1960 [38]), et cela en vingt-cinq ans alors que la chute de la fécondité a pris deux siècles en Europe. Cette chute s'explique par l'élévation de l'âge au mariage des filles, certes, et leur scolarisation qui les ouvre à de nouvelles aspirations, mais aussi par l'emploi croissant de la contraception au sein des couples (stérilet et stérilisation en Tunisie, pilule en Algérie et au Maroc). Les nouveaux rôles des femmes et la plus grande autonomie qui leur est accordée impliquent aussi un nouveau regard porté sur l'enfant et sur la réalisation individuelle. On observe la même situation en république islamique d'Iran, où la fécondité est tombée de plus de 6 enfants par femme au milieu des années 1980 à 2,1 en 2000 [39]. La révolution islamique de 1979 avait eu une politique résolument nataliste (abaissement de l'âge au mariage à 9 ans pour les filles, 12 ans pour les garçons), confortée par le conflit avec l'Irak. Mais le gouvernement changea d'orientation en 1989 pour adopter un programme de planning familial qui voit passer l'utilisation des contraceptifs à 72 % dans les zones rurales et à 82 % dans les zones urbaines. Tout cela implique une dissociation admise entre sexualité et procréation.

Sur ces bases nouvelles scientifiques et politiques, la vision éthico-philosophique des droits de l'homme peut tenter désormais de s'arracher du terreau de nos communes représentations archaïques pour une application équitable aux hommes et aux femmes de la terre entière, quelles que soient leurs croyances actuelles et leur religion, quel que soit le temps que cela prendra, quelles que soient les formes à inventer.

La lutte à mener concerne un système de représentations archaïque et universel qui, loin de constituer autant de pratiques culturelles autonomes, sans lien les unes avec les autres, transcende les frontières des États et des cultures. Aussi bien, tout effort de type international pour en diminuer les effets ne peut-il être considéré comme de l'ingérence puisqu'il s'agit d'une vision partagée. Pour lutter contre ce système global de représentations qui reconduit inlassablement sous des formes et avec des rigueurs diverses la domination masculine, quels moyens utiliser ? La tâche est vaste. Incontestablement, il y faut la volonté des peuples, hommes et femmes ensemble, et celle des gouvernements, mais il n'est pas sûr que la volonté des gouvernements ait des effets durables là où celle des peuples n'est pas suffisamment affermie. Or changer la vision des peuples et leur volonté est affaire de longue haleine.

Par où commencer ?

En posant cette question, nous n'entendons pas parler des mesures politiques nationales ou internationales qui ont été et devront être prises par les gouvernements pour modifier le rapport existant, diminuer les violences et discriminations dont souffrent les femmes et parvenir, ce faisant, à l'égalité ou à un meilleur équilibre. Il s'agit plutôt de la modification nécessaire du regard et des habitudes mentales, y compris dans notre propre société, où un effort de vigilance doit être demandé à tous les individus.

Tout d'abord, il importe de toujours veiller à la valeur sémantique des mots. C'est déjà une discrimination fondamentale que de parler de la femme, c'est-à-dire un corps générique sur lequel se greffent jugements, mythes et fantasmes, et non *des* femmes, c'est-à-dire d'individus, au même titre qu'on parle des hommes. La Constitution française de 1946 est un bon exemple de cette restriction mentale : « La loi garantit à *la* femme, dans tous les domaines, des droits égaux à ceux *des* hommes. » À condition qu'il ne s'agisse pas d'un pur transfert formel qui ferait de la catégorie « les femmes » un même ensemble indifférencié, collectivement défini par une nature essentialiste, que l'était la catégorie « la femme ».

Dans le même ordre d'idées, il semble important, tant sur le plan national qu'international, de cesser de considérer dans les textes publics que les femmes constituent une catégorie sociologique minoritaire au même titre que les catégories fondées sur l'âge, la couleur, la religion, le handicap, l'ethnie. Hommes et femmes ont le même parcours de l'enfance à la vieillesse, les mêmes handicaps, couleur, religion et origine ethnique. Considérer le sexe comme une variable sociologique du même ordre que les autres signifie une acceptation implicite du fait que la norme est le masculin.

Dans le même registre encore, il convient de veiller à ne jamais parler d'un être humain asexué, car un être humain asexué ne l'est pas dans l'esprit du lecteur : il est du genre masculin. Cette façon de faire recouvre un déni du problème dans les États développés, au niveau le plus élevé, avec la meilleure conscience. Pour prendre un exemple, un ouvrage de science politique émanant d'un organisme étatique récemment publié en

France traite de l'entrée du monde dans le XXIᵉ siècle avec pour but éthique « d'aider à réduire la part des injustices, de la misère et de la violence [40] ». Il n'utilise jamais le mot « femmes ». Elles disparaissent sous des mentions euphémisantes (« travail non qualifié », « bas salaires »...). Les « inégalités salariales » ne sont vues qu'en termes opposant travail qualifié et travail non qualifié, sans jamais faire référence à celles qui sont dues au sexe. Le texte argumente sur les besoins en temps des « jeunes parents » ou du « couple », là où l'on sait que le temps investi est majoritairement celui des femmes. Il n'est nulle part question de discriminations dans l'accès à l'éducation et aux soins, de même que n'est jamais posé le problème de l'inégalité entre les hommes et les femmes, qui est pourtant une question cruciale pour la démocratie et le développement, pas plus que ne sont évoquées des discriminations ou des violences spécifiques à l'encontre des femmes. Ce déni intellectuel, cette étonnante oblitération, se retrouve aussi dans des ouvrages publiés par l'université des Nations unies [41].

Il s'agit là de travaux scientifiques, en politologie ou en économie. On peut faire la même remarque pour bien d'autres disciplines. C'est depuis peu qu'émerge une histoire des femmes. Même dans la description et le souvenir de grands faits historiques récents, la discrimination existe. On a pu montrer [42] que les camps français réservés aux femmes de Rieucros et Brens, où étaient enfermées Espagnoles, Allemandes, Polonaises, Françaises juives et aussi Françaises au comportement contraire à l'« ordre public » (prostituées ou célibataires aux actes jugés indécents mais aussi militantes politiques), ces camps sont restés en marge de l'intérêt des historiens. Face peu connue du régime de Vichy dont « on ne veut pas croire, écrit É. Lamien[43], parce qu'elle ne concerna exclusivement que des femmes, qu'elle fut par la suite considérée comme secondaire ».

C'est par l'absence de contradiction entre le signifié et le signifiant dans leurs propres paroles et dans leurs écrits que les organisations internationales et nationales peuvent espérer délivrer un message sans ambiguïté. Encore faudrait-il que ce discours soit soutenu en son entier et sans restriction par les esprits qui le promeuvent.

Ce travail de vigilance doit être accompli partout : dans la recherche scientifique, dans la presse, dans les milieux des sports et de la publicité, de la télévision, dans les manuels scolaires, dans la vie quotidienne..., qu'ils soient accomplis par les acteurs quelle que soit la sphère d'action ou par des groupes d'observation telles les « Chiennes de garde », mobilisées au départ contre les injures sexistes adressées aux femmes politiques, ou « Encore féministes ! », qui mène campagne contre les publicités outrageusement sexistes.

Saluons ici les chroniqueurs du *Monde*, journal dont les écrits nous ont souvent servi de référence, pour le travail de vigilance qu'ils accomplissent. Pierre Georges qui épingle avec humour des faits marqués du sceau de la discrimination mentale naturellement assumée, comme un sondage auprès de femmes pour savoir si elles tiennent compte du vote de leur mari dans leur propre vote, ou un autre qui demande, toujours aux femmes, leurs préférences à la simple aune de la séduction des candidats masculins[44]. Pourquoi jamais l'inverse ? Ou Alain Rollat qui reconnaît, au vu des images d'une émission de télévision, que « le dénominateur commun à toutes les atrocités conjuguées par le genre humain est invariablement du sexe féminin

[...], son martyre toujours mis en scène au centre d'un cercle d'hommes qui en rient[45] ». Ou encore Michel Dalloni, au moment des Jeux de Sydney, qui relève avec esprit les paroles d'un commentateur sportif après la victoire d'un champion du pistolet à dix mètres – « sûr de lui mais souriant, fier mais modeste, triomphant mais calme » – qui venait par sa victoire de venger sa coéquipière « victime de la pression ». Y aurait-il donc « une faible femme [...] une Cendrillon olympique à consoler ? ». Va, champion, « offre-lui ta médaille ! Et murmure à l'oreille comme nous rêvons de le faire : "Heureusement que je suis là, hein"[46] ! »

Savoir se corriger soi-même en mettant ses actes, y compris linguistiques, en accord avec ses principes ; avoir à cœur de montrer, de faire comprendre des mécanismes cachés, d'ouvrir des yeux jusqu'ici fermés ; aider de façon concrète, même aux niveaux les plus humbles, à la réalisation d'un pas vers l'égalité : telles sont, me semble-t-il, les recommandations que l'on peut faire à tous les êtres humains de bonne volonté, en préalable ou en accompagnement aux actions politiques (envisagées dans la troisième partie de ce livre), simplement parce que la prise de conscience et une esquisse de changement de regard sont nécessaires pour espérer parvenir à ébranler la vision du monde ancrée dans nos têtes plus fortement encore que dans les comportements qui la traduisent.

CHAPITRE 3

LA DIFFÉRENCE DES SEXES
DANS L'« ÉGAREMENT CONTEMPORAIN » *

Dans le titre de ce symposium repris comme titre de ce chapitre figurent, associées sans crier gare, l'affirmation d'une réalité – la différence des sexes – et celle d'une hypothèse ou d'une vue de l'esprit : l'égarement contemporain.

Le texte de présentation me conforte, moi qui pense en anthropologue, dans l'idée que cette association établie comme non questionnable et évidente relève du même objet d'étude qui me motive depuis des années : celui des ensembles de représentations symboliques autour du corps sexué. Que dit cette présentation ?

« L'évolution des mœurs autant que les progrès de la génétique ont remis en jeu certaines des catégories les plus anciennes de l'humanité. Parmi elles, la différence des sexes est sans doute la plus importante. Toutes les civilisations se sont fondées sur la distinction

---

* Conférence prononcée au Xe symposium organisé par le Collège des études juives à Paris le 14 mars 1999 sous ce même titre.

entre masculin et féminin et l'attribution de rôles sociaux différents aux hommes et aux femmes.

« Si le débat sur le partage des rôles trouve toute son actualité après des millénaires de dépendance des femmes, l'égarement concernant la définition des identités masculine et féminine pose un problème bien plus grave, car il remet en jeu les fondements mêmes du genre humain et son avenir. »

Plusieurs assertions méritent en effet commentaire :

– L'évolution des mœurs et les progrès de la génétique remettent en jeu « certaines des catégories les plus anciennes de l'humanité » : est-ce si vrai ? à quel point et comment ?

– « Parmi » celles-ci figure la différence des sexes, c'est-à-dire qu'elle ne serait qu'une parmi d'autres : n'est-elle vraiment qu'une parmi d'autres et quelles sont les autres catégories fondamentales ?

– Les « civilisations se sont fondées sur [cette] distinction et [sur] l'attribution de rôles sociaux différents aux hommes et aux femmes » ; c'est vrai, et non seulement des civilisations mais de toutes les cultures humaines, y compris dans les sociétés les plus humbles et considérées comme les plus primitives, mais s'agit-il seulement de rôles sociaux différents ?

Le deuxième paragraphe du texte admet qu'il est normal de débattre du partage des rôles, compte tenu des millénaires de dépendance des femmes, mais présente fortement l'idée que « l'égarement concernant la définition des identités masculine et féminine [...] remet en jeu les fondements mêmes du genre humain et son avenir ». Qu'est-ce à dire ? Comment définir ce supposé « égarement » ? Si l'on y parvient, quelle est sa prégnance dans le monde contemporain, celui où figurent les sociétés développées mais aussi les autres, qui ne se sont pas développées au même rythme ? Et si « égarement » des identités masculine et féminine il y a, est-ce un danger pour le genre humain ou un bienfait, sinon pour le genre humain en son entier lequel inclut le genre masculin mais spécifiquement pour le genre féminin ? D'où peut-être le doute : le danger annoncé pour le genre humain n'est-il pas en fait redouté spécifiquement pour le genre masculin ?

Questions de définition

Le symposium s'intéresse plus à ces problèmes de définition qu'à celui de la hiérarchie dans l'ordre du pouvoir, déclare un troisième paragraphe du texte de présentation. Néanmoins, d'entrée de jeu, je déclare qu'on ne peut faire l'économie, non d'une analyse des hiérarchies dans l'ordre du pouvoir, mais de l'ensemble des systèmes construits de représentation qui ont occupé la place avec une troublante homogénéité universelle pendant ces « millénaires de dépendance des femmes ». Pourquoi est-ce ainsi ? Quelle est la légitimité de cette dépendance, domination jugée naturelle d'un côté, soumission requise et jugée tout aussi naturelle de l'autre ? Et en quoi cette construction inégalitaire définirait-elle une « nature » et une « identité » respectivement masculines et féminines, qu'il conviendrait de maintenir à tout prix parce qu'elles seraient considérées, cette nature et cette identité, comme en quelque sorte naturellement fondées, immuables et en définitive sacrées ?

Commençons par le problème que pose l'usage du mot « égarement ».

Que veulent dire en effet « s'égarer », « être égaré », « égarement » ? Au sens propre, d'après le Littré, être « égaré », c'est perdre son « chemin », et plus avant : « sortir du droit chemin », et même « quitter le chemin de la vertu, de la religion, du devoir ».

L'égarement, c'est aussi « l'état d'un esprit qui s'abuse », un « dérèglement » de cœur ou d'imagination.

Égarer, c'est « détourner du droit chemin », « jeter dans l'erreur, tromper », « faire quitter la ligne du devoir » ; et s'égarer, c'est « se fourvoyer, se tromper, quitter le droit chemin », « tomber dans l'égarement de l'âme » ou « de l'esprit ».

On le voit, le mot n'est pas neutre. Il est même au contraire fortement connoté, car, au-delà de la perte de repères, il suppose l'erreur, le dérèglement, le détournement, le fourvoiement. C'est-à-dire un décalage funeste par rapport à la norme, au juste, au vrai. Ce qui est, on l'admettra, un présupposé, une assertion qui demande preuve. Y a-t-il réellement dérèglement par confusion et perte de repères, et si oui, ce détournement d'un chemin tracé d'avance est-il fondamentalement néfaste ?

La différence biologique suffit-elle pour fonder la domination ?

J'ai choisi de répondre à cette question en posant à mon tour une question : la différence biologique suffit-elle pour fonder la domination masculine ? Je suis ce faisant à la recherche des critères de légitimité de la domination – universelle, faut-il le rappeler, même si elle présente des variations dans son extension – du masculin sur le féminin, entraînant non seulement l'existence de rôles sociaux différents mais la dépendance stricte des femmes, dont il nous est dit par ailleurs qu'il s'agit des fondements mêmes du genre humain et des conditions de son avenir.

À la question que je viens de poser, je réponds « oui ». Oui, la différence biologique a suffi et suffit encore pour fonder la domination masculine. Mais « fonder », au sens d'établir et de maintenir, non au sens de justifier. La mise en évidence des ressorts logiques de cette domination nous éclaire, non sur l'existence d'un *destin* immuable, naturel, éternel, inquestionnable et sacré, mais sur le caractère contingent d'une histoire qui a dépendu de l'observation du réel, certes, d'interrogations métaphysiques et de constructions mentales découlant de ces observations et aboutissant à créer des systèmes de représentation durables, mais observations et interrogations conduites avec les seuls moyens fournis par les sens, dont on peut penser légitimement qu'ils ne sont plus suffisants aujourd'hui même pour la simple description du réel.

Par système de représentations symboliques (ici autour du corps, et du corps sexué), il faut entendre ces ensembles conceptuels extrêmement solides qui fonctionnent de manière implicite dans l'esprit des humains de quelque culture que ce soit et dans leurs discours, attitudes et comportements. Les éléments qui les composent se fortifient les uns les autres, ils se soutiennent, s'épaulent et s'équilibrent tel un faisceau d'armes qui ne tient que par leur concours faisant support quand aucune ne peut tenir debout par elle-même. Dans ces associations conceptuelles nécessaires, la *valence différentielle des sexes* (notion que j'ai établie dans *L'Exercice de la parenté* et explicitée davantage dans *Masculin/féminin*) est un des tout premiers fondements, et peut-être le principal élément de liaison des concepts qui constituent autant d'armes du faisceau. À l'intérieur de chaque culture, les invariants décelés (c'est-à-dire des cadres généraux) sont remplis par des contenus variables certes, mais qui ne contredisent pas l'organisation générale à l'échelle de l'humanité.

À l'échelle de l'humanité, les organisations symboliques et les organisations sociales qui en découlent impliquent, on le sait, et la démonstration ethnologique n'a plus à être faite, une étroite mise en dépendance des femmes dans tous les secteurs : une exclusion des domaines politique, économique, culturel, religieux ; une affectation quasi exclusive à la sphère du domestique (au double sens que les femmes y sont attachées et que les hommes n'y sont pas) ; une privation parfois radicale de l'éducation, de la pensée, de la parole, de la libre décision ; une dévalorisation de leurs activités et de leur être propre qui peut même être qualifiée de dénigrement systématique[1] ; une assignation à n'exister que comme épouses et surtout mères, jamais comme individus à part entière et à égalité avec les hommes.

Rappelons cependant que la réponse positive que je viens de faire à la question posée ne signifie pas, loin de là, que je considère que les cadres conceptuels invariants – modèle archaïque dominant – tiennent leur stabilité et leur permanence de caractéristiques naturelles des sexes, objectives, mesurables, physiques et mentales. Nous avons vu dans la première partie (chapitre 3) combien il serait logiquement ardu de partir de la plus grande douceur de la peau ou de la voix des femmes par rapport à celles des hommes pour justifier l'imputation à la féminité des qualités de passivité, soumission, dévouement. Elle signifie que c'est à partir de l'observation, de ces caractères peut-être aussi, mais surtout du fait physiologiquement étonnant que les femmes avaient seules la possibilité de faire les enfants et, chose encore plus inouïe, de reproduire le sexe masculin, que s'est mise en marche la machine conceptuelle apte à donner du sens, qui a utilisé la totalité des faits observables pour les classer, les hiérarchiser, et en tirer les conclusions jugées nécessaires à la poursuite de la vie des groupes humains.

La valence différentielle des sexes est un phénomène si massif qu'il en devient invisible, comme un donné naturel non questionnable, alors qu'il n'est pas naturel et qu'on est en droit de le questionner. Ainsi, le privilège confisqué est devenu handicap. Pour que la confiscation soit irréversible, les femmes ont été partout confinées dans un rôle de procréatrices domestiques, exclues de l'usage de la raison, exclues du politique, exclues du symbolique. C'est à ce dernier point que joue la force physique de l'homme. La contrainte par la force n'est pas première pour expliquer la domination masculine ; mais elle vient à l'appui du mécanisme complexe d'appropriation que je viens d'expliquer, qu'elle contribue à rendre stable et où, selon le mot heureux de Choderlos de Laclos repris par Nicole-Claude Mathieu : « Céder n'est pas consentir[2]. »

La pierre de touche

Pour comprendre la domination du masculin sur le féminin, il suffit alors de voir que la fécondité féminine est la *pierre de touche* et non pas la différence sexuée proprement dite ou la « nature » infuse dans l'un et dans l'autre sexe. Si les femmes n'avaient pas eu ce pouvoir exorbitant de produire les deux sexes et surtout de produire les fils à l'image des hommes, le monde fonctionnerait de façon très différente, ainsi que nos systèmes de pensée. C'est le lieu même d'une supériorité qui devient le lieu de l'infériorité dominée, par le même mouvement de bascule ou d'ambivalence qui fait du couple fécondité/stérilité un *Janus bifrons*. Le moteur de la domination est dans le contrôle de la fécondité, qui a eu lieu pendant la période fertile des femmes, et l'échange des femmes est ainsi une façon de répartir en paix et équitablement la vie entre des groupes d'hommes en répartissant en quelque sorte des ressources indispensables rares.

Dans cette optique, seule compte la période fertile des femmes, ce qui explique les changements de statut qui portent sur les fillettes impubères ou les vierges (statut conceptuel, car socialement elles sont le plus souvent étroitement surveillées), ou les femmes ménopausées surtout, comme on l'a vu plus haut.

Tout ce qui précède est issu de l'observation ethnologique. Si la fécondité est le lieu central de la domination du masculin, il s'ensuit du même mouvement que la prise par les femmes du contrôle de leur propre fécondité revient pour elles à sortir du lieu de la domination. Là est le levier d'un changement majeur pour l'humanité tout entière. Car il n'y aurait pas de sens, on en conviendra, que ce changement n'affecte qu'une partie de l'humanité. Le confiner de la sorte serait d'ailleurs lui ôter toute viabilité.

L'opposition entre identique et différent est tellement fondamentale qu'il n'est pas possible de l'esquiver. Mais cette différence n'implique pas comme corollaire obligatoire l'inégalité hiérarchisée absolue, dans les termes que nous connaissons. Celle-ci est fonction de l'appropriation de la fécondité féminine. Si les femmes se réapproprient par la contraception le contrôle de leur fécondité, elles changent *ipso facto* les règles non seulement sociales mais conceptuelles du jeu.

Changer les règles du jeu

Et cela de deux manières. Premièrement, en étant des partenaires à part entière, non seulement elles ont leur mot à dire sur le choix de l'enfant, celui du nombre d'enfants désiré, du moment opportun, et surtout du partenaire qu'elles souhaitent, mais elles redonnent son importance entière à la « matière » qu'Aristote considérait comme inerte et soumise. Ainsi, nous n'aurons sans doute plus la chance d'entendre prononcer à la Chambre des députés, dans la bouche d'un député hostile à la loi Neuwirth, cette phrase qui résume ce que je viens d'exposer avec une très grande économie de moyens : si on accordait aux femmes la liberté de contraception, les « hommes perdraient la fière conscience de leur virilité féconde ». En quatre mots (conscience, virilité, fécondité, fierté), tout est dit du lieu profond de la domination.

Deuxièmement, ce faisant, elles accèdent d'abord à la dignité et à l'égalité, et, de plus, elles permettent de rendre pensable non un renversement de toutes les hiérarchies catégorielles des notions qui gouvernent nos systèmes de représentations, mais du moins un meilleur équilibre ou une nouvelle répartition qui ferait que le négatif ne serait pas automatiquement associé au pôle féminin ni le positif au pôle masculin. Le renversement n'est pas souhaitable. Ce serait remplacer une inégalité, une oppression, par une autre.

Nous connaissons maintenant le rôle partagé joué par les gamètes masculins et féminins dans la conception ; nous savons que la stérilité peut être masculine ; nous savons que l'hérédité, la ressemblance ne sont pas le résultat d'une lutte entre la matière et le souffle, et que la fabrication d'un garçon n'est pas une implantation exogène faite par le père au corps défendant de la mère.

Les changements fondamentaux dans l'observation des faits biologiques de la procréation ne se sont produits que depuis deux siècles, depuis la découverte contestée, à la fin du XVIIIe siècle, par de Graaf et Loewenhoek, des ovocytes et des spermatozoïdes. Il a fallu du temps encore pour que l'opinion savante puis commune admette leur commune responsabilité. On a longtemps débattu du rôle de chacun, les camps scientifiques opposés entendant placer l'entière responsabilité de la procréation d'un nouvel être dans l'un seulement à l'exclusion de l'autre – tout dans l'ovule ou tout dans le spermatozoïde – sans envisager la fusion, la nécessaire combinaison des deux et le double apport. Le système chromosomique, la combinaison génétique, l'ADN et les empreintes génétiques ne sont connus que depuis fort peu de temps dans l'histoire de l'humanité.

Si donc les premiers fondements des systèmes humains de représentations qui fonctionnent et nous gouvernent encore sont totalement erronés, si donc ces prémisses étaient fausses par défaut d'observation au cœur de la matière, devons-nous en conserver les conclusions qui ont installé la domination masculine comme si ces conclusions étaient naturellement, biologiquement fondées ? Si les données du problème étaient mal formulées, devons-nous continuer à considérer comme juste la solution qui lui a été apportée et à nous servir de cette solution pour guider nos choix et comportements individuels et collectifs ?

Les engrenages du symbolique

Nos systèmes globaux de représentation constituent un engrenage de la pensée qui associe observation, critique de l'observation, rationalisation en ensembles structurés et cohérents, et transcription dans l'ordre symbolique et dans l'ordre social. Des changements radicaux de l'observation, dus aux nouvelles échelles où nous la situons et à ses nouveaux moyens techniques, doivent entraîner *ipso facto* un ébranlement et un réaménagement de ce qui en découle, peut-être même une révolution au sens littéral du terme. Les cadres invariants tiennent à la façon dont l'observation a été conduite et interprétée. De ce point de vue, ils peuvent changer ou plus vraisemblablement leur contenu peut changer. Il faudra certainement beaucoup de temps pour que nos systèmes de représentations changent radicalement, au sein de chaque individu, de chaque institution, dans toutes les cultures, pour toute l'humanité. Des acquis techniques comme la contraception, et leur acceptation politique qui donne aux femmes le statut de décideur et donc d'individu, facilitent sans doute et rendent plus rapide ce changement que ce ne serait le cas si l'on se contentait de l'énoncé de la commune responsabilité masculine et féminine dans la procréation. Il prendra sans doute encore des siècles sinon des millénaires avant de concerner toute l'humanité. Il est normal que sa mise en place progressive dans nos sociétés développées contemporaines implique ce qui peut être perçu comme des effervescences, des excès ou des erreurs.

Si l'« égarement contemporain » dont il est question ici est ce qui brouille les affectations hiérarchisées de catégories binaires où le féminin occupe systématiquement le pôle inférieur et dévalorisé (malgré les apparences des cultes de la Mère ou de la Vierge), et qu'on y parvienne grâce à la reconquête féminine du lieu de la domination – c'est-à-dire par la maîtrise par les femmes de la procréation, de leurs maternités, en fonction de leur désir propre et de leurs intérêts en tant qu'individus à part entière au même titre que les hommes –, alors cet égarement est bon. Pour suivre la métaphore, ce n'est pas sortir du chemin : les femmes gardent leur pouvoir de reproduire les deux sexes et elles ne s'y refusent pas lorsque ne leur est pas dénié le statut de « personne ». Des études récentes montrent que, malgré les grandes inégalités professionnelles dont elles sont victimes, les femmes font les enfants qu'elles souhaitent lorsque leur sont fournis les moyens de concilier travail et famille ainsi qu'on l'a montré dans le chapitre précédent.

Ce sera simplement sortir d'une ornière de pensée. Les rôles physiologiques étant inchangés mais perçus différemment, ce qui changera, ce sont les habitudes mentales, les jugements paresseux, les intérêts égoïstes, l'idée que chacun se fait de l'Autre sexué.

La volonté égalitariste, en tant qu'excès qui prône non l'égalité de droit mais l'indifférenciation entre les sexes et dont on nous dit qu'elle menace l'identité sexuée, tout comme la volonté différentialiste absolue ne sont que les extrêmes les plus visibles d'une chaîne reliant entre elles les différentes manières de concevoir le rapport du masculin et du féminin, du Soi et de l'Autre, de l'identique et du différent. L'indifférenciation n'est pas l'identité, laquelle suppose l'existence de la différence. Point d'identité sans différence pour lui donner son sens et sa vérité. Vouloir parvenir à l'indifférenciation entre les sexes, c'est ne pas tenir compte d'un donné avec lequel le vivant doit composer, à savoir l'existence de la différence sexuée. Tout processus visant à l'indifférenciation porte en germe la recréation de systèmes permettant des identifications partielles et donc la recréation de différences, même si des jeux d'apparence cherchaient à faire que cette création nouvelle ne soit pas la différence sexuée. Au rebours, la volonté différentialiste absolue nie qu'il puisse y avoir compréhension, échange, complémentarité, coopération. C'est la négation de l'Autre en tant qu'il est Autre. Or la lutte contemporaine pour que les femmes accèdent à la liberté et à la dignité de personne, menée à la fois par des femmes et par des hommes sensibles à la vérité de cette action et qui acceptent de perdre ou de concéder une partie de leurs privilèges, cette lutte a pour objet un rééquilibrage politique, intellectuel et symbolique des catégories qui forment le social pour aboutir à une situation plus juste et plus cohérente avec nos savoirs, et non un renversement qui reproduirait un système d'inégalité. Aussi, sous leurs formes grossières mais qui frappent le plus les imaginations, ces deux tendances ne sont que des épiphénomènes, une écume des choses, à l'échelle du grand mouvement de rééquilibrage des deux moitiés de l'humanité.

TROISIÈME PARTIE

Solutions et blocages

CHAPITRE PREMIER

LES FABRICATIONS POSSIBLES ET PENSABLES D'UN PRODUIT HUMAIN

Un message, promptement véhiculé par les médias, mais aussi parfois par des politiques et même par des scientifiques, consiste à dire que les prouesses techniques contemporaines dans le domaine de la fabrication artificielle de produits humains devraient changer non seulement à long terme nos modes globaux de représentation du monde, mais aussi, de façon plus sociologique et avec des effets rapidement et aisément repérables à moyen terme, nos modes de filiation et d'organisation familiale d'une part, la nature de la relation vécue mais aussi pensée entre hommes et femmes d'autre part. Soit d'emblée un présupposé et une confusion.

Un présupposé. Si l'organisation de la famille change en effet et laisse place de plus en plus aux familles « monoparentales », c'est-à-dire, de manière plus explicite et plus vraie, aux familles « matricentrées » autour de femmes seules qui élèvent leurs enfants, ou aux familles dites « recomposées », cela n'est pas foncièrement dû à l'utilisation considérée comme naturelle de nouveaux modes de procréation, donc de techniques, mais à la combinaison de divers facteurs parmi lesquels on trouve en bonne place la vision traditionnelle du rapport homme/femme mais aussi l'amenuisement de la notion de responsabilité et d'engagement contractuel réciproque avec, corollairement, l'augmentation du désir des individus à « jouir sans entraves » de leur liberté. On observe donc, d'une part, qu'il n'y a pas de contradiction entre ces formes nouvelles de famille, sociologiquement observables, et la reconduction et la persistance de schémas archaïques de pensée qui légitiment la domination du masculin et la répartition des rôles ; et, d'autre part, que ces modifications ne sont pas dues seulement à l'introduction de la technique dans le domaine de la procréation, mais à des combinaisons plus complexes de causes où l'invention technique proprement dite n'a d'effet qu'indirectement, en tant qu'elle laisse accroire aux individus que tous leurs désirs peuvent être rendus possibles puisqu'ils sont devenus pensables et réalisables.

Une confusion. Elle est faite entre les deux notions pourtant distinctes d'applications techniques et de connaissance scientifique. Or ce qui peut influer sur les modes de représentation ordinaires et particulièrement sur le rapport homme/femme qui figure en leur cœur, ce ne sont pas les techniques d'application proprement dites mais ce qui les a rendues possibles, à savoir les percées de la connaissance, comme nous l'avons dit à plusieurs reprises. Mais leur action est lente, en fonction d'une alchimie particulière, qui prend du temps et nécessite un assentiment politique global, parce qu'elle doit agir en profondeur par une éducation qui en généralise progressivement l'appropriation par le plus grand nombre, et parce qu'elle implique l'intériorisation opérée par chacun et par tous des nouvelles donnes du savoir.

Or, si la révolution des savoirs est peut-être à même de bouleverser dans le long terme l'ensemble des soubassements de la connaissance du réel sur lesquels ont été construits tous les systèmes connus de représentations, en revanche, l'application technique, qui se fait à court terme, dans la foulée immédiate de la découverte, se place quant à elle, nécessairement et rigoureusement, dans le cadre du système de représentations qui a cours au moment de sa réalisation. Bien sûr, cela est vrai aussi de la découverte scientifique : elle a lieu, elle surgit, dans un monde donné de convictions, de croyances et de comportements. Mais le changement de paradigme qui s'ensuit, s'il prend déjà du temps dans le domaine scientifique avant de devenir un nouveau paradigme dominant, en nécessite encore plus dans le registre social des idées partagées et dans les manières d'être et de faire. L'application technique a lieu tout de suite avant la révolution des esprits et elle s'accommode de l'état des lieux.

Il serait difficile de donner une image de l'anthropopoïèse contemporaine sans avoir une quelconque idée à la fois de l'imaginaire des cultures qui ont inventé, administré, géré de nouvelles formules en ce domaine, techniques ou institutionnelles, des schémas qui se construisent implicitement ou non dans le discours anthropologique lui-même, mais aussi et surtout du schéma global propre à toute l'humanité et des contraintes fortes et immuables qui régissent à la fois la vie humaine et sa reproduction.

Les fantasmes de l'humanité

Mais cela ne suffit pas pour expliquer pourquoi la procréation artificielle d'êtres humains – artificielle en ce qu'elle fait intervenir des tiers et qu'elle a lieu en dehors du rapport sexuel générateur grâce à des actes qui sont de plus en plus complexes – a peu de chances d'induire à elle seule un changement radical dans le rapport homme/femme. Car l'observation historique et ethnologique nous montre que ces manipulations se greffent sur un même fonds fantasmatique qui, loin d'être exclusivement contemporain, existe en fait de toute éternité, parfaitement intégré à la domination masculine et sachant en tirer parti.

Il me semble en effet que, quels que soient les époques et les moyens utilisés, l'ensemble des manipulations imaginaires ou réelles du vivant relève du même socle dur d'observations sur lequel butent les fantasmes humains : nous naissons et nous mourons et nous ne procréons que dans le temps fini de notre vie ; le rapport sexuel entre un homme et une femme est nécessaire pour procréer ; seules les femmes enfantent et elles enfantent les enfants des deux sexes, ce qui leur confère un privilège exorbitant et la responsabilité de la fécondité et de son envers, la stérilité ; un enfant ne naît que d'une seule mère ; l'ordre générationnel des naissances n'est pas réversible.

Ainsi tout rêve en ce domaine ou toute manipulation réellement effectuée relèvent peu ou prou de trois objectifs étroitement liés. Le premier est d'échapper aux contraintes de ce donné « naturel », ainsi du rêve d'immortalité ou de l'imagerie de l'homme enceint, et surtout, parmi ces contraintes toutes-puissantes, échapper à celle qu'impose le privilège du féminin, ou même à l'obligation du rapport sexuel pour toute procréation.

Un deuxième objectif puissant est le rejet de l'altérité : se reproduire soi-même est la manière parfaite de supprimer l'obligation de reconnaître la nécessaire altérité.

Si ce rêve pouvait se réaliser, serait atteint le troisième objectif : construire la société idéale régie par l'entre-soi, qu'il s'agisse de l'entre-soi de la consanguinité et de la territorialité qui l'accompagne, ou de l'entre-soi du genre : être avec ceux de son sexe, c'est-à-dire dans les deux cas dans des lieux fantasmés de reconnaissance mutuelle, de sécurité et de facilité à vivre.

Bien sûr, les techniques modernes de procréation servent avant tout à pallier la stérilité humaine. On y reconnaît cependant à l'œuvre, tant dans l'insémination artificielle que dans toutes les techniques de fécondation *in vitro* avec transfert d'embryons (**FIVETE**) quelques-uns des fantasmes relevant de l'imaginaire patrimonial de l'humanité : le rapport sexuel devenu non nécessaire (la rencontre des gamètes, oui, au moins jusqu'au clonage, mais non l'aspect physique du rapport charnel), le dépassement des contraintes temporelles grâce à la congélation, la possibilité d'avoir plusieurs mères et non une seule, ou même (au moins pour ce qui est des hommes), la possibilité de procréer encore après la mort.

La preuve en est à la fois le constat objectif de ces ouvertures telles que les offrent les techniques de façon évidente de par leur existence même et leurs effets, et de par le discours officiel ou populaire qui les entoure, mais aussi le fait que toutes ont connu des antécédents institutionnels dans des sociétés variées [1].

On peut relever en effet dans l'ethnographie de nombreux équivalents sociaux de l'insémination artificielle avec donneur, où l'enfant est toujours attribué au père social. Les équivalents de la FIVETE avec don d'ovocytes ou d'embryons par une donneuse se traduisent par le don d'enfants, les « locations de ventre » comme dans la Rome antique, ou l'indifférenciation de l'attribution des enfants à plusieurs « mères » comme on le voit dans certains systèmes familiaux de polygamie. Enfin, certaines sociétés font procréer des morts, dissociant les rôles de géniteur et de *pater* en ce cas, qu'il s'agisse du lévirat lorsque l'épouse du mort remariée à un parent de celui-ci procrée au nom du défunt, ou du fameux mariage fantôme des Nuer d'Afrique orientale, où c'est le capital versé pour une femme en compensation matrimoniale au nom d'un défunt qui signe la paternité sociale de celui-ci et non du géniteur. On voit également dans ces exemples la dissociation opérée entre rapport sexuel, procréation et paternité/maternité, et la façon dont ces systèmes et institutions s'accommodent de la domination masculine.

La loi du groupe et la filiation

Ainsi, toutes les formules qu'on croit neuves ont déjà été expérimentées socialement parce qu'elles correspondent aux mêmes rêves archaïques. Elles sont donc possibles socialement parlant. Cependant, pour qu'elles fonctionnent comme des institutions, il faut qu'elles soient soutenues sans ambiguïté par la loi du groupe, qu'elles soient inscrites fermement dans la structure sociale et qu'elles correspondent aux représentations locales de la personne et de l'identité.

La loi du groupe doit désigner clairement les éléments qui fondent la filiation, le droit à succéder et à hériter. Même et surtout dans les situations patrilinéaires les plus extrêmes, il n'y a de doute pour aucun des acteurs sociaux sur l'identité du *pater*, de celui par qui passe la filiation. Les rôles peuvent être éclatés, l'investissement affectif comme la très juridique possession d'état être coupés de la filiation, celle-ci existe et il ne peut y être attenté par simple décision individuelle. Procréation et filiation servent des intérêts collectifs. Le droit collectif qui fonde le social passe avant la revendication individuelle. Ainsi ces sociétés n'ont pas deux codes à effets contradictoires, en ce qu'elles excluent le primat de l'individuel et du biologique.

En revanche, depuis 1972, le droit français fait coexister ces deux codes à effet contradictoire.

Outre la filiation qui peut être déterminée par le caractère de légitimité, par la volonté et par la possession d'état, le droit français reconnaît désormais pour établir la filiation le critère de vérité génétique et l'a rendu opposable aux trois autres, introduisant la double prééminence, d'une part, du désir variable de l'individu sur l'intérêt collectif (et par la révocabilité de la filiation préalablement établie par les autres modes, celle de l'intérêt de l'adulte sur celui de l'enfant), d'autre part, du gène sur la loi, c'est-à-dire d'une vérité soi-disant naturelle parce que biologique sur la règle qui institue la société (ce qui est une forme de barbarie).

On trouverait derrière une sorte d'utopie politico-médiatique qui consiste à croire en la possibilité de créer *ex nihilo* de nouvelles formes de filiation. Or il n'en est rien, dans la mesure où, quels que soient les effets des techniques, il faut toujours à la procréation du masculin et du féminin et qu'il n'y a, découlant de ce fait, pas d'autres systèmes de filiation possibles que ceux qui résultent de la combinatoire des positions sexuées respectivement des parents et des enfants, c'est-à-dire dus au caractère sexué de l'humanité et de la procréation. Ce qui donne six grands types structuraux possibles : patrilinéaire, matrilinéaire, bilinéaire, parallèle, croisé, cognatique ou indifférencié, le système de filiation français relevant du dernier type.

Il pourrait en aller autrement dans deux occurrences : si le clonage devenait la règle de la reproduction (et encore pourrions-nous retomber dans le système de la filiation parallèle, peu usité sinon inexistant, mais potentiellement possible puisque pensable), et si se réalisaient des sociétés utopiques, du type de la société platonicienne, où les enfants sont délibérément coupés de leurs géniteurs. Dans cette forme étatique, il n'y a pas d'autre filiation que celle directe à l'État, il n'y a plus de famille, de résidence familiale, de succession, d'héritage, de nom, de qualités ou de traits transmissibles, ce qui fait beaucoup, on en conviendra. Même s'il y a eu des essais historiques de réalisation plus ou moins approchée de ce modèle, il demeure utopique.

L'idée du clonage devenue possible car pensable

Qu'est-ce qui change avec l'idée du clonage comme mode de « reproduction humaine » ? Il s'agirait dans ce cas de pure reproduction et non plus de procréation, certes. Cependant, si nous nous attardons du côté de la technique, nous voyons que le clonage ne permet pas de se reproduire tout seul. S'il n'y faut plus les gamètes de l'autre, il y faut toujours du féminin. En effet, un ovule, dénucléé, dépourvu de son programme génétique, est ensemencé non par une cellule germinale mais par une cellule ordinaire prélevée sur un organe quelconque (chez la brebis Dolly il s'agissait d'une cellule des mamelles) d'un organisme masculin ou féminin, pour être ensuite implanté dans l'utérus d'une femelle porteuse. Ainsi, il faut toujours un tiers, sinon deux. Il faut toujours du féminin.

Dolly la brebis est censée n'avoir génétiquement qu'une mère, à qui elle ressemble comme deux gouttes d'eau, qui a fourni la cellule ensemenceuse et dont elle est le clone ; mais il lui a fallu, pour venir à l'existence, bénéficier du recours à deux autres « mères » : celle qui a fourni l'ovule, celle qui a porté. Il me semble que personne n'a encore envisagé le scénario où sur un même individu de sexe féminin serait fécondé un de ses propres ovules dénucléé par une cellule non germinative, neutre, prélevée sur son propre organisme, avec réimplantation dans son propre utérus. Ce serait le clonage parfait, qui ne pourrait être que féminin.

Pour le moment, les essais de clonage n'ont eu lieu que sur l'animal (brebis, bovins, chats, singes, etc.) et dans un but très particulier : reproduire très vite, grâce à des mères dont les unes sont porteuses et les autres donneuses d'ovocytes, des animaux rares préalablement génétiquement transformés et porteurs d'une caractéristique spécifique, utile à l'homme. Il s'ensuit que le temps normal de la gestation par cet animal transformé serait du temps perdu. Par ailleurs, la reproduction sexuée normale ferait peut-être perdre à la génération suivante le bénéfice de la transformation opérée.

Il existe une autre forme de clonage, beaucoup plus simple et plus conforme aux faits naturels : c'est la reproduction multiple, de type gémellaire homozygote.

Elle aussi est pratiquée sur l'animal pour satisfaire des besoins humains et pose moins de problèmes que l'autre. Une cellule femelle d'un animal sélectionné pour ses capacités particulières de production (lait, viande, etc.) est fécondée par une cellule mâle d'un animal choisi pour ces mêmes qualités : après mitose, elle est découpée au scalpel pour fabriquer à partir d'elle un nombre – qui, jusqu'ici à ma connaissance, n'a pas dépassé huit – de cellules fécondées identiques qui sont implantées dans l'utérus de bêtes ordinaires. Ainsi, on utilise au maximum le potentiel ovulatoire de ces bêtes aux capacités rares sans avoir à attendre qu'une gestation soit menée à terme pour renouveler le prélèvement d'ovocytes. Ce type de clonage est plus ancien que l'autre et on le réussit sans trop de problèmes techniques. Dans ce cas, les gamètes mâle et femelle sont toujours là. Rien n'interdit d'imaginer une combinaison des deux techniques de clonage, c'est-à-dire la division, après mitose, d'une cellule qu'on aurait clonée selon la première méthode. On aurait eu, ce faisant, par exemple, non pas une, mais huit Dolly. Le passage à l'homme poserait le grave problème du choix des organismes porteurs de ces embryons rares et sélectionnés pour des qualités particulières.

Quelques critiques

Il ne s'agit pas ici de faire l'inventaire des sérieuses critiques, de type biologique ou génétique, que l'on peut faire sur la première procédure. Elles sont nombreuses mais on se contentera d'en énumérer certaines telles qu'on peut les connaître par la littérature spécialisée et par l'écho qu'ont eu les premiers essais réussis dans les magazines et journaux destinés au grand public.

Envisagé comme norme de reproduction, le clonage supprime la diversité génétique. Toutes les techniques de procréation, quelles qu'elles soient, aussi artificielles soient-elles, utilisent les deux gamètes, et donc aboutissent à une création (comme par la voie sexuelle) et non à une simple reproduction, une photocopie. Elles maintiennent ainsi la diversité génétique, ce que le clonage ne fait pas puisqu'il reproduit le patrimoine d'un seul individu.

La question des critères qui permettront de déterminer sur pièces l'exemplaire animal qui mérite d'être recopié en effectif théoriquement indéfini n'est pas résolue.

Le bouturage intensif crée des animaux fragiles, que la diversité génétique, une fois disparue, ne vient plus renforcer. On est ainsi conduit à une sophistication et à une artificialisation de plus en plus grandes, avec perte de richesse en capacités génétiques et risque aggravé de transmission de caractères induits défavorables, comme la non-rusticité par exemple.

En dehors du fait qu'il a fallu un nombre très élevé d'essais (277) pour arriver à un résultat viable dans le cas de Dolly, et même si la quantité d'essais nécessaire a tendance à diminuer dans les différentes équipes qui réalisent le clonage animal, il reste que le coût en ovules fécondables qui doivent être prélevés est très élevé. Par ailleurs, si la célèbre brebis clonée est encore en vie et a même procréé selon les voies normales des agneaux viables, la grande majorité des essais animaux réalisés dans le monde fait état d'animaux pourvus de malformations et d'infirmités diverses qui meurent de façon prématurée. En mai 2000, les chercheurs de l'Institut national de la recherche agronomique (Jouy-en-Josas) faisaient savoir que neuf sur dix clones bovins qu'ils avaient réalisés présentaient de nombreuses anomalies de développement[2].

Enfin, il est vraisemblable – en tout cas, c'est ce que soulignent de nombreux biologistes – que l'âge du clone, celui de ses cellules, soit différent de son âge apparent, celui du cycle de vie qui mène du bébé naissant à la mort. Il serait en fait l'âge réel de la cellule qui a servi à féconder l'ovocyte dénucléé. Les chromosomes de la « créature » présentent des modifications de structure que l'on retrouve chez des animaux plus âgés. Elle n'a pas effacé, en naissant, les traces du vieillissement d'une cellule, rendue totipotente, mais qui n'était pas germinative. Comme titrait *Le Monde* le 3 juillet 1997, Dolly est une « vieille brebis dans un corps d'agnelle ». On peut penser que le deuxième vieillissement, celui de Dolly, vient s'ajouter à celui de sa mère clonée. Ainsi, si l'on devait cloner Dolly, le produit qui en résulterait cumulerait deux vieillissements et ainsi de suite. Il faudrait donc, idéalement, cloner des produits toujours plus jeunes pour contrer les effets du temps. Au moins, à ce fantasme-là, celui d'abolir le temps, résistent toujours victorieusement les lois naturelles.

Quels fantasmes sont en cause dans l'idée du clonage reproductif humain ?

Plusieurs « fantasmes » en effet (en donnant à ce terme une connotation non pas analytique à proprement parler, mais plutôt en lui conférant le sens de ces rêves individuels et collectivement soudés qui portent sur notre vie d'être humain) dont nous avons parlé plus haut sont évoqués, invoqués et tressés en ce domaine. Essayons de les inventorier, et de mettre en évidence les problèmes que le passage à l'acte pour l'humain, et à grande échelle, ferait surgir.

Le rêve d'immortalité d'une personne particulière est celui qui s'impose en premier. C'est aussi celui qui a frappé le plus les esprits : après la mort de cette enveloppe-ci, je resurgirai. Il faut dire que les idées en cours dans quelques religions, de résurrection comme de métensomatose (et non métempsycose), ne sont pas sans poser des questions essentielles pour l'Ego identitaire. Si je reviens en corps, lors de la résurrection, quel corps revient ? Celui de l'âge glorieux de la trentaine ou celui de la sénescence ? L'âge que j'avais à ma mort ou un autre ? Et si je reviens par la greffe de ce quelque chose d'immatériel qui a fait, associé à un corps, mon identité, ce retour peut se faire sous des formes vivantes déplaisantes à imaginer.

L'idée du clonage reproductif supprime au moins la première de ces incertitudes : on peut mettre en réserve, bien avant sa mort, des cellules qui, correctement réactivées, donneront naissance à un autre soi-même en apparence. Mais quel autre soi-même ? Où se situe l'identité ? Dans l'apparence corporelle, dans le déterminisme génétique, ou dans l'expérience vécue, la mémoire, les affects ? Indépendamment de la question de l'âge des cellules (pour que son clone vive assez longtemps, il vaudrait mieux prélever des cellules à reproduire dans sa jeunesse), il est clair que l'individu qui viendra au monde sera un individu autonome, qui vivra sa propre vie. Le clonage ne peut être un transfert de personnalité, de statut, d'imagination, de capacité créatrice. En ce sens, il est visiblement décevant ; car le rêve d'immortalité n'est pas que la cellule soit immortelle, mais que la personne le soit.

Je noterai, au passage, un détail apparemment curieux mais qui en dit long : tous ceux qui expriment le désir de se survivre et la joie à l'idée de pouvoir le faire grâce au clonage (désir différent de celui de pallier une éventuelle stérilité) n'envisagent pas de le faire de leur vivant, c'est-à-dire qu'ils se refusent à envisager l'identité comme double, et la compétition avec un autre qui serait leur propre reflet.

Les possibilités d'un clonage reproductif institutionnellement admis déclenchent en deuxième lieu les fantasmes de sélection, d'uniformité et de totalitarisme. Quel sens donner à la vie dans une société où seuls certains seraient autorisés à se reproduire et à jouir de l'existence, les autres dans cette perspective ne pouvant être clonés (reproduits) que pour le service des premiers ? Ou quel sens donner à la vie dans une société homogène, constituée de lignes où tous les individus seraient génétiquement et en apparence semblables ?

Le fantasme de sélection renvoie à l'idée de l'eugénisme – seraient éliminés de la reproduction tous ceux que le diagnostic prénatal aurait dû ne pas faire naître ou tous ceux que la vie aura handicapés : malades mentaux, porteurs de pathologies graves –, mais aussi plus profondément à la hantise de la sélection en fonction de critères d'autre nature : de couleur, de genre, de statut politique, intellectuel, économique. N'auraient droit à se reproduire en jouissant des avantages d'une vie libre, que des individus considérés comme supérieurs, par une loi sociale définie. C'est la vision noire évoquant des idéologies totalitaires qui pourraient trouver, dans l'usage de cette technique, le terreau de réalisation de féroces utopies. On peut aussi envisager le cas où l'on clonerait des êtres apparemment dépourvus de jugement pour les mettre au service de dominants qui auraient, eux, le privilège de se reproduire normalement. On peut même imaginer diverses combinaisons des deux possibilités.

On est, certes, dans le domaine de la science-fiction, mais il est vrai que les expériences vécues particulièrement dans notre siècle font penser à des usages possibles de ce type. Il nous suffit de nous référer à l'idéologie nazie, aux centres aryens de reproduction, à l'élimination des Juifs, des Tziganes, mais aussi des malades mentaux, ou aux entreprises suédoises de stérilisation de ces mêmes malades, pour savoir que rien de tout cela n'est impossible et que toute technique qui tendrait à en faciliter la réalisation pourrait être utilisée dans ce but.

La question de l'Autre

Le troisième axe de réflexion que ne peut manquer de susciter l'idée de clonage est la question omniprésente de l'Autre. Il n'y a pas d'identité possible sans altérité, certes. Même le clone est un autre par rapport à l'individu origine. Mais la différence, l'altérité, est ici ressentie comme minime, puisqu'elle se situe dans le même genre, avec de mêmes définitions biologiques. En revanche, le clonage fait, au moins d'une certaine façon, disparaître la référence obligée à l'Autre, l'individu qui relève de l'autre genre.

On peut voir à ce point de nombreuses implications se nouer. J'en vois quatre au moins.

La première, c'est que le clonage reproductif institutionnalisé ou concurrent du mode naturel de procréation représente la fin des conflits entre alliés potentiels : il n'y aurait plus de familles alliées, car il n'y aurait plus d'alliance entre des groupes de descendance qui n'existeraient plus. Ce ne serait pas sans poser une vraie question d'ordre anthropologique.

On se retrouverait de la sorte dans la situation qui prévalait à l'origine de l'humanité, c'est-à-dire celle où coexistaient de manière non pacifique des groupes de consanguinité qui se reproduisaient avec leurs propres forces, fermés sur leurs peurs et leur identité propre, avant que la prohibition de l'inceste et la loi d'exogamie n'obligent ces groupes à échanger entre eux par l'alliance matrimoniale, instaurant ainsi simultanément la paix, la coopération, la société. Sauf qu'en l'occurrence ces lignées de clones formeraient des groupes de consanguinité dotés de caractères très particuliers puisqu'il s'agirait exclusivement d'individus de même sexe et de plus tous semblables. Mais la différence essentielle d'avec la situation qui prévalait chez nos ancêtres est d'une autre nature : les contraintes biologiques de la procréation leur ont permis de trouver la parade à la situation mortifère de l'entre-soi perpétuel de la consanguinité, en faisant passer des femmes d'un groupe à un autre, comme porteuses d'alliance et de vies à venir. Quelle pourrait être la monnaie d'échange capable de circuler d'une lignée de descendance clonée à une autre pour rétablir le lien social ? Il n'y a pas de réponse immédiatement prévisible à cette question.

La deuxième est d'ordre psychanalytique. Que se passera-t-il pour la constitution de l'enfant dans un monde où il n'aura plus une double référence, paternelle et maternelle, mais une seule, puisque pour chaque individu il n'y aura plus, en langage analytique, que *du* père ou que *de* la mère ? Il ne sera plus question d'Œdipe comme nous le concevons aujourd'hui. À partir de quoi se structurera le produit cloné, qu'on persistera à dire « enfant », dans une société qui ne fonctionnerait, pour sa reproduction, que par le clonage ? On ne peut le prédire, mais ce pourrait être soit par une uniformisation absolue, qui ne tiendrait plus compte, dans la vie de chaque jour, de la différence des sexes, soit au contraire par une différenciation absolue, en fonction des modes de vie et de pensée afférents à chaque sexe, au sens de « inculqués » à chaque sexe, au moment zéro de la reproduction clonée, avec réintroduction de l'image de l'Autre sur un mode collectif et vraisemblablement antagoniste. À supposer naturellement qu'on soit dans le cas d'une société où les deux sexes ont également le droit de se reproduire par clonage. Mais est-ce la seule situation envisageable ?

Les utopies unisexuées

Cela nous amène à un troisième thème de réflexion, celui des utopies, féministes ou masculines.

Dans l'utopie féministe du clonage reproductif, la plus absolue évidemment, les hommes ne sont plus nécessaires, puisqu'une cellule prélevée sur un organisme féminin joue le rôle fécondateur. Ainsi, il suffit d'une trilogie purement féminine – cellule non germinative, ovule dénucléé, utérus porteur – pour que se constitue une société apparemment viable, sans homme à l'horizon. Par souci de diversification ou de régénération des lignes, on peut imaginer de stocker des gamètes mâles en quantité suffisante par mesure de précaution. Mais serait-ce une société viable ? On peut en douter déjà pour les raisons génétiques exposées plus haut. Plus généralement, en raison du problème de fond que pose l'absence d'altérité. Une société de ce type fondée sur une multiplicité de lignes différentes entre elles et exclusivement féminines impliquerait nécessairement une diversification rapide en son sein, selon divers critères possibles, dont on peut gager qu'elle ne serait pas celle de l'égalité.

Notons cependant qu'il y aurait beaucoup de chemin à parcourir. En effet, on sait qu'un seul éjaculat de sperme permet de féconder un nombre énorme de cellules. Il semble que cette possibilité, offerte par l'IAD, n'a pas suffi à développer dans nos sociétés l'utopie féministe et à permettre sa réalisation. Notons que les CECOS, pour des raisons d'ailleurs génétiquement non fondées, ont restreint à quatre les possibilités de fécondation par le même sperme. On le voit, les barrières sociales sont fortes si le fantasme existe d'une société de femmes qui se passeraient des hommes réels.

L'utopie masculine correspondante, qui serait de se passer des femmes dans la reproduction, présente quelques difficultés pour sa réalisation, on l'a vu, car il y faudrait des femmes, et même beaucoup. En effet, on n'a pas encore réussi à faire mûrir d'un seul coup les 400 000 ovules potentiels que porte une femme, dont environ 500 seulement sont mûris dans le cours d'une vie ; et il faut en outre des utérus porteurs (on envisage cependant, parfois, que ces derniers pourraient être ceux de vaches ou de truies). Dans le cadre de l'utopie masculine absolue, on n'aboutit pas, comme dans son pendant féministe absolu (où peut s'envisager la disparition du genre masculin), à la disparition du genre féminin, mais à son asservissement complet : les femmes ne seraient plus que donneuses d'ovules et porteuses d'embryons. En fait, accompagnant la grande peur du féminin, le clonage exclusif masculin serait tout bénéfice pour l'homme, qui, grâce à l'instrumentalisation absolue du féminin, n'aurait toujours pas à porter cet autre lui-même.

Ces rêves débridés, ces imageries, ces fantasmes existent, la presse en fait état. Et c'est, anthropologiquement parlant, chose normale, puisqu'il s'agit toujours du vieux rêve d'échapper aux contraintes de l'humaine condition. Il apparaît cependant que si la base de l'altérité est bien l'opposition masculin/féminin, elle est particulièrement difficile, sinon impossible, à éradiquer. Si le clonage nous permettait, institutionnellement parlant, de le faire, en inventant des formes nouvelles de société, ce ne peut être, en toute logique, et mathématiquement parlant, que sous ces trois formes : la forme féminine unique, possible, mais recréant d'autres formes de pouvoir et de stratification, avec disparition du masculin ; la forme masculine dominante, avec asservissement total du féminin au pur service de la reproduction masculine (cependant, l'existence nécessaire de la forme féminine, même asservie, implique la reconnaissance de deux lignes séparées, même si l'une est soumise aux impératifs de l'autre) ; enfin, la coexistence, pacifique ou armée, de deux sortes sexuées de lignes de descendance où les lignes masculines disposent cependant, distinctes des lignes féminines autonomes, de lignes féminines asservies pour leur propre reproduction. Le projet de société qui découle de chacune de ces formes est naturellement à bâtir.

Dans les trois utopies ci-dessus, il va de soi qu'il s'ensuit, pour qu'elles existent, que la reproduction naturelle est prohibée. Évidemment, toutes sortes de formules sociales mixtes sont concevables, qui vont de la double possibilité de se reproduire, accordée à tous ou à quelques-uns, avec prédominance ou non de l'un des deux modes, à la possibilité reconnue d'unions naturelles entre les sexes uniquement dans le but de varier la composition génétique d'une population trop uniforme.

Comme on le voit, et c'est là le quatrième point, la quatrième implication, nous avons évacué ici tout ce qui touche aux pulsions, au désir, au plaisir, à l'amour, aux sentiments et aux affects de tous ordres, entre les sexes. Il resterait à construire d'autres formes d'affectivité.

Après le fantasme individuel d'immortalité et celui, collectif et totalitaire, de sélection, il nous reste à aborder les questions de génération et de filiation.

Génération, filiation, sexuation

En situation ordinaire de procréation des parents engendrent, enfantent des enfants, de leur vivant, cela va sans dire, et dans un espace de temps appelé « génération », qui tourne autour de vingt-cinq à trente-cinq ans, comme âge médian. Le clonage introduirait peut-être des modifications dans ce schéma, *via* deux cas extrêmes : s'il se fait *post mortem* ; s'il se fait, pour éviter le vieillissement des cellules, de plus en plus tôt dans la vie d'un individu, à partir de deux ans par exemple.

Dans le premier cas, le problème posé est celui de la prise en charge des produits humains que l'on fait naître. Qui se chargera de leur éducation, du transfert de connaissances, de l'investissement affectif ? On retrouve les problèmes très anciennement posés dans l'utopie de la Cité platonicienne.

Dans le deuxième, compte tenu aussi de l'allongement de la vie, on aboutit très vite à un stade de surpopulation tel qu'il convient à nouveau de décider du droit des gens à se reproduire. On en revient à l'image de l'État tout-puissant. Par ailleurs se pose le problème de la coexistence au sein de mêmes lignes de descendance, en un même temps, en un même lieu, de personnes semblables et néanmoins autres, dont le statut réciproque (père/fils ? frères ?) et générationnel serait effacé.

Que devient enfin la notion de filiation ? Avec le clonage, déjà, change la définition de la famille, on l'a vu. Familles matricentrées ou patricentrées, certes, mais surtout exclusivement féminines ou masculines. En l'absence totale de représentants de l'autre sexe, la construction de la personnalité serait nécessairement différente de ce qu'elle est aujourd'hui, et la vie familiale aurait une tout autre couleur que celle qu'on lui connaît.

Pour la filiation proprement dite, le clonage est la solution dans le domaine biologique qui, comme la solution en termes purement sociaux de la Cité platonicienne, permet l'invention de nouvelles formes de filiation parce qu'elle supprime la notion de procréation sexuée. Par là, la filiation cesse d'être rattachée à la sexuation et à un choix parmi les combinaisons possibles de positions sexuées de parents et d'enfants. Le droit aurait à se prononcer. Nous avons vu plus haut que la coexistence d'ensembles constitués de lignées unisexuées masculines et féminines permettrait de donner une vie nouvelle à la forme connue mais rare de filiation parallèle, si tant est cependant qu'on peut accorder au clonage reproductif qu'il se rattache à la notion de filiation proprement dite par engendrement et enfantement dans la mesure où l'un des deux termes lui fait défaut. Mais il existe en outre un doute fondamental sur le type de rapport qui unit le produit sexué à ce qui l'a fait naître. Ambiguïté qu'on retrouve aussi, mais sous d'autres formes, dans les procréations médicalement assistées tant que le droit ne dit pas le vrai en la matière, par exemple, pour déterminer qui est le père d'un enfant conçu après la mort de son géniteur, ou qui en est la mère dans le cas d'un don d'ovocyte (ou d'embryon) d'une femme à sa fille ou à sa sœur, ou qui en sont les deux parents dans le cas qui a fait du bruit en France en 2001, où une femme ménopausée a porté un enfant né d'un ovule d'une donneuse fécondé par le sperme de son propre frère et a adopté un autre enfant né du même don d'ovule, fécondé de la même manière et porté aux États-Unis par la donneuse d'ovule devenue mère porteuse appointée.

Y a-t-il vraiment filiation dans le cas du clonage reproductif ? En effet, que sont entre eux des produits clonés ? Des pères et des fils ou des frères ? Des mères et des filles ou des sœurs ? Quel est le statut de la femelle porteuse, si l'on exclut du jeu la donneuse d'ovule dénucléée dans la mesure où celui-ci ne transmet pas de véritable patrimoine génétique ? On pourrait écarter la femelle porteuse pour ces mêmes raisons, mais on ne peut écarter le fait de la durée de la gestation et de la portée tant matérielle que sensible et affective de l'accouchement si la femelle porteuse est une femme. Quel type de relations sera donc à construire entre ces différents individus et notamment selon l'âge respectif des clones d'une même ligne ? Tout comme le concept d'alliance matrimoniale entre des familles, le concept de filiation, du moins avec son contenu actuel, disparaîtrait progressivement de notre champ de représentations dans un monde qui institutionnaliserait la reproduction humaine par le mode du clonage exclusivement ou lui reconnaîtrait la même valeur que la procréation, simplement du fait que la filiation implique la sexuation et la procréation.

On le voit, le clonage humain nous pose d'autant plus de questions sur la permanence des traits essentiels de la société humaine que les possibilités qu'il ouvre sont aventureuses. De fait, il semble difficile de sortir d'une problématique essentielle, que j'appellerai celle de l'entre-soi, et qui noue tous les fils laissés pendants ci-dessus.

Le grand rêve : l'entre-soi

L'humanité en général, et les différentes cultures en particulier, ont de tout temps été plongées dans un même dilemme : comment parvenir à vivre sans les Autres (et notamment, dilemme masculin, sans les femmes, instrument nécessaire de la reproduction). Le rêve de rester entre soi, nous l'avons vu, prend deux formes : l'entre-soi consanguin ; l'entre-soi du genre, entre hommes exclusivement, entre femmes exclusivement. Le clonage, on le voit, répond à ce rêve.

Cet entre-soi est conçu comme lieu idéal de paix et de sécurité. Lieux fallacieux pourtant. L'entre-soi rêvé de la consanguinité a dû être rompu, par l'établissement de l'alliance, pour établir une société viable par l'intermédiaire de la prohibition de l'inceste, règle universellement admise, et de l'exogamie.

Cependant, nous autres humains, nous accordons l'inceste, les unions consanguines, aux animaux domestiques, parce que nous nous en servons, pour bénéficier de produits cultivés de la sorte, pour obtenir un résultat avantageux pour nous.

Il en va de même pour cette poussée moderne du rêve de l'entre-soi dans le même genre dont on connaît socialement tant de réalisations masculines (maisons de jeunes hommes, par exemple, dans bien des sociétés, casernes et autres lieux virils en Occident). Cette fois-ci, le rêve pourrait être poussé plus loin grâce à la technique toute-puissante, mais la sagesse limbique des gouvernants est intervenue immédiatement et dans le même sens que ci-dessus, quand aux origines de la société humaine il a fallu prohiber l'inceste consanguin. Le clonage est prohibé, par décision des États-nations, pour l'homme. Il restera utilisé, pour nous servir exclusivement, dans la reproduction animale d'individus génétiquement transformés.

À l'heure actuelle, nos gouvernants, retrouvant de façon naturelle les mêmes exigences de la construction du lien social par la reconnaissance de l'Autre (autre par le genre ou par l'origine, qu'importe) que celles de nos très lointains ancêtres sortant de l'animalité, en ont donc interdit la pratique sur l'homme, dans les sociétés occidentales.

L'explication fournie pour justifier cette décision est que la pratique du clonage reproductif est attentatoire à la dignité de l'être humain singulier. Si l'on veut dire par là que la dignité de cet être réside dans le fait qu'il est procréé et donc procède de deux personnes et de multiples lignées de descendances qui lui composent à chaque fois un patrimoine génétique unique, mais aussi social, cela est vrai. Mais il n'est pas certain que ce soit ce sens-là qui est donné à la notion de dignité. De façon manifeste, l'atteinte à la dignité tient à l'instrumentalisation de cet humain potentiel qu'on a fait naître pour répondre à des objectifs précis et à celle, tout aussi marquée, des femmes porteuses ou donneuses d'ovules. Sans nier aucunement l'importance de cette question qui correspond à nos préoccupations éthiques contemporaines, il me semble cependant, par comparaison avec notre antique histoire qui a vu interdire la pratique de l'inceste consanguin pour permettre à la société ouverte d'exister par la reconnaissance des autres groupes avec lesquels il a fallu s'allier, que ce qui vient de se passer est l'admission tacite que, par le triomphe de l'entre-soi du même genre que serait le clonage reproductif, on supprimerait d'un trait les bases mêmes du social anciennement conquises, à savoir l'altérité, dont la toute première occurrence est celle du groupe sexué. L'interdiction du clonage reproductif est la reconnaissance – implicite, car cette formulation anthropologique n'est jamais venue à la conscience des gouvernements – que l'altérité est nécessaire au lien social, qu'elle en est le terreau.

Un carcan

Il est difficile, on le voit, de sortir vraiment, sauf par l'imagination, du carcan qu'imposent à l'homme comme à la majorité des espèces animales les contraintes de la reproduction sexuée. Pourquoi ? Parce que ce sont ces contraintes elles-mêmes – qu'il faille la réunion d'individus des deux sexes pour procréer à nouveau les deux sexes dans un enchaînement ininterrompu de générations – qui sont à la base de tous les systèmes sociaux qui ont été inventés à partir du jeu limité des combinatoires en puissance. Les nouveaux modes de procréation (ICSI, FIVETE) s'accommodent fort bien de la nature actuelle du rapport entre masculin et féminin selon les sociétés car ils s'inscrivent toujours, nonobstant l'inventivité de situations particulières toujours étonnantes, dans le régime de la procréation. Ce qu'ils apportent certes, c'est une réponse imparfaite à des désirs fantasmatiques archaïques de parvenir à rompre avec certaines des nécessités physiologiques. Mais ils ne touchent pas au rapport des sexes et ne le font pas évoluer.

Avec le clonage reproductif, il semble en revanche qu'en imagination nous pouvons tout, et donc toucher à la règle d'or, la complémentarité procréative des deux sexes. Mais est-ce changer le rapport des sexes que le détruire, le faire disparaître ? Est-ce souhaitable ? Le risque est sans doute celui de changer seulement, et peut-être d'aggraver, les conditions de la domination.

Techniquement, nous pouvons peut-être à l'heure actuelle avoir la possibilité de révolutionner la reproduction des espèces. Les questions posées, fondamentalement troublantes, sont néanmoins sans réponse positive : pour parvenir à cette révolution, les moyens devront être drastiques et socialement insupportables, car relevant de l'idéal totalitaire. Le type de société, qui serait à construire, selon l'une ou l'autre des modalités évoquées ci-dessus, apporterait-il vraiment à l'humanité un projet, un profil et un bonheur nouveaux, impensés et impensables aujourd'hui ?

On peut se poser la question si l'on envisage crûment soit la disparition d'un des deux genres sexués avec en parallèle la reconstitution de hiérarchies selon d'autres critères que le sexe (régime d'antériorité respective des clonages, couleur, intelligence, adaptabilité au milieu, taille, force physique, etc.), reconstitution qui se fera obligatoirement si l'on admet que l'indifférenciation absolue ne donne pas lieu à une société viable, soit la constitution d'une humanité faite d'ensembles sexués séparés dont l'un, totalement instrumentalisé, n'aurait d'existence reconnue que comme fournisseur de gamètes et organes nécessaires à la reproduction de l'autre, instrumentalisation qui consacrerait, paradoxalement, l'absolue domination du masculin. Il est douteux que ces changements-là constituent une perspective exaltante pour l'humanité.

CHAPITRE 2

LA CONTRACEPTION.
VERS UN NOUVEAU RAPPORT DES CATÉGORIES
DU MASCULIN ET DU FÉMININ *

C'est l'introduction par la loi de la pratique technique contraceptive dans les pays occidentaux au XXe siècle qui a fourni le levier permettant aux femmes de soulever le poids de la domination masculine. Car la contraception agit en effet au point même où s'est fondée et cristallisée cette domination si l'on suit mes analyses, c'est-à-dire sur la période féconde féminine qui a été assujettie à la volonté des hommes, tant époux que pères ou frères, pour leur propre reproduction.

Toute la question est certes de savoir si évoluent de la même façon et au même rythme les comportements officiels et affichés et les attitudes mentales mais aussi plus profondément si cette révolution dans les usages intimes peut influer réellement directement sur l'élabo-

---

* Ce texte a fait l'objet, pour l'essentiel, d'une conférence prononcée lors du colloque *Contraception : contrainte ou liberté ?* organisé au Collège de France en octobre 1998 et publié en 1999. *Cf.* Étienne-Émile Baulieu *et al.*, 1999.

ration archaïque, telle que je l'ai définie au cours de cet ouvrage, des représentations du rapport des sexes.

Dans ce cas précis, on pourrait penser que j'attribue à une nouveauté technique le pouvoir et la vertu mobilisatrice que j'ai refusés aux nouveaux modes de procréation. Il n'en est rien. Ce n'est pas le fait technique de la fabrication de procédés mécaniques efficaces (diaphragme, stérilet) ou chimiques (les différentes générations de pilules contraceptives) qui est à l'origine de ce mouvement d'émancipation. Les femmes auraient pu continuer partout dans le monde à utiliser clandestinement des techniques nouvelles, comme elles l'avaient toujours fait d'anciennes. On savait fabriquer des pessaires dans bien des sociétés traditionnelles, éponges imbibées du jus de certains fruits ou végétaux, tampons d'herbes et d'étoffe. Mais ces moyens, utilisés à l'insu du partenaire le plus souvent, outre qu'ils n'avaient que peu d'efficacité, étaient sans effet sur leur état de dépendance du désir masculin tant sexuel que de paternité de fils. L'envie de contrôler, tout au moins de ralentir le rythme des grossesses ou même parfois de stopper définitivement le processus de fécondation, était cependant bien là, dans le cœur des femmes, pour ne pas parler du dernier moyen à leur disposition si coûteux en vies féminines : l'avortement provoqué.

Ce n'est donc pas tant l'arrivée de moyens nouveaux à leur disposition qui compte que la combinaison de plusieurs facteurs, en sus du fait central que la contraception s'applique au lieu même de la domination. Pour commencer, la connaissance scientifique claire des processus de la fécondation, des gamètes et des hormones qui y sont impliquées ; ensuite, l'acceptabilité par l'esprit d'une régulation de la procréation devenue nécessaire pour diverses raisons : la santé des femmes, les risques de mort et de stérilité encourus dans les tentatives d'avortement provoqué, une meilleure rentabilité due à un meilleur espacement des naissances, etc. ; enfin et surtout, le relais officiel, c'est-à-dire par la loi, de cette acceptabilité. C'est l'institutionnalisation, tant de l'innovation que constitue la maîtrise de la procréation par l'être humain que de l'invention des méthodes enfin efficaces que constituent le stérilet et la pilule, et le fait que la gestion de ces capacités est confiée aux femmes qui leur confèrent le pouvoir d'ébranler non seulement les usages mais aussi les représentations admises.

Il s'agit moins ici de traquer les signes d'une évolution dans les relations entre les hommes et les femmes depuis quarante ans, dans nos sociétés occidentales, en liaison avec la révolution contraceptive, que de mettre en évidence les possibles changements au sein du paradigme de la domination masculine. Il s'agira aussi moins de faits que de ce qui se passe dans les têtes, dans les systèmes de représentation, vers un nouveau rapport des catégories du masculin et du féminin.

La situation dans le monde

Désormais, près de 100 % des couples en âge de procréer contrôlent leur procréation dans les pays développés et 50 % de ces couples contracepteurs utilisent des méthodes modernes, surtout la pilule et le stérilet en France. La stérilisation est communément acceptée, non seulement en Inde ou en Corée, mais aussi aux États-Unis. Elle est alors essentiellement féminine.

Étienne-Émile Baulieu rappelle la chute vertigineuse du nombre d'enfants par femme dans le monde entier depuis 1950, bien que 120 millions de femmes sur 250 millions en Europe (près de la moitié) n'aient toujours pas un accès efficace aux méthodes de contraception[1]. Qu'en sera-t-il lorsqu'elles y auront à leur tour accès ? Quant aux méthodes, 76 % des utilisations relèvent des femmes exclusivement (36 % par stérilisation, 25 % par usage du stérilet, le reste par contraception hormonale), 9 % sont du ressort des hommes (stérilisation presque exclusivement) et 16 % relèvent du couple, dirai-je, dans la mesure où une interaction active et consciente des deux partenaires est apparemment nécessaire, qu'il s'agisse de l'usage des préservatifs (6 %) ou des méthodes dites « traditionnelles » (retrait, Ogino, etc. : 10 %).

J'emprunte à Egon Diczfalusy les chiffres absolus, à cause de l'impact qu'ils ont sur l'esprit[2]. Sur 566 millions d'usagers des méthodes contraceptives, 428 millions sont des femmes qui ont recours aux méthodes féminines, qu'elles soient chirurgicales (207 millions), hormonales (96 millions), ou qu'elles consistent en la pose permanente de stérilet (125 millions). La vasectomie chez l'homme fait 4,5 fois moins d'adeptes que la tubectomie chez la femme (47 millions d'hommes) et cette contraception masculine est au total dix fois moins importante que la contraception féminine, toutes méthodes confondues. 92 millions sont, en outre, adeptes soit du préservatif (35 millions), soit des méthodes dites « traditionnelles » (57 millions), ces deux types de techniques pouvant être considérés, ainsi qu'on vient de le dire, comme du ressort du couple, du moins dans les sociétés dites « développées », hypothèse qui demanderait cependant vérification.

Où en est-on aujourd'hui ?

Il y a très peu d'études à l'heure actuelle sur des méthodes contraceptives nouvelles non hormonales ou sans pose permanente d'un appareil qui seraient sans effets secondaires de longue durée, qu'il s'agisse de contraceptifs antisperme, anti-ovocytes ou anti-hGC (chorion). La contraception d'urgence, tout comme le vaccin, sont encore, semble-t-il, dans les limbes. Apparemment le sujet n'est plus très porteur politiquement parlant. Le budget de la recherche en ce domaine est faible et donc les chercheurs peu nombreux et sans doute peu motivés, les coûts sont élevés pour la mise au point d'une nouvelle médication. De plus, une éducation convenable à la contraception n'est pas faite en France.

Le Mouvement français pour le planning familial constate la difficulté tant intime que pratique pour les adolescentes d'avoir accès à la contraception [3]. Plus généralement, la parole des mères n'est pas majoritairement libérée sur ce sujet comme elle ne l'est pas non plus sur celui de la sexualité des filles [4]. Et le recours à l'IVG, qui devrait être exceptionnel, continue d'être anormalement fréquent : 200 000 par an en France, soit un taux d'incidence annuel de 15 pour 1 000 femmes, niveau moyen par rapport aux autres pays européens [5].

Ainsi donc, le contrôle raisonné de la procréation est massivement entre les mains des femmes, mais il s'agit de méthodes lourdes, chirurgicales et hormonales, tantôt irréversibles, tantôt présentant des contraintes au long cours astreignantes et des effets secondaires désagréables sinon nocifs. Cela fait quarante ans que cette révolution s'est mise en route avec une expansion remarquable, continue, et des effets notables sociologiques, psychologiques, économiques, politiques – la mise au point de la pilule contraceptive hormonale féminine ayant été, comme on a pu le dire, l'invention médicale qui a le plus apporté aux femmes en matière de liberté et de dignité. Deux mots qui sont remarquablement adaptés à la situation. Il faut croire, en tout cas, que cette « révolution » conceptuelle, politique, médicale et technique correspondait profondément aux besoins féminins pour avoir été acceptée aussi vite et dans tous les secteurs de la population des pays développés, même si dans ces pays la deuxième génération de femmes qui y ont désormais libre accès et les suivantes, n'ayant connu ni la situation antérieure, ni la lutte, ni la joie de la libéralisation, ont tendance à voir dans la prise de la pilule ou l'utilisation de tous les autres moyens modernes mis à leur disposition (préservatifs féminins, implants, anneaux vaginaux, patch hebdomadaire, injections mensuelles, spermicides, vaccins anti-ACG, etc.[6]) davantage une contrainte à vivre au quotidien qu'un instrument de liberté. Pour les autres, celles de la première génération, ainsi qu'en témoigne le sondage IPSOS réalisé pour le Festival international du film d'histoire de Pessac ainsi que pour *Le Monde* et France 3, les 6 et 7 novembre 1998 sur les événements marquants du XXe siècle, la pilule contraceptive est mise au premier plan par les femmes, bien avant le téléphone portable ou l'ordinateur, quand on demande quel est le domaine qui a modifié le plus les modes de vie[7].

On peut donc raisonnablement penser que les moyens de réguler la procréation, de contrôler les naissances, sont non seulement accessibles aux femmes, mais qu'ils leur sont réservés. C'est partiellement vrai dans les parties du monde les plus développées économiquement, celles où les femmes ont (corrélativement ? la question est posée) le plus accès à l'éducation et à l'égalité professionnelle, celles enfin où elles sont le moins soumises à des pressions religieuses ou idéologiques, sans que ces trois critères se recouvrent nécessairement. Ce ne l'est pas encore dans la plus grande partie du monde. Pour parler inévitablement de révolution dans l'espèce humaine, il nous faudra attendre que cette maîtrise par les femmes touche des régions du monde où elle est encore impensable, comme les terres d'islam en général mais pas seulement elles. La condition féminine a néanmoins, juridiquement et dans les mœurs, considérablement changé au cours de ce demi-siècle dans le monde occidental, avec maintes et notables modifications du rapport homme/femme. La question de fond posée ici est de savoir de fait quelle place tient la maîtrise de la procréation par les femmes dans cette évolution.

Une seconde question est la suivante : y a-t-il eu erreur d'estimation du côté des pouvoirs politiques de tous ordres, qui se trouvent surtout, on en conviendra, entre des mains masculines, en accordant aux femmes la liberté d'user de méthodes contraceptives ? Je doute qu'il y ait eu clairement dans l'esprit des décideurs, sinon des découvreurs, la volonté généreuse, profonde et consciente de permettre aux femmes d'accéder à plus ou moins long terme par ce moyen à une véritable égalité. Il reste que là se trouve, répétons-le, le levier essentiel, sinon le seul, qui permettra aux femmes d'accéder à l'égalité au sein d'une différence sexuée, reconnue, acceptée et non hiérarchisée. Plus profondément, qui accordera à la notion de féminin une dignité et une valeur égales à celles qui sont associées à la notion symétrique de masculin.

Penser la question de la différence des sexes

Penser la question de la différence des sexes, qu'est-ce à dire ? Tout d'abord, que les actes – comportements, paroles et attitudes – et les idées qui les sous-tendent relèvent d'un soubassement idéologique élémentaire, primordial, qu'il n'est pas nécessaire d'expliciter pour vivre en société. Cette pensée fondamentale fonctionne par prétérition car elle est partagée par tous sans parvenir clairement à la conscience. Elle est transmise en effet dès la naissance à l'enfant par son entourage de façon implicite. De l'observation et de la répétition de ce qu'il entend et voit, naît en lui la certitude confortable de la vérité, en quelque sorte naturellement fondée, de ses convictions. Mais cette certitude confortable, sans laquelle il serait difficile de faire son apprentissage de la vie, est partagée de la même manière par tous les êtres humains au monde, quelles que soient leur époque ou leur origine géographique. Tous pensent qu'il n'y a pas d'autre façon de penser et de fonder le monde que la leur, telle qu'elle s'exprime dans la culture de leur groupe. Tous estiment que leur façon culturelle de penser le monde est dictée par l'observation et la mise en ordre de la nature même des choses, ce qui en fait la mesure de la civilisation. Ils considèrent de ce fait que les usages différents des leurs relèvent de la barbarie ou, plus loin encore, de la sauvagerie, voire de l'animalité.

Ce en quoi ils ont raison et tort. La diversité culturelle est un fait qui n'est pas niable, mais en deçà ou au-delà de cette diversité, il y a toujours un appareillage conceptuel né, de la même manière pour tous les groupes humains, de l'observation des choses, réduites à leurs composantes essentielles. Il s'ensuit que, dans un domaine d'observation donné, il n'y a qu'un certain nombre de combinaisons possibles qui ne sont pas toutes pensables et, partant, pas toutes réalisées parce que les contraintes naturelles font qu'il n'y a que des possibilités limitées d'émergence.

La différence des sexes fait partie des données naturelles, dont l'observation permet de faire émerger un substrat nécessaire commun à tous les groupes humains. Je postule même, on le sait, que l'observation et la mise en ordre de cette différence sont à la base même de toute conceptualisation, comme elles permettent de comprendre l'universalité de la domination hiérarchique du masculin sur le féminin, malgré les variantes culturelles observables dans le temps et dans l'espace.

J'ai exposé auparavant [8] ce que sont ces données naturelles – essentiellement la différence sexuée visible d'une part, le privilège de l'enfantement qu'ont les femmes et son corollaire, le fait que les hommes doivent passer par le corps des femmes pour obtenir un fils à leur image d'autre part – d'où découlent à la fois nos systèmes de pensée fondés sur les catégories dualistes qui, tout comme la catégorie masculin/féminin, opposent l'identique au différent, et, de par l'appropriation masculine de la fécondité féminine – appropriation symbolique, culturelle et sociale –, l'assignation sans exception notable du féminin aux tâches liées à la reproduction et son exclusion des domaines extérieurs du savoir et du pouvoir, sans compter la hiérarchisation des catégories dualistes de telle sorte que tous les aspects connotés du signe masculin sont valorisés alors que sont dévalorisés ceux qui sont connotés du signe féminin.

Comment sortir de la domination du masculin

Si la fécondité est le lieu central de la domination du masculin, il s'ensuit que la prise par les femmes du contrôle de leur propre fécondité revient pour elles à sortir du lieu de la domination. C'est le levier d'un changement majeur pour l'humanité tout entière, car il n'y aurait pas de sens, on en conviendra, que ce changement n'affecte qu'une partie de l'humanité. Le confiner de la sorte serait d'ailleurs lui ôter toute viabilité. L'opposition entre identique/différent, issue de la différence visible des sexes, est tellement fondamentale qu'il n'est pas possible, quant à elle, de l'esquiver. Mais cette différence n'implique pas comme corollaire obligatoire l'inégalité hiérarchisée absolue, dans les termes que nous connaissons. Celle-ci dépend étroitement de l'appropriation masculine de la fécondité féminine. Si les femmes se réapproprient par la contraception le contrôle de leur fécondité, elles changent *ipso facto* les règles non seulement sociales mais conceptuelles du jeu.

Et cela de deux manières. Premièrement, en étant des partenaires à part entière, non seulement elles ont leur mot à dire sur le choix de l'enfant, le nombre d'enfants désiré, le moment opportun, le partenaire idéal, mais elles redonnent son importance entière à cette « matière » qu'Aristote considérait comme inerte et soumise. Il ne faut pas croire en effet que le droit à la contraception implique uniquement que les femmes ont légalement le droit de se servir, dans leurs rapports sexuels et notamment dans le cadre du mariage, de moyens anticonceptionnels. Cependant, il ne peut s'agir que d'un droit inscrit dans la loi, et non simplement de la possibilité technique et financière qu'auraient des femmes de s'en servir en secret. L'officialisation par le droit veut dire qu'une responsabilité est accordée ouvertement aux femmes ainsi que le droit de décider de leur sort en ce domaine, sinon seules du moins en accord avec leur partenaire. Or il n'y aurait pas de sens à ce que cette responsabilité et ce droit, apanages juridiquement reconnus de la personne, soient attribués à des femmes dont la dépendance par ailleurs serait telle qu'elles n'auraient pas la possibilité de refuser le mari choisi pour elles, qu'elles n'auraient que celle de suivre le destin qui leur serait tracé par d'autres. Comment choisir librement le nombre de ses enfants et le moment où les avoir quand on ne peut choisir son conjoint ? Le droit à la contraception emporte dans son sillage le droit des femmes à choisir librement leur partenaire, à refuser les mariages arrangés pour elles parfois dès l'enfance, à être protégées lors de la dissolution de l'union voulue par le mari, et même à sortir de leur propre chef d'un mariage qui ne leur convient pas. On conçoit que, gros de telles possibilités, le droit à la contraception ne soit pas envisageable dans des pays où la domination masculine est le socle demeuré dur de la culture.

Bien sûr, lorsqu'il a été accordé dans les sociétés occidentales qui reconnaissaient la nécessité de l'assentiment de la jeune fille au projet de mariage qui la concerne, qui établissaient une limite d'âge au mariage, qui accordaient aux femmes des droits moraux et financiers en cas d'abandon et celui de demander elles-mêmes le divorce, le droit à la contraception ne revêt pas de façon aussi éclatante la valeur d'accès au statut de personne qu'il revêt dans d'autres régions du monde. Pourtant, c'est toujours bien de cela qu'il s'agit, même en Occident : décider de ce qui doit advenir dans le domaine de l'intime du corps est du droit élémentaire de la personne, comme celui de se soigner, d'être éduqué, protégé des exactions. Il manquait. Ce n'est donc pas un hasard non plus si le droit à la contraception, en plus des possibilités dont il est gros et que nous venons d'envisager, s'accompagne normalement de ces autres droits, et donc pas un hasard non plus si, présents tous ensemble, ils soient tous ensemble absents dans d'autres contextes.

Inscrire dans la loi le droit des femmes à la contraception, c'est donc changer les règles du jeu social. C'est aussi en changer les règles conceptuelles puisque ce droit, et tous ceux afférents ci-dessus impliquent l'égalité entre les partenaires en mots et en actes, égalité douloureusement acquise par les unes et difficilement admise par leur partenaire masculin mais présente dans l'état de droit. Ainsi, rendre sa dignité à la matière par rapport à l'esprit et à la forme, valeurs « nobles » censées être contenues dans le *pneuma* du sperme, est une opération nécessaire qui ne peut se faire par une mutation brutale du rapport hiérarchique usuel de ces données, mais au fil d'une évolution en filigrane qui verra s'affirmer la reconnaissance du droit de celles où la matière (inférieure) a été reléguée, puisqu'elle n'est plus, grâce au droit à la contraception, ni inerte ni soumise. Et rien n'interdit de penser qu'au terme de cette évolution l'assignation respective au masculin et au féminin des valeurs de l'esprit et de la matière ne devienne résolument obsolète car dénuée de sens.

Deuxièmement, ce faisant, elles accèdent certes à la dignité et à l'égalité, mais, de plus, sinon au renversement de toutes les hiérarchies catégorielles des notions qui gouvernent nos systèmes de représentations, du moins à un meilleur équilibre ou à une nouvelle répartition qui ferait que le négatif ne serait pas automatiquement associé au pôle féminin ni le positif au pôle masculin, ce qui constituerait véritablement le signe de l'égalité. Sortir de la domination masculine ne veut pas dire, en effet, inverser le rapport existant (quelles que soient les inquiétudes masculines apparentes lors d'enquêtes sur cette éventualité) puisqu'il ne s'agirait de rien d'autre que la reproduction d'une inégalité. Il ne s'agit pas non plus d'une course asymptotique où des femmes, sinon les femmes en leur entier, chercheraient à s'approcher de plus en plus d'une égalité reconnue dans leurs capacités individuelles avec les hommes.

Il s'agit d'un rééquilibrage de l'ordre hiérarchisé actuel de nos catégories mentales. En effet, il ne pourrait plus continuer à être aussi prédéterminé qu'il l'est encore actuellement par une idée contraignante qui fait des femmes une catégorie subordonnée et domestique car soumise et sujette au bon vouloir du masculin en raison de leur fécondité en général et de leur aptitude à faire des fils en particulier, puisque leur est reconnue la liberté de sortir de cette domination en ce lieu.

Une erreur d'appréciation ?

J'ai posé plus haut une deuxième question : y a-t-il eu maldonne, erreur d'appréciation des pouvoirs politiques divers qui ont accordé la liberté de contraception aux femmes ? À dire vrai, il n'en est rien. Le point central permettant de faire cette réponse est qu'ils ne pouvaient pas avoir une claire conscience de ce que représentait la maîtrise de la fécondité féminine pour asseoir la domination masculine, car ils ne disposaient pas des données anthropologiques pour cela.

Accorder la liberté contraceptive aux femmes n'était dans cette perspective qu'une manière de laisser encore à leur seule responsabilité toutes les charges qui relèvent ordinairement de la fécondité et de la procréation. L'idée, certes, est de rendre le couple responsable et non pas la personne unique de la femme. Cette idée-là est visible dans toutes les formulations. On parle de façon naturelle de « l'émancipation de la femme et du couple », jamais de celle « de l'homme et du couple », il va sans dire. Mais il s'agit d'une figure de style : la seule émancipation nécessaire était celle des femmes. La liberté du couple en cette matière est une notion qui reste à construire vraiment. On peut douter que les deux partenaires fonctionnent aujourd'hui à l'unisson tant en ce qui concerne le désir d'enfant que la volonté contraceptive. Un certain nombre de mouvements féministes, sensibles au fait que la pratique active de la contraception incombe une fois de plus aux femmes, souhaitent que cette charge soit désormais imputable au mâle. Il nous semble que l'avenir est à construire plutôt sur la confiance d'une entente et un partage assumé de responsabilités que dans le renversement d'une charge présentée par ce type de raisonnement comme une contrainte abusive et non comme l'instrument essentiel, paradoxalement, de liberté qu'elle se trouve être. Mais, pour l'instant, cette confiance réciproque pleine et entière n'existe pas encore dans notre propre société. Une enquête récente sur contrat

INSERM faite au Laboratoire de psychologie sociale de l'EHESS montre par exemple les réticences profondes des femmes à faire confiance à un partenaire masculin qui userait d'une contraception hormonale, parce qu'elles redoutent qu'il ne soit pas assez vigilant car pas assez impliqué [9]. Et encore sommes-nous dans le cas de figure où l'on peut penser que les deux conjoints ne sont pas fondamentalement et toujours d'un avis discordant dans leur désir d'enfant et celui de planifier les naissances. Dans des sociétés où le désir masculin est d'avoir le plus grand nombre possible de fils, les femmes ne peuvent s'y soustraire. *Médecins du monde* rapporte que les femmes africaines réclament de plus en plus le droit à une pilule qu'elles pourraient prendre à l'insu d'un mari qui refuse à la fois le préservatif, seul moyen contraceptif qu'on leur propose alors qu'il nécessite la coopération de l'homme, et l'espacement des naissances [10].

Ainsi, d'une certaine manière, que la contraception soit entre les mains des femmes est bien le gage de leur nouveau pouvoir et leur moyen de progresser.

Échec de la contraception masculine, succès du Viagra

Si le politique n'avait pas voulu cela, et qu'il eût simplement voulu contrôler efficacement la population en planifiant au mieux les naissances, le meilleur moyen de faire eût été peut-être de prendre comme lieu de contrôle le corps des hommes plutôt que celui des femmes. Mais ce n'est là qu'une utopie.

En effet, d'après les conclusions de la même étude qu'on vient de citer, la contraception médicalisée masculine est vue très majoritairement comme une intervention qui menace l'intégrité physique du corps masculin, avec des conséquences organiques, psychosociales, identitaires surtout, en raison de l'idée qui se rattache à la nature du sperme et aux fonctions spécifiques de l'appareil génital masculin. Lorsque le sperme est atteint, la virilité l'est aussi dans l'imaginaire. La contraception féminine n'entraîne pas, quant à elle, un même déni identitaire. Lié à la perte définitive de la fertilité et non pas à sa suspension, le trouble identitaire vient pour les femmes de la ménopause et non de la contraception. Pour l'homme, la suspension de la fertilité est une atteinte à la virilité, une castration symbolique, une perte du statut social dominant, et surtout une crainte remarquable de la féminisation, du bouleversement des rôles et des frontières entre les genres. « Je ne vois pas, dit une personne interrogée, des footballeurs sortir leur pilule dans un vestiaire. » L'image fait sourire, certes, mais pourquoi ? Une femme, professeure d'université ou serveuse, prend sa pilule quand et où il lui convient. Sans compter que bien d'autres pilules ou injections, liées à la recherche d'une plus grande puissance, entrent dans les vestiaires. Mais c'est bien uniquement de cette pilule-là qu'il s'agit, et du regard de soi et d'autrui, commandé par tout un système de représentations qui régit nos réactions émotionnelles et nos comportements. Comme le dit une autre personne interrogée : « On a l'impression qu'en fin de compte rien ne doit entraver l'acte sexuel du côté de l'homme », plaisir et fécondation possible mêlés.

C'est donc dans la logique de la domination masculine qu'il est si difficile d'aborder le problème de la contraception masculine. C'est dans cette même logique, inversement, que se situe le succès du Viagra. Le prix Galien lui a été attribué[11]. Très vite, d'autres molécules du même usage ont été mises sur le marché : Uprima, Uxence, qui est un concurrent japonais sérieux [12]. Le Pentagone a consacré 50 millions de dollars, soit environ autant d'euros, à l'approvisionnement en Viagra des troupes en activité ou en retraite tout en les rationnant à six pilules par personne et par mois par rapport à la demande totale présentée en octobre 1998 dans les hôpitaux militaires. Approuvée le 27 mars 1998, la pilule a été prescrite en six mois à quatre millions d'Américains, en atteignant le 20 juin 1998 des ventes d'un montant de 411 millions de dollars. Selon la multinationale Pfizer qui la commercialise, 30 millions d'Américains pourraient être concernés, pour des « troubles érectiles » durables ou passagers. Mais selon la Food and Drug Administration seuls 15 % des utilisateurs étaient réellement impuissants, les autres constituant une population sensible d'« hommes de 40 à 60 ans, hantés à l'idée de ne plus remplir leur rôle [13] ». Toujours aux États-Unis, des compagnies d'assurance prennent en charge le Viagra tout en refusant le remboursement de la pilule contraceptive. D'autres, comme Kaiser Permanente, s'y opposent, arguant de ce que la couverture de dix pilules par mois reviendrait pour la seule compagnie à 100 millions de dollars par an, soit deux fois plus que le budget consacré à la prise en charge des antirétroviraux dans le cas du sida. Enfin, on constate que l'annonce le 26 août 1998 par la FDA de soixante-neuf morts parmi les utilisateurs du Viagra n'a pas refroidi les ardeurs des consommateurs, notamment ceux qui commandent *via* Internet ou s'alimentent sur les marchés parallèles, marchés qui se sont rapidement mis en place.

Trois mois après son autorisation de mise sur le marché en France, 100 000 patients s'étaient vu prescrire du Viagra avec dix décès recensés dans le même temps. La question essentielle, toujours posée en France comme en Grande-Bretagne dès l'origine, est celle du remboursement. En Grande-Bretagne, seuls les malades souffrant d'impuissance chronique (blessés de la moelle épinière, diabétiques, ceux qui souffrent de sclérose en plaques ou sont victimes d'une maladie génétique neurologique) peuvent bénéficier du remboursement depuis le 20 janvier 1999. Selon le ministre anglais, compte tenu du coût du comprimé et du nombre de Britanniques souhaitant y avoir recours régulièrement, le coût national des « troubles de l'érection » qui était en 1999 de 16,8 millions d'euros grimperait à 76 millions d'euros, soit 10 % des dépenses nationales de santé [14], ce qui n'est pas en proportion des risques encourus. En France, le Comité consultatif national d'éthique consulté a accepté également le principe d'un remboursement limité à un certain contingent mensuel de pilules en cas d'impuissance due à des causes pathologiques avérées.

On sait le succès qu'a cette molécule en d'autres régions du monde. Le ministre de la Santé malais déclare à ses concitoyens qu'ils sont les plus gros consommateurs au monde de Viagra [15], et son homologue japonais, « invoquant une forte demande des hommes, n'a mis que six mois pour accorder l'agrément au Viagra [alors que] depuis vingt-cinq ans les Japonaises attendent la mise en vente libre de la pilule contraceptive [16] », accusée par ailleurs, en raison des œstrogènes libérés dans les urines des femmes, de polluer l'eau et le milieu ambiant et d'altérer ce faisant les capacités viriles masculines.

Qu'il me soit permis de m'étonner ici de la rapidité de mise en circulation d'un médicament dont l'utilité ne concerne que l'impuissance vraie et dont chacun sait que, sous le vocable de médecine de confort, il vise à permettre à la majorité des hommes qui souhaitent l'utiliser d'accomplir des performances en puissance, durée et réitération de l'acte sexuel. Il ne me paraît pas évident que cela soit à mettre au bénéfice des femmes, dont beaucoup cherchent moins dans l'acte sexuel la performance à répétition que la fusion charnelle et affective. Tel que la publicité du laboratoire le présente, le Viagra, en permettant une meilleure réalisation de l'acte sexuel, satisferait les femmes. Mais, outre que cela n'est pas nécessairement vrai pour celles dont le mari âgé se sert de la molécule en dehors des liens conjugaux, la conviction que la satisfaction de toutes les femmes passe par la réalisation assidue et prolongée de rapports sexuels n'est qu'une extension pure et simple à leur cas du fantasme masculin. Plus généralement, il y a quelque duplicité à parler de façon neutre de « personnes ayant certaines déficiences des fonctions sexuelles » et de méthodes pharmacologiques qui peuvent avoir une influence « sur la qualité de vie de chacun [17] », prétendant ainsi par le neutre utilisé que le Viagra est bénéfique aux deux sexes, alors même qu'il n'est invoqué que pour le bien-être du sexe masculin lorsqu'il est utilisé en médecine dite de « confort ».

Il arrive également qu'on établisse un rapprochement entre la médication de la ménopause et celle-ci, qui serait celle de l'andropause. Mais cette analogie est fausse. Les traitements de la ménopause ne visent pas à restaurer une fonction sexuelle qui serait devenue déficiente avec l'âge, ni à rétablir la qualité du plaisir, ils visent à pallier des inconvénients hormonaux majeurs aux conséquences lourdes sur la santé : ostéoporose et certains cancers. Il n'est pas sûr d'ailleurs que le traitement de la ménopause suscite un réel engouement de la recherche pharmaceutique. Mais peut-on dire que le Viagra a pour intention première d'éviter de semblables dégâts si ceux-ci n'existent pas ? Si le Viagra a réellement pour but, en dehors des cas médicaux, de permettre la satisfaction de désirs que l'organisme peine à soutenir dans le cadre d'un vieillissement normal, en médicalisant l'obtention du plaisir, peut-on en accepter le principe du remboursement par la Sécurité sociale en raison d'une comparaison de type égalitariste mais fausse avec le traitement hormonal de la ménopause ? Ce serait camoufler un privilège sociétal sous une idéologie égalitariste.

Le bruit fait autour de cette molécule et de son utilisation montre bien où se situent encore aujourd'hui les vraies valeurs dans le monde de la domination masculine. Je dis cela sans aigreur, simplement pour rappeler à qui veut bien l'entendre que la préoccupation dominante du côté des hommes n'est toujours pas celle de l'égalité entre les sexes, même dans les pays où on en parle le plus et où les gouvernements en ont fait un objectif politique.

Le droit à la contraception assorti de techniques efficaces a fourni aux femmes un instrument majeur de libération, le levier leur permettant de sortir du lieu de la domination partout où ce droit leur a été accordé. Il y a peu de chances désormais qu'il leur soit octroyé, en raison d'une erreur de jugement sur les fins à en attendre, dans les pays qui ne l'ont toujours pas fait. Ils voient en effet, dans ce droit accordé aux femmes, la fin de la morale et la déhiscence des bases de la société installée sur le pouvoir mâle. Mais, même dans les pays du premier groupe, les résistances du système global de représentations des rapports de sexe, celles des individus comme celles des appareils d'État, peuvent faire observer dans l'avenir des retours en arrière, notamment si la prégnance des idées forces de la domination masculine dans les esprits se transformait en idéologie politique affirmée. Parce qu'en ce domaine, et nous n'en sommes qu'au début, rien n'est jamais gagné, la vigilance pour l'avenir doit être de rigueur afin de conserver l'exercice de ce droit à celles qui en disposent et qui parfois ne l'apprécient peut-être pas assez à sa juste valeur, et pour étendre cet exercice à toutes celles, les plus nombreuses de par le monde, qui n'ont pas encore la chance d'en disposer.

CHAPITRE 3

LA DÉMOCRATIE DOIT-ELLE REPRÉSENTER LES FEMMES EN TANT QUE FEMMES ? *

À la question telle qu'elle est posée, j'aurais tendance à répondre spontanément « non ». Si l'humanité a deux aspects corporels, masculin et féminin, et si la démocratie est un des modes politiques de gestion des communautés humaines, les individus de l'un et l'autre sexe sont également qualifiés pour se représenter mutuellement. Les termes de la question ne supposent pas d'autre réponse.

Seulement voilà, la notion de démocratie implique celle d'égalité des droits et des chances pour tous les individus. Et l'inégalité remarquable observée en France dans le champ de la représentation politique a conduit dans ce pays à poser le problème d'une représentation paritaire inscrite dans la Constitution.

Il n'est pas dans mon intention de reprendre ici les termes du passionnant et intense débat qui eut lieu au Parlement bien sûr mais aussi dans la presse, principa-

---

* Contribution, revue et augmentée, à un débat organisé le 1er avril 1997 à la Bibliothèque de France.

lement entre femmes, également intellectuelles et féministes mais d'avis opposés [1]. Il commença à s'exprimer il y a dix ans dans le bulletin d'information intitulé *Parité-Infos* qui connut une existence brève puisqu'il cessa volontairement de paraître en décembre 1997 après son numéro 20. Je désire seulement reprendre quelques arguments à la lumière de ce qui précède et de la question principale que je pose, à savoir quelles actions publiques ou mesures politiques sont à même d'aider à dissoudre la hiérarchie existante entre les sexes.

Constitution et dissolution de la hiérarchie

Pouvons-nous donc considérer que les mesures légales, par la transformation des articles 3 et 4 de la Constitution française le 28 juin 1999 et par la loi du 6 juin 2000 promulguant les règles de fonctionnement de la parité élective, sont des événements clés ayant valeur d'entraînement pour parvenir à dissoudre cette hiérarchie, au même titre que la loi sur la contraception, dont j'ai dit qu'elle signait la reconnaissance officielle du statut d'individu, porteur de la dignité de personne apte à décider de l'usage de son propre corps, pour toutes les femmes ?

On pourrait le penser, puisqu'il s'agit de donner aux membres d'une moitié de la population qui se sent mal représentée mais aussi ne trouve que peu de mandataires de son sexe dans les instances de pouvoir et de décision, la capacité non seulement de voter librement mais aussi d'être élus.

Pourtant, quelque chose ne va pas. En effet, on reconnaît dans la Constitution et par la loi qu'une différence naturelle, fondamentale, entre les sexes, fait que les porteurs de l'un seraient dans l'incapacité de représenter correctement les porteurs de l'autre. Ainsi le différentialisme constitutionnel ne fait rien d'autre qu'avaliser juridiquement, en lui donnant cohérence, vérité et force consacrées par la loi, le mode d'appréhension des données sensibles du rapport des sexes qui fut celui de nos ancêtres, construit sur ces données sensibles par des séries de manipulations intellectuelles qui convenaient à leurs capacités d'observation et d'interprétation élaborative. On aura compris, je l'espère, que mon point de vue sur la question n'est pas que de l'observation de la différence sexuée visible et de ses effets dérivent naturellement la hiérarchie et le contrôle du féminin par le masculin, mais qu'ils dérivent intellectuellement de l'usage symbolique qui fut fait de cette différence, usage dont j'ai essayé d'analyser les articulations essentielles. De ce point de vue, asseoir sur la différence sexuée l'égale capacité des hommes et des femmes à être élus, c'est reconnaître officiellement, même si c'est apparemment *a contrario*, la validité de cet usage symbolique qui a écarté durablement les femmes du droit à accéder à la capacité de représentation.

Ce n'est évidemment pas ce que la loi proclame, qui veut instaurer l'égalité par la parité politique. Mais elle est prise au piège des mots. Car si l'universalisme, inclus dans l'idée même de démocratie, implique l'égalité dans la capacité mutuelle et réciproque de représentation de l'un et l'autre sexe par l'un et l'autre sexe, il n'est pas nécessaire de la fonder sur la différence sexuée.

Le piège est ouvert parce qu'il apparaît clairement qu'il y a discordance entre l'idéal démocratique de la représentativité égale de tous les individus et la pratique (et la conception) courante qui fait que seuls ceux de sexe masculin ont été jugés capables de représenter électivement tous les autres, depuis les Grecs qui ont inventé le concept même de démocratie jusqu'à nos jours. On peut d'ailleurs se demander si en ces temps la question était seulement pensable et posée de savoir si les femmes étaient simplement dignes de la représentativité : pas seulement dignes et capables d'accéder au statut de représentant du peuple, mais beaucoup plus banalement d'être reconnues comme des individus susceptibles à la fois d'avoir des droits publics, et pas seulement privés, à défendre, de déléguer leur droit à être entendus et défendus à d'autres individus, et enfin de pouvoir même être mandatés par d'autres pour cet exercice de représentation publique. À ce triple niveau du statut philosophique d'individu et de sujet politique de droit, les femmes ont été écartées par une interprétation qui considère en somme que le caractère humain de l'individu porteur de droits est réductible et superposable à la virilité, et que toutes les capacités de représentation doivent *ipso facto* se retrouver entre les mains des hommes seuls aptes, comme hommes et comme chefs de famille, à traiter des affaires collectives de la Cité. Or, si la situation a bien été celle-là historiquement depuis l'invention de l'idée de démocratie et continue de l'être, avec toutes sortes d'arguments et de rationalisations qui justifient l'exclusion des femmes, il faut en tirer la seule conclusion qui s'impose. On doit voir dans les réflexions mêmes sur les notions de démocratie, de peuple, d'individu, de représentation élective, d'assemblée, qu'elles se présentent sous une forme neutre, asexuée ou ouvertement androcentrée, l'effet même de la prégnance du modèle d'usage symbolique archaïque de la différence des sexes. Ce modèle, dont nous avons essayé, notamment dans la première partie, de détailler quelques-uns des éléments de base efficaces et toujours vivaces a, nul n'en peut douter, des effets particulièrement forts non seulement en esprit, mais aussi dans la réalité ordinaire des situations concrètes. Ainsi, il est certes plus difficile de trouver un nombre suffisant de femmes motivées à militer dans des partis et à s'investir dans des tâches politiques qu'il ne l'est de trouver des hommes, si l'on tient compte de la lourdeur des tâches et occupations qui échoient à elles seules, indisponibilité travestie en carence naturelle.

C'est donc bien ce modèle implicite de pensée qui est en cause et c'est sur lui qu'il convient d'agir. Le moyen constitutionnel est-il le bon moyen d'y parvenir ?

Nous avons dit que la loi sur la contraception, sans qu'elle ait proposé cet effet comme le but recherché, en reconnaissant objectivement le droit des femmes à disposer d'elles-mêmes et de leur corps en matière procréative, leur avait reconnu en toute simplicité la capacité d'être des personnes. Si c'est cette capacité fondamentale qui leur est déniée depuis la nuit des temps, comme je le pense, la loi non seulement fait ainsi justice d'une indignité, mais elle ouvre surtout la possibilité définitive de concevoir autrement le rapport des sexes dans les temps à venir pour toutes les femmes (même s'il faudra du temps et des rythmes différents selon les pays).

En revanche, l'inscription dans la Constitution de la différence sexuée (article 3 : « La loi favorise l'égal accès des hommes et des femmes aux mandats électoraux et fonctions électives ») ne dit rien de l'égale et universelle dignité de l'être humain, mais se prononce pour le partage égalitaire sous deux formes différentes et irréductibles. C'est en ce sens que la modification constitutionnelle n'est pas un progrès. Je reprends volontiers ici à mon compte l'aphorisme de Robert Badinter[2], qu'il n'existe pas une « différence de nature entre hommes et femmes que l'on puisse ériger en principe politique » car l'humanité est ce qui est commun à tous les êtres humains sans distinction. Le précédent article 3 disait clairement que la souveraineté nationale appartient au peuple de façon indivisible, même s'il y avait dévoiement dans la pratique ; elle est désormais divisée en deux.

Qui représente qui ?

Dès le départ, la donne est donc faussée. *Demos* n'est pas le peuple sous les deux formes physiques qu'il peut revêtir, car seul l'homme, la forme virile, est la mesure de l'universel. Il vaudrait la peine que philosophes, politologues et politiques se posent la question anthropologique de savoir par quel tour de passe-passe on en est arrivé à cette équivalence formelle, qui est valable aussi bien dans les États démocratiques que dans les autres, dans les sociétés à haut niveau de développement technologique et économique que dans les autres, chez les peuples monothéistes et chez les autres. Mais pour cela, il faut accepter de sortir de l'évidence confortable de l'effet de nature. Pour la combattre efficacement, tant sur le mode intellectuel que pratique, il faut démonter les ressorts de sa cristallisation universelle au long cours de l'évolution humaine. Elle n'est pas sortie tout armée du cerveau de quelque concepteur. Le concepteur le plus apte à l'exprimer est lui-même enfant de son siècle et de sa culture, et dans le domaine puissamment fondamental du rapport des sexes, qui n'est pas celui des purs objets mathématiques, la pensée est le témoin du temps, qu'elle s'y conforme ou la rejette. L'aporie de départ, si on ne l'explique pas, si on ne la traite pas en vue de la résoudre, a toujours de mêmes conséquences perverses. Ainsi, la théorie de l'universalisme démocratique renouvelle toujours en fait, on peut s'en assurer, l'inégalité transcendantale entre les sexes. Bien sûr, les membres de l'un et l'autre sexe ont égale qualité à représenter avec la même évidence les mandants de l'un et l'autre sexe, mais cela se traduit en pratique dans le fait que tous les hommes ont qualité pour représenter les hommes *et* les femmes. Rien n'est plus vrai que d'écrire, comme le fait Catherine Kintzler[3], que « les femmes aussi ont droit à la bienfaisante abstraction de n'être que des hommes ». Or, en fait, la revendication de la représentation paritaire est vue par le public comme la satisfaction du droit des femmes à être ainsi mieux représentées qu'elles ne l'étaient, les hommes continuant à être représentés par des hommes, même si des femmes sont élues à leurs côtés. Le pas définitif qui reste à franchir et ne l'est toujours pas, c'est de faire accepter par tous l'idée que les hommes sont également, excellemment et de droit, représentés par des femmes élues.

Regardons l'histoire du suffrage des femmes. Pierre Rosanvallon explique effectivement l'apparition tardive du droit de vote des femmes en France (1944, contre 1921 en Inde et 1934 en Turquie) par la prise au pied de la lettre d'un discours rationaliste universaliste : si les hommes et les femmes sont égaux, les femmes, qui sont femmes avant tout, c'est-à-dire marquées par « les déterminations de leur sexe », peuvent très bien être représentées par les hommes. Le type normal, naturel, de l'individu est l'homme, chez qui le sexe, dont on ne parle pas comme soubassement de la théorie de l'individu, est valorisé. Ainsi les femmes sont marquées dès le départ d'une indignité physique constitutive et elles devront toujours faire la preuve par l'excellence de leurs actes que leur défaut de porter à la naissance le signe du masculin ne les éloigne pas définitivement de l'humain pour autant, alors qu'il suffit aux hommes d'afficher ce signe sexuel pour affirmer à la fois leur aptitude naturelle et intellectuelle tant d'engendrement des fils que d'autorité et de droit à régenter. En quelque sorte, alors que c'est l'argument de la « nature » des femmes (les « déterminations de leur sexe ») qui légitime leur mise en sujétion, le même argument de la « nature » des hommes est utilisé sans vergogne pour légitimer leur droit à dominer, et même à fonder le droit. Reconnue par la Constitution, c'est donc l'idée de « nature » qui en première instance fonde le droit.

C'est pour la même raison de la différence sexuelle, mais rigoureusement inversée par le discours rationaliste, que les femmes anglaises ont obtenu plus tôt le droit de vote : c'est la différence et non l'équivalence qui fonde leur droit, comme on le voit dans les écrits des féministes anglo-saxonnes. Mrs Fawcett écrit : « Si les hommes et les femmes se ressemblaient complètement, nous serions adéquatement représentées par les hommes, mais comme nous sommes différentes, notre spécificité n'est pas représentée dans le système actuel. »

Dans les deux cas, on instaure les femmes en groupe social distinct, ce qui soit les empêche, soit les autorise à s'intégrer partiellement dans la sphère du politique, en commençant par le droit de vote.

En parlant de spécificité féminine, Mrs Fawcett désignait non seulement la différence sexuée, mais un champ reconnu comme celui de compétences tenues pour naturellement féminines. Elle ne sortait donc pas du discours idéologique courant. Il s'agirait d'une sensibilité spécifique du regard féminin, sans compter cette aptitude tout aussi spécifique à gérer le quotidien, les écoles, les crèches, les soins aux vieillards et aux malades, les piscines, les transports d'enfants, les carrefours dangereux et l'éclairage public, en y incluant même peut-être l'hygiène publique et la toxicomanie !

Mais il faut prendre garde au piège qui est ici ouvert. Mrs Fawcett disait : « Nous serions parfaitement représentées par les hommes si nous étions semblables à eux. » C'est pour notre spécificité que nous devons avoir nos élues. L'argument est faux logiquement : s'il y avait parfaite similitude et égalité, il n'y aurait pour autant aucune raison logique qu'une seule moitié sexuée ait la capacité de représenter l'autre. Il est faux historiquement et anthropologiquement : car il relève généralement de l'impensable que les femmes soient consultées par les hommes sur la place publique puisqu'elles ne sont pas, philosophiquement dirais-je, considérées comme des individus dans la Cité.

Le changement constitutionnel était-il un mal nécessaire, provisoirement nécessaire, ou un mal tout court ? L'avenir le dira, dans quelques décennies peut-être. Mais il apparaît que ce n'est pas la condition suffisante pour parvenir à l'égalité réelle sur le plan politique. Sans changement concomitant des modes de pensée, le danger est dans la mise en place d'une série de « formes » dans lesquelles peuvent se couler des contenus diversement appréciables, qui pourront continuer d'être parfaitement discriminatoires.

L'objection est bien sûr celle de savoir jusqu'à quand il convenait d'attendre pour que se produise ce changement de regard et de modèle dominant qui seul permettrait d'asseoir comme allant de soi cette égalité, si aucun coup de pouce n'est donné au départ. À cela on répond que de multiples coups de pouce auraient pu être donnés qui n'auraient pas eu les conséquences intellectuelles fortes qu'a la reconnaissance constitutionnelle d'une différence, même si le texte évite de se prononcer sur les deux composantes de l'humanité, leur statut réciproque hiérarchisé et leur mode mutuel de représentation.

Y avait-il d'autres solutions possibles ? La loi

Tout d'abord, celle que proposait Robert Badinter, dans le texte cité ci-dessus. Il aurait suffi de modifier par la loi l'organisation des élections, tant au scrutin de liste qu'uninominal, en imposant des règles aux partis politiques, dès lors que la Constitution le prévoirait. Le nouvel article 4 déclare en effet que les partis « contribuent à la mise en œuvre du principe énoncé au dernier alinéa de l'article 3 dans les conditions prédéterminées par la loi » ; malheureusement, sa rédaction le lie impérativement à l'article 3 tel qu'il fut modifié. Il reste que celle-ci eût pu être différente, en s'appuyant sur l'idée énoncée dans l'ancien texte, selon lequel la souveraineté nationale appartient au peuple. Cette solution eût été, me semble-t-il, la bonne, pour autant que la loi suive efficacement.

Que dit la loi promulguée le 6 juin 2000 sous le numéro 2000-493[4] ? Elle prévoit la parité alternée pour les élections à un tour comme les élections européennes et sénatoriales ; la parité par tranches de six dans les élections à deux tours (municipales et régionales), et la présentation de 50 % de candidates aux élections législatives.

Ne sont pas concernées par les mesures paritaires, les élections cantonales, les élections sénatoriales au scrutin majoritaire, ni les élections municipales dans les communes de moins de 3 500 habitants.

On remarque évidemment de prime abord la complexité d'une mise en place due à de multiples facteurs politiques contingents dont on peut se demander si elle est propre à la France et surtout si elle ne nuit pas à l'efficacité du propos.

En effet, si on note aux premières élections qui ont suivi, à savoir les municipales de 2001, qu'il y eut bien 47 % de candidates dans les communes de plus de 3 500 habitants, il y en eut par effet d'entraînement 30 % dans celles de moins de 3 500 habitants (contre 21 % en 1955). Mais, et c'est là l'important, on ne remarque aucun effet de contagion là où la loi ne s'applique pas, c'est-à-dire dans les exécutifs locaux et les conseils généraux. Il n'y a pas plus de femmes maires qu'avant. La conclusion de Janine Mossuz-Lavau est que les mesures contraignantes ont été efficaces puisqu'en leur absence il n'y aurait pas eu progression de la représentation féminine. On peut cependant tirer une autre conclusion : la progression s'arrête là où commence le vrai pouvoir.

Ainsi, aux cantonales de 2001, non concernées par la loi, on est passé de 8,3 % de conseillères en 1998 à 9,8 % en 2001, ce qui est négligeable ; dans les structures également non concernées par la loi mais d'efficace gestion que sont les Établissements publics de coopération intercommunale (EPCI), la représentation des femmes va de 2 à 6 % seulement. Dans les directions administratives de ces EPCI, on trouve bien 56 % de femmes dans celles qui concernent un total intercommunal de moins de 5 000 habitants, mais ce chiffre tombe à 4 % quand les affaires deviennent sérieuses, c'est-à-dire dans les EPCI qui concernent plus de 200 000 habitants. La conclusion qui s'impose est que les femmes ne sont plus admises quand les postes comportent un réel pouvoir de décision, avec des enjeux importants, financiers, économiques, administratifs.

Et que dire des élections sénatoriales de septembre 2001 où un tiers des postes était à pourvoir ? Les départements à scrutin majoritaire n'étant pas concernés, il n'y eut que 21 % de femmes candidates contre 45 % dans des circonscriptions à scrutin proportionnel, avec parité alternée pour les scrutins de liste. Mais plutôt que de se retrouver en troisième position sur une liste, après un premier candidat suivi d'une candidate, ce qui leur faisait perdre toute chance d'être élus, nombre de sénateurs sortants ont préféré créer une liste dissidente où ils apparaissent en première ligne, doublant ainsi les chances des candidats masculins, tout en faisant fi du texte de la loi qui ne prévoit évidemment pas cette figure et ne la mentionne pas. La multiplication des listes devient ainsi une manière efficace de tourner la loi. Au total, si au scrutin proportionnel sur 74 sièges à pourvoir on est quand même passé de 5 à 20 femmes au Sénat, au scrutin majoritaire portant sur 28 sièges, le nombre de deux femmes élues n'a pas bougé !

Aux législatives, les partis préfèrent payer des amendes ou envoyer des candidates certes en tête de liste mais dans des circonscriptions perdues d'avance, plutôt que de jouer le jeu.

Les manières de tourner la loi sont, on le voit, nombreuses et parfois inventives. Il est sans doute utopique d'attendre de ceux qui ont détenu une petite parcelle de pouvoir un comportement « héroïque » qui les amènerait à se saborder ; il est cependant normal d'attendre d'élus politiques que leur première ambition soit de servir l'État en se soumettant à la loi. En quelque sorte, on voit que l'intérêt du genre sexué masculin prime ouvertement sur l'intérêt général et sur l'idée de l'universalisme républicain.

Il apparaît en tout cas que si la formule de la loi obligeant les partis à changer leur manière de faire est certainement bonne pour ses effets d'entraînement à venir, cela ne suffit pas tant que des mesures ne sont pas prises concernant les instances et officines où s'exerce ce qu'on a coutume d'appeler le « pouvoir réel » pour y introduire énergiquement des conduites paritaires et tant que rien n'est prévu pour réduire efficacement les conduites d'évitement et les fraudes.

Et les quotas ?

L'établissement de quotas aurait-il été une solution efficace ? Il semble que non, pour plusieurs raisons qui ont été très bien exposées dans *Parité-Infos*[5]. É. Vogel-Polsky montre le défaut inhérent aux stratégies de discrimination dite « positive », que l'on veut temporaires, le temps d'aboutir à des résultats concrets. Il peut y avoir effectivement des effets bénéfiques sans, dit-elle, que cela modifie le système tout entier, pour des raisons structurelles qui tiennent aux « effets permanents et transversaux » des rapports des sexes « qui ne sont pas appelés à disparaître ». Elle vise, ce faisant, les effets du système archaïque, et très cristallisé, de représentations mentales dont nous nous servons toujours. Sur ce point précis, la discussion est ouverte. À mes yeux, la question n'est pas de faire « disparaître » les effets de l'appartenance à un sexe donné, mais de parvenir, au bout de longs efforts éducatifs de dessillement des yeux et avec des mesures parfois coercitives sur des plans concrets, à un changement de regard qui ferait que les aspects du féminin ne seraient plus automatiquement affectés d'un signe négatif. Des mesures précises peuvent parvenir à cet effet au long cours.

Cependant, l'argument très valable qu'Éliane Vogel-Polsky utilise contre le système des quotas envisagé comme moyen d'accès est « qu'il s'agit d'un instrument de rattrapage qui implicitement vise à l'assimilation des femmes aux hommes », ce qui permet de prétendre qu'on pourra les supprimer lorsque cet état sera atteint. Or, dit-elle, loin d'inférer une évolution continue vers l'égalité, ils « figent l'inégalité dans une proportion donnée » qui varie.

L'argument est parfaitement juste, dans la double mesure, à mes yeux, où les quotas sont établis sur une situation de fond, sclérosée, où rien n'est changé dans le regard mutuel que les deux sexes portent l'un sur l'autre et sur leurs rapports, d'une part ; et dans un esprit tel, d'autre part, qu'est entreprise une course de rattrapage asymptotique, perdue d'avance, car se recréent en permanence à l'horizon des domaines réservés du masculin, qui seront peut-être à une échelle modeste investis un jour pour être remplacés par d'autres, et cela à l'infini. Les erreurs du mouvement volontariste qui anime les systèmes qui ont pour but en principe de favoriser l'égalité dans un système inégalitaire sont de plusieurs ordres : on ne touche pas au système d'ensemble des représentations qui commande l'inégalité de fait en instaurant une situation temporaire d'exception ; on admet que le modèle à atteindre est le modèle masculin, lequel s'évade toujours par le haut ; dans une logique restrictive de quotas, comme « compromis acceptable », on inaugure ce faisant de nouveaux modes discriminatoires par la création politique, dans les esprits sinon dans les faits, de deux ordres de représentation, dont tout le passé de l'humanité laisse penser que l'une, masculine et fondée sur un principe mâle considéré comme transcendant, serait plus valorisée que l'autre et l'installation, toujours dans les esprits, d'une hiérarchie entre des élus, à quelque niveau que ce soit, dont les uns seraient censés être élus pour leur compétence et les autres pour cause de quotas ou de parité. Les femmes désignées par ce moyen seront soupçonnées de devoir leur promotion professionnelle ou politique moins à leurs capacités qu'à leur sexe.

Il apparaît ensuite que les quotas, comme méthode de promotion, fonctionnent comme un cadenassement de la société. Une fois atteint, le quota devient indépassable puisqu'il n'a pas été prévu comme moyen de parvenir à l'égalité mais purement comme « compromis acceptable », comme cela figure dans les traités de commerce, y compris dans le commerce inéquitable.

Enfin, le système des quotas ouvre la porte à toutes les actions en justice possibles, en usant à l'inverse de l'argument de ses effets comme discrimination à rebours frappant les hommes en les empêchant d'accéder librement au succès de leurs entreprises. Cet argument est de fait valable parce que la discrimination positive se fonde effectivement sur la détermination sexuée puisqu'il n'est pas possible dans le cadre des systèmes de pensée qui sont les nôtres sur le rapport des sexes de faire entendre, au-delà du discours universaliste de l'égalité formelle des individus quel que soit leur sexe, la nécessité de mettre au point des pratiques qui rendent compte effectivement de cette égalité idéelle sans recourir à la précision du sexe. Dans un certain nombre de pays, aux États-Unis notamment, la discrimination positive sexuée en faveur des femmes est attaquée au nom de son revers. En Grande-Bretagne eut lieu en 1996 un procès historique, porté par deux hommes devant l'équivalent britannique du conseil de prud'hommes, contre une décision du parti travailliste de choisir des femmes comme candidates officielles (en première ligne) pour les élections législatives, dans des circonscriptions présentant certains caractères : celles dont les sièges étaient occupés par des hommes travaillistes qui ne se représentaient pas ; celles où les travaillistes étaient en position de gagner ; les nouveaux sièges. Les comités régionaux choisirent ainsi 34 femmes comme futures candidates. Le parti travailliste savait que la loi de 1975 interdisant les discriminations fondées sur le sexe n'envisageait pas la fonction de représentant politique comme un emploi. Les prud'hommes acceptèrent cependant de juger de la plainte portée devant eux au nom de la Directive européenne sur l'égalité de traitement, l'idée étant que si la fonction politique ne relevait pas d'un métier ou d'une profession, l'activité de sélection préalable en relevait. Le tribunal donna donc raison aux plaignants d'avoir été « illégalement discriminés en raison de leur sexe[6] ».

Quelles pourraient être les solutions ?

Il faut changer radicalement la conception d'ensemble du propos paritaire.

En effet, en premier lieu, si l'égalité des sexes n'est pas reconnue comme droit inaliénable dans une optique universaliste et non pas différentialiste – mais l'universel ne doit pas être confondu avec l'indifférenciation –, alors la discrimination et l'inégalité dans les rapports sociaux de fait ne sont pas spontanément conçues comme injustes et condamnables. En conséquence, vouloir parvenir à l'égalité en la fondant sur la reconnaissance de la différence sexuée est un leurre car c'est reconnaître en quelque sorte le bien-fondé de la hiérarchie fondée sur cette différence telle qu'elle a été symbolisée au cours des siècles. Ce n'est pas conduire à son déclin cette forme millénaire de représentation puisqu'on en valide les prémisses indissociables de la symbolisation.

En deuxième lieu, l'erreur consiste à croire que l'égalité par la parité s'obtient par des mesures de rattrapage. Dans cette optique, on l'a dit, l'optimum (et le bastion des avantages qui vont avec) est le masculin ; l'objectif est, sinon de l'atteindre car il s'éloigne, du moins de s'en rapprocher.

Si l'on accepte la métaphore sportive, la reconnaissance formelle et factuelle de l'égalité, avec la nécessaire transformation parallèle des regards et des esprits, ne devrait être conçue ni comme une course-poursuite où les jambes seules ne peuvent défier celles qui sont assistées d'un moteur, ni comme une course avec handicaps, ce que serait l'instauration d'un système de quotas, mais plutôt comme une course de relais ou comme une modalité encore inconnue où chaque équipe (mixte) avance en direction de l'autre, pour se retrouver à mi-parcours dans des positions dont on peut calculer le rapport.

Au mépris de l'universalité proclamée par la version antérieure de la Constitution, la République, écrivait Robert Badinter, a toujours refusé avec constance aux femmes l'exercice égal des droits politiques : cela est amendable – sans qu'il eût été nécessaire de toucher à la Constitution – par des mesures légales ordinaires à condition qu'elles n'œuvrent pas dans l'esprit du rattrapage mais dans celui de la rencontre-fusion.

Des mesures entendues comme on vient de le dire impliquent une véritable volonté politique éclairée, d'autant plus difficile à susciter qu'elle doit s'appuyer sur une décision altruiste des hommes au pouvoir, lesquels doivent accepter l'abandon d'une partie de leurs prérogatives et nous avons vu combien cela est de l'ordre de l'impensable ; à défaut sur une forme d'inconscience comme ce fut le cas pour l'octroi de la contraception, qui ne concernait apparemment pas la sphère du pouvoir et dont les auteurs n'ont pas vu qu'elle touchait le cœur de la valence différentielle des sexes fondatrice du pouvoir masculin, comme nous l'avons dit plus haut ; ou encore sur une forme rarissime d'élan enthousiaste et généreux, comme celui de la Nuit du 4 août où furent abolis les privilèges de l'aristocratie. Mais en temps ordinaire, c'est la froideur du regard et des intérêts qui prime.

Manque donc la volonté politique de l'État et de ses principaux représentants à tous les niveaux et dans toutes les instances, qui consisterait à user simplement du privilège de désignation et de nomination qui leur revient pour nommer à des postes clés des services, administrations et directions politiques, et dans les corps préfectoraux, autant de femmes que d'hommes, non de manière comptable localement mais de la même manière aléatoire selon laquelle fonctionne le grand critère de l'universel biologique égalitaire : le *sex ratio* (lequel accorde, on le sait, un léger privilège aux hommes à la naissance).

Il devrait être possible à l'État non seulement d'inciter les universités et grands organismes d'enseignement et de recherche de nommer selon cette même règle non comptable autant de femmes que d'hommes dans les commissions de recrutement, les conseils, et dans les choix professoraux, mais aussi d'user de son droit correctif de désignation et nomination d'une partie des membres des commissions et de ratification des propositions de recrutement pour introduire l'égalité. Ce sont là des mesures aisées à prendre à condition de le vouloir vraiment.

La raison pour laquelle ce n'est pas fait ne tient pas à la moindre compétence féminine, dont tous les experts sont d'accord pour dire qu'il s'agit d'une idée fausse, ni de la moindre disponibilité des femmes, que de la volonté tacite, sereine et non questionnée de ne pas ouvrir réellement la porte à l'universalisme républicain, de conserver intacts les bastions masculins de l'exercice du pouvoir. Cette volonté tacite n'est pas questionnée du simple fait que perdure au fond des cœurs et des esprits le système archaïque de représentations que beaucoup désormais, hommes et femmes, cherchent à ébranler. Le coup de pouce nécessaire est cependant là. Dans les postes cités ci-dessus, il ne s'agit pas, on le voit, de situations électives mais de situations d'engagement et de décision : c'est en raison du travail au long cours accompli à ces niveaux que l'ébranlement peut se faire durablement en créant une habituation.

D'autres mesures seraient plus coûteuses (celle préconisée ci-dessus ne coûte rien) mais elles sont nécessaires. Il s'agit de la création en quantité suffisante d'équipements qui permettent aux femmes de sortir de l'engrenage fatal de la double journée de travail lorsqu'elles n'appartiennent pas à des milieux aisés. La question de la disponibilité semblable des hommes et des femmes à des tâches de représentation politique et à des mandats divers de l'exécutif peut être traitée de deux manières différentes : par un véritable partage des tâches familiales, dans le sens de la rencontre dont nous avons parlé plus haut, ce qui est difficile à obtenir compte tenu du considérable changement de regard, d'habitudes et de comportement qu'il convient d'opérer au préalable ; mais aussi très efficacement par un délestage dû à la prise en charge d'un certain nombre de problèmes par des équipements collectifs aisés d'accès : crèches, garderies y compris le soir si besoin est, aides ménagères, etc.

D'autres mesures, purement politiques, pourraient être prises, ou, si elles le sont déjà, être respectées avec vigilance.

La suppression du cumul des mandats, si elle était véritablement observée, pourrait créer un appel d'air considérable et ouvrir la porte à des femmes s'il n'y est pas fait sciemment obstruction. De la même façon que tout élu qui abandonne son siège pour un poste gouvernemental devrait se présenter à nouveau à l'élection plutôt que de reprendre, tel un dépôt confié, un poste qui fut occupé par le candidat suivant sur la liste, car l'élection ne confère ni un droit régalien à vie ni une aptitude à tous les mandats.

Il nous faudrait réfléchir aux effets contre-productifs de certains types de scrutins : le suffrage uninominal majoritaire, ou le suffrage indirect qui est le mode d'élection des sénateurs (en fait cooptation entre pairs) ne sont pas neutres en ce qui concerne l'accès des femmes aux magistratures.

Il est intéressant de constater que s'il y a en Suède 50 % de femmes au gouvernement, 40 % au Parlement, 48 % dans les conseils généraux et 41 % dans les conseils municipaux[7], cette participation n'est pas plus qu'en France le reflet de leur condition sociale. La condition féminine est fort semblable dans les deux pays. Qu'est-ce qui a changé en Suède ? Tout d'abord, certes, la maîtrise de la fécondité. Mais c'est aussi le résultat d'un véritable combat mené par de puissantes organisations féminines au sein des partis politiques modernes, en commençant dès les organisations de jeunesse. Ces organisations militantes, où les femmes refusaient le « service du café » lors des réunions communes, ont échoué sur le thème des quotas, mais se sont toujours battues au coup par coup, élection par élection, parvenant à un nombre croissant de femmes sur les listes électorales, dans les directions des partis et aux niveaux de responsabilité. Il convient d'encourager la création et la vie de pareilles organisations, partout où il s'en crée.

On pourrait aussi s'inspirer de l'exemple suédois sur un point précis, qui aurait pour avantage de confirmer la femme dans son rôle d'individu et de citoyenne : à savoir la suppression de l'imposition commune des ménages, chaque individu payant des impôts pour son propre compte. Ainsi le travail féminin ne serait-il plus perçu comme ce « supplément » qui aboutit à la surtaxe des revenus de l'homme.

Il conviendrait également de revoir l'écriture de tous les manuels d'enseignement du primaire au supérieur. Il s'agit là d'un impératif car c'est très tôt que s'impriment dans les esprits les ressorts du modèle archaïque dominant. Si l'entourage y concourt puissamment, l'autorité du texte n'est pas à négliger. Les points à traquer sont parfois subtils, comme il ressort de cet exemple pris sous la plume d'un grand historien parlant d'une artère de Paris au XIXe siècle : « *La* femme y vient faire *son* marché. » Ce ne sont pas *des* femmes qui viennent *au* marché ou faire *le* marché. Faire *son* marché, *ses* courses, *son* ménage, relève ainsi, par la simple vertu du verbe, du ressort ontologique du féminin.

Ce sont là des mesures qui rapprocheraient les hommes et les femmes dans un esprit universaliste d'égalité et que la puissance publique peut prendre pourvu qu'elle souscrive réellement aux effets à en attendre et donc qu'elle soit convaincue à travers ses représentants qu'il s'agit d'une absolue priorité et non pas seulement de problèmes adventices et mineurs par rapport aux problèmes majeurs qui sont ceux de l'économie ou des conflits politiques et sociaux.

L'exemple suédois

Élisabeth Elgán [8] a montré clairement que « l'entrée massive des femmes dans la vie politique suédoise [n'a pas été] la conséquence d'une évolution de la condition sociale des femmes mais le résultat d'un combat ». En effet, le marché du travail est toujours l'un des plus ségrégatifs qui soit. « Si on regroupe l'ensemble des revenus, salaires, allocations, pensions, bénéfices, revenus des capitaux, et de biens immobiliers, etc., les femmes nordiques ne totalisent que les deux tiers des revenus masculins. »

Le combat qui a été mené dans ce pays pour l'égalité politique a été efficace pour de multiples raisons : l'existence de ces organisations militantes et résolues au sein des partis, auxquelles on a fait allusion plus haut, mais aussi la volonté de faire corps autour de revendications très concrètes, hommes et femmes confondus, comme ce fut le cas pour l'obtention de l'imposition séparée qui a confirmé les femmes dans leur position de citoyennes à part entière (1970). Élisabeth Elgán note également le rôle des médias qui ont soutenu activement les combats féministes et l'importance des recherches universitaires diffusées dans le public et alimentant les débats, frappant parfois fortement l'opinion comme ce fut le cas pour « cette étude qui démontrait qu'un même texte, selon qu'il était attribué à un homme ou à une femme, n'était pas accueilli et analysé de la même façon par ses lecteurs ». Attribué à une femme, il était aisément moqué et rejeté.

Il faut ajouter à cela le poids structurel des systèmes électoraux (abolition de la Chambre haute issue du suffrage indirect, c'est-à-dire de la cooptation entre pairs) et le fait que le poids des élites constituées n'est pas le même qu'en France où il représente une sorte de noblesse d'État.

C'est à partir de 1980 et une fois atteint le seuil de 30 % de femmes dans les assemblées élues que l'accélération commence vraiment en Suède. Mais il importe de noter tout d'abord, contrairement aux idées reçues, que la politique menée ne devient pas fondamentalement différente : il n'y a pas une politique d'hommes ou une politique de femmes ; l'important est que les femmes ont accédé au jeu politique. À partir de cette date, elles occupent de plus en plus les commissions parlementaires (43 % en 1996), et débordent des commissions à vocation purement sociale sur celles traditionnellement plus prestigieuses des affaires étrangères ou des finances. S'amorce aussi le combat pour augmenter la présence des femmes à la direction des administrations centrales, où les règles de nomination sont peu claires. « De 16 % en 1986, le nombre de femmes dans les directions des administrations centrales est passé à 37 % en 1993 », et cela sans l'utilisation volontariste des quotas, simplement sous la conduite éclairée du Parlement.

De ces actions ont découlé de multiples effets : la critique des inégalités dans la composition par sexe de la hiérarchie universitaire (7 % de femmes professeurs) par exemple ; ou encore la légitimité plus visible de la vie familiale, avec même l'ouverture de crèches au Parlement. Mais surtout, par effet d'entraînement, des groupes jusqu'ici exclus de la vie publique commencent à se faire entendre, tels les jeunes et les immigrés ; on constate donc une démocratisation de la vie politique qui amène à la fois à lutter contre les « dérives maffieuses d'élus politiques depuis trop longtemps coupés de leurs bases » (sans qu'on parle pour autant d'une plus grande vertu féminine !) et incite les citoyens des deux sexes à s'engager plus avant dans la vie publique. L'objectif n'est plus, de façon décourageante, tenu comme inatteignable.

Tout n'est certes pas parfait en Suède. Comme on le verra par la suite, la prégnance du modèle continue d'agir pleinement dans le domaine de l'intime. Mais sur le plan de l'égalité politique et citoyenne, il apparaît clairement que, sans mesures proclamées de quotas et de parité constitutionnelle, sans incitation légale, mais par un combat mené efficacement et concrètement par les deux sexes sans défaillance, le bénéfice démocratique est immense.

Si l'universalisme est trompeur, qui recouvrirait en fait, pudiquement ou non, la domination du masculin, alors c'est bien à ce cœur même qu'il faut s'attaquer par des mesures concrètes efficaces comme la suppression du cumul des mandats, ou la modification des règles du suffrage, en tout cas par toutes les mesures nécessaires qui établissent les femmes comme individus à part entière. Cela ne peut se faire que par une véritable mobilisation des esprits et un véritable apprentissage de la cohabitation, des deux côtés, et donc par une éducation au politique et à l'idée d'égalité. Mais l'exemple suédois nous montre en plus que rien ne pourra se faire si les femmes ne maintiennent ni ne développent l'acquis primordial qu'est leur accès à la maîtrise de la reproduction. Il faudrait d'ailleurs que les femmes prennent conscience, partout dans le monde, du pouvoir d'obstruction qui est le leur dans le domaine de la procréation, difficile à mettre en actes le plus souvent, d'autant que la domination est si fortement ancrée qu'elle en paraît légitime à tous les acteurs. Mais alors qu'on leur reproche assez, dans notre monde occidental, de ne pas faire assez d'enfants, qui sait si, profondément, il ne s'agit pas d'un refus devant un monde qui n'est pas fait pour elles, qui les pénalise et les maintient en tutelle ? Il nous faut comprendre que la liberté individuelle et l'égalité entre les sexes travaillent au bénéfice de la société tout entière.

CHAPITRE 4

OBSTACLES ET BLOCAGES.
DE L'USAGE DU CORPS DES FEMMES

La valence différentielle des sexes et la domination masculine sont fondées sur l'appropriation par le genre masculin du pouvoir de fécondité du genre féminin et *ipso facto* sur la jouissance de la sexualité des femmes, puisque l'une ne va pas sans l'autre, avec comme corollaire le plaisir qui naît de l'acte sexuel. Nous voici donc de plain-pied dans le domaine sombre ou éclatant de la sexualité en tant que point tangentiel où se nouent et se renouvellent sans cesse toutes les contradictions et l'état de tension inhérents à la cohabitation de ces trois éléments : procréation, pulsion sexuelle et plaisir dans l'assouvissement de la pulsion. On les situe ici de façon neutre, comme des nécessités partagées par les deux sexes. C'est cependant dans cet ensemble noué serré, véritable nœud gordien, que se situent les freins et obstacles les plus forts au regard de l'égalité des sexes.

Des auteurs contemporains, juristes et psychanalystes surtout, font valoir que la politique récente du gouvernement français et de gouvernements américains et européens – légiférant dans des domaines parvenus récemment sur le devant de la scène tels que le harcèlement sexuel, la prostitution des mineurs, le tourisme dit « sexuel » ou la publicité – sous couvert de « politique des sexes » aboutit à une « criminalisation » ou à une « répression » du désir, qui n'a que peu à voir avec la préservation des libertés ni avec la recherche de l'égalité des sexes. Est-ce bien de cela qu'il s'agit ? Nous souhaitons nous associer à ce débat pour l'éclairer peut-être différemment, tout en ayant conscience de la difficulté du propos, soulignée par Freud que cite Michel Schneider dans un ouvrage récent : « Celui qui promettra à l'humanité de la délivrer de l'embarrassante sujétion sexuelle, quelque sottise qu'il choisisse de dire, sera considéré comme un héros[1]. » Ici point de proposition de cette sorte cependant, mais des éléments pour mieux comprendre les entrelacements d'une situation de pouvoir où causes et effets perdent la nette définition de leurs contours et se renforcent mutuellement, et peut-être mieux discerner les actions justes des chausse-trapes tant politiques que juridiques.

La lutte pour la possession de corps féminins

C'est par un cheminement déductif que nous pensons avoir établi que la valence différentielle des sexes et la domination masculine avaient leur fondement et leur emprise établis sur l'appropriation de la fécondité féminine et plus particulièrement sur la capacité des femmes à faire des fils pour les hommes qui ne peuvent les faire eux-mêmes. Pour être réussie vraiment, cette appropriation se double du confinement à ce rôle accompagné des mesures nécessaires à son efficacité :

affectation à des tâches répétitives d'entretien, devoir d'obéissance aux mâles, ignorance, mise à l'écart des zones du savoir et du pouvoir, négation du statut de personne apte à décider de son sort ou à œuvrer pour le bien commun, toutes mesures qui entraînent le dénigrement. C'est parce que les femmes sont sottes qu'elles sont ignorantes est un raisonnement bien connu.

Le corollaire de l'appropriation de la fécondité féminine est une lutte obligée et nécessaire entre hommes pour la captation individuelle de la sexualité de femmes particulières. Cette lutte constante pour se procurer des porteuses de fils a pour conséquence, outre l'ostentation et l'admiration de la puissance virile, l'ancrage d'une profonde conviction partagée par tous les humains : la pulsion masculine est licite et ne doit ni ne peut être réprimée dans son expression, même si elle peut être tenue en lisière au sein même de la lutte entre pairs. Elle s'est faite de façon constante dans l'histoire de l'humanité, nonobstant la diversité des institutions sociales, sous deux formes. La première est socialement policée. L'échange réalisé par des hommes, entre eux, des corps de leurs filles et de leurs sœurs dont ils sont les propriétaires, permet d'établir, toujours entre hommes, des liens durables de sociabilité, ces corps de filles et sœurs devenant entre d'autres mains des corps féconds d'épouses, silencieuses, prudes et chastes, faiseuses de fils, honorables. La deuxième forme n'a pas cette apparence policée. On peut l'énoncer ainsi : tout corps de femme qui n'est pas approprié, gardé et défendu par un propriétaire dont le droit est fondé sur la filiation et l'alliance et dont l'usage sexuel qu'il en fait ou fait faire est orienté vers la procréation, appartient potentiellement à tout homme dont la pulsion sexuelle est à assouvir. Rapt, viol, prostitution sont ainsi des succédanés de l'échange policé pour s'approprier, au moins temporairement, des corps de femmes, pour l'usage sexuel et la recherche du plaisir, usages qui, par le truchement de l'acte sexuel, sont indissociables de l'usage procréatif.

Sexualité, procréation, plaisir

Si, dans la réalité de la vie intime des couples dans toutes les sociétés, l'usage sexuel, la recherche du plaisir et l'usage procréatif ne sont pas nécessairement dissociés, nombre de cultures ont cependant cherché à réaliser cette dissociation, en chassant la recherche du plaisir sexuel du rapport conjugal procréatif et en refusant aux rapports illicites extraconjugaux le droit de porter des fruits légitimes. En Grèce, trois types de femmes différentes s'occupaient du maître de maison citoyen : l'épouse née dans la Cité, pourvoyeuse de fils dans la chasteté et la fidélité, la concubine qui s'occupait du bien-être quotidien du corps, et l'hétaïre ou la prostituée, de haut vol ou non, qui prenait en charge le plaisir sexuel. C'est vrai de l'Inde, où la société « admet le recours aux courtisanes pour préserver la pudeur des épouses ». À l'extérieur du domaine familial la liberté est grande et « l'union simultanée avec plusieurs femmes s'appelle l'union avec un troupeau de vaches ». Les *devadâsi*, danseuses sacrées et servantes du dieu, « sont à la fois tentatrices des ascètes et récompenses des dévots[2] ». C'est vrai aussi d'Israël qui, au temps du Déluge, permettait le mariage d'un homme avec deux femmes, l'une pour lui donner des enfants, l'autre pour lui donner du plaisir, laquelle utilisait des potions d'herbes pour rester stérile. À

Byzance, la découverte dans les égouts des bains d'Asqelon des ossements d'une centaine de bébés morts immédiatement après leur naissance, presque tous de sexe masculin, montre que l'infanticide était de règle quand la contraception n'était pas efficace dans le milieu des hétaïres et prostituées. Mais on gardait les fillettes, ressource utile et surtout gratuite pour renouveler les stocks futurs. Car pour alimenter les bordels, les hétaïres achetaient de jeunes esclaves ou élevaient des fillettes qui avaient été exposées. Ainsi, dans une société close de prostituées, la fillette née d'une hétaïre et épargnée à sa naissance (rare exemple d'une situation où ce n'est pas l'inverse qui s'accomplit) avait sa voie non seulement tracée d'avance, mais par sa présence elle assurait sa mère d'être entourée de soins dans sa vieillesse. Ce fut le sort de celle qui devint l'impératrice Théodora, née dans un bordel et réputée avoir connu les mêmes jeux sexuels que ses compagnes pour l'amusement des hommes, où des oies sont invitées à venir picorer le grain dont les sexes des femmes sont emplis [3].

Ce découplage des trois aspects – procréation, propriété sexuelle et plaisir – réalisé parfois sous deux aspects seulement – propriété sexuelle et procréation *vs* propriété sexuelle et plaisir – s'opère, on l'a vu, sous la forme de l'attribution de l'une ou l'autre fonction à des femmes différentes comme support, chacune étant chargée exclusivement de l'accomplissement de l'une d'entre elles, au bénéfice moral et physique d'un homme. Il a pour effet, grâce à un découpage minutieux, d'identifier, authentifier et intensifier la licéité des pulsions masculines au sein de la société.

On peut considérer que l'introduction moderne de procédés contraceptifs efficaces aboutit à un découpage du même ordre pour les femmes, vécu, choisi, voulu par elles. Et il est vrai que le bénéfice attendu n'est plus celui de l'homme. Nous avons vu que ce bénéfice majeur était dans la reconnaissance juridique du statut de personne à part entière dévolu aux femmes, la possibilité d'accéder au plaisir sans risque en faisant certes partie. Mais le fait même que le bénéfice ne soit plus celui exclusif de l'homme est la raison pour laquelle l'usage des moyens contraceptifs par les femmes est perçu par tous les fondamentalismes, sans exception, comme la porte ouverte à la débauche féminine, en tant que pendant obligé de son émancipation. Ce même usage est également perçu par nombre d'hommes comme une licence supplémentaire qui leur est offerte d'user librement du corps de femmes délivrées de la hantise de grossesses non souhaitées. Ainsi, l'usage par une femme de moyens contraceptifs est-il, dans cette logique archaïque toujours présente et active, détourné de son objectif et perçu comme une invite et une permission, c'est-à-dire comme un renforcement de la licéité de la pulsion masculine sous la forme de la recherche de l'assouvissement, découplée de l'impératif procréateur.

Toutes les sociétés n'ont pas joué ce jeu du découplage des facettes de l'activité sexuelle, qui a pour effet la satisfaction différenciée des besoins masculins. Et même dans les sociétés qui ont opéré ce décou-plage, nombre d'hommes n'ont pas ou n'ont pas eu les moyens de parvenir à cette organisation parfaite de leur sexualité. C'est au sein du couple, au moyen de pratiques diversement considérées, comme l'onanisme, que se gère la complexité des rapports sexuels, sans que ce soit pour autant au bénéfice de la sexualité féminine.

Il n'y a pas véritablement de prostitution, et encore moins de marché de la prostitution, dans les sociétés paysannes européennes et autres, même si la fille qui avait « fauté » devenait une proie qu'on disait « facile ». Viol et inceste étaient des méthodes substitutives vraisemblablement tout aussi efficaces que tenues secrètes[4]. Dans des sociétés villageoises africaines, où l'organisation traditionnelle est restée forte malgré la modernité étatique, la prostitution à proprement parler n'existe pas non plus loin des villes. À ce que j'ai pu observer, chez les Samo du Burkina Faso, on appelle *gagáre*, ce qui veut dire « sauvages », non domestiquées, les femmes veuves ou ayant quitté définitivement leur époux sans pour autant être revenues chercher l'appui d'un père ou d'un frère, qui assument leur subsistance comme agricultrices ou le plus souvent comme fabricantes et commerçantes de bière de mil et élèvent seules leurs enfants. Le terme qui les désigne comme « sauvages » souligne en fait leur autonomie, leur absence de tutelle. Elles ne sont pas pour autant des prostituées même si elles ont des amants auxquels elles attribuent, de leur propre chef, la paternité de leurs enfants, qui est un bien très recherché. Il n'y a pas de mépris à leur encontre, car elles s'assument comme des hommes et parce qu'en fin de compte le pouvoir mâle de procréation et d'inscription dans la filiation n'est pas atteint par leur comportement.

La licéité de la pulsion masculine

Un point n'est jamais mis en discussion : c'est la licéité de la pulsion masculine exclusivement, sa nécessité à être comme composante légitime de la nature de l'homme, son droit à s'exprimer, tous éléments refusés à la pulsion sexuelle féminine, jusqu'à son existence même. C'est l'élément le plus fort et absolument invariable de la valence différentielle des sexes : la pulsion sexuelle masculine n'a pas à être entravée ni contrecarrée ; il est légitime qu'elle s'exerce sauf si elle le fait de manière violente et brutale à l'encontre du droit officiel d'autres hommes. Elle est.

Pour faire une société viable, il a fallu légiférer et réglementer un certain nombre de pulsions inhérentes à la condition humaine. Les deux pulsions les mieux contrôlées, enserrées dans des corps juridiques variés, sont d'une part celle attentatoire à la vie et à la sécurité physique d'autrui (un autrui défini si précisément que ces règles limitatives ne protègent pas, on le sait, tout humain quel qu'il soit) ; d'autre part celle attentatoire à la propriété d'autrui : maisons, champs, animaux, objets, possessions diverses acquises légalement de différentes manières. Bien des sociétés considèrent toujours les femmes comme faisant partie de la propriété des hommes.

Bien d'autres pulsions sont encadrées plus ou moins rigoureusement ou insidieusement : pulsion de savoir, d'être autonome, respecté, de se faire entendre, etc. La pulsion sexuelle masculine, quant à elle, est considérée comme devant se déployer librement, dans la limite cependant du respect des usages sociaux et des lois qui encadrent la protection de la vie et des biens. Historiquement en Occident, une répression religieuse féroce a pu régner sur la sexualité des jeunes et des adolescents pour l'obliger à suivre des canons établis, sans pour autant mettre en cause la légitimité exclusive de la pulsion mâle, adulte surtout. Ailleurs, dans des sociétés non soumises à ces morales, une répression sociale porte moins sur l'aspect normatif de la sexualité des jeunes gens que sur la sauvegarde des intérêts et privilèges des hommes adultes en ce domaine.

C'est cette évidence apparemment naturelle de la légitimité de la pulsion sexuelle mâle qu'il convient désormais d'interroger, non pour la réprimer totalement, ce qui n'aurait pas de sens, mais pour aboutir à un exercice qui reconnaisse la légitimité parallèle de la pulsion féminine et éviter que l'expression de l'une se traduise par l'annihilation de l'autre.

Car cette légitimité exclusive et absolue de la pulsion masculine à s'assouvir a pour corollaire ou, au rebours, naît de la certitude que tout corps de femme non protégé par un homme est offert et de bonne prise d'une part, et que ces corps appropriés pour la satisfaction immédiate sont destitués de toute valeur d'autre part. La condamnation morale et le rejet social sont pour les femmes sans défense qui n'ont pas pu ou su éloigner d'elles la convoitise masculine, non pour l'homme. Elles sont jugées responsables de leur situation eu égard à la soi-disant naturelle animalité qui caractériserait leurs propres pulsions, en cela différentes des pulsions masculines. Selon un raisonnement tautologique analogue à celui dénoncé au XVIIIe siècle par Gabrielle Souchon – c'est parce que les femmes sont naturellement bêtes et ignorantes qu'il convient de ne pas les éduquer –, l'argument utilisé déclare que c'est parce qu'elles sont naturellement animales et dotées de pulsions sexuelles inextinguibles qu'il est normal que les hommes à la fois les brident, en usent sexuellement à leur gré tout en les jugeant responsables de cet état de fait.

On ne prétend pas ici qu'un cynisme triomphant est ou a été le mode de réalisation de toutes les adolescences et vies masculines, loin de là. Pour ce qui est de la société occidentale chrétienne, on l'a dit, une répression brutale a porté aussi sur la sexualité masculine adolescente. Il ne s'agissait pas de sauvegarder ou d'établir une égalité de fait entre les libidos des deux sexes, égalité tout à fait impensable dans ce contexte. Il s'agissait de réprimer tous les actes sexuels qui n'avaient pas la procréation mais la concupiscence pour but, ceux qui avaient lieu hors mariage (alors même que la fréquentation des prostituées pour le « soulagement » physique pouvait être tenue pour souhaitable) ou qui avaient recours à d'autres voies que la voie génitale hétérosexuelle. Si l'on y ajoute les clivages sociaux, les effets pouvaient être détonants. Restif de la Bretonne parle des jeunes paysans vigoureux et pauvres, à la sexualité réprimée par les commandements de l'Église, et dont « la lubricité féroce est beaucoup plus exaltée que celle des riches. Les pauvres ne jouissent de rien, et ils désirent tout avec violence ; toutes les filles sont au-dessus d'eux, et ils voudraient les violer toutes […]. Il faut avoir vu les effets de cette passion, dans les pauvres vigoureux, pour en avoir une idée [5] ». Au XIXe siècle, les témoignages abondent de la chasse à la masturbation dans les pensionnats, tenue pour avoir des effets débilitants et même mortifères pour l'organisme masculin qui se perdait dans la consomption, selon les théories du docteur Tissot, et au XXe siècle des difficultés adolescentes masculines à approcher l'autre sexe avant les ébranlements considérables des années 1960. Pourtant, le vrai est que le fond du tableau, que la disposition du monde tel qu'il est offert aux deux sexes, est bien celui-là : tout est fait pour la réalisation sans obstacles majeurs des pulsions sexuelles masculines adultes.

Des discours pour étayer cette affirmation

Un discours populaire normalement moqueur et cynique le répète en ses dictons : « Je lâche mon coq, rentrez vos poules », « Femme un peu mûre doit être cueillie », « Fille oisive, à mal pensive », etc., où le signifié est triplement celui du droit du mâle dans un espace non gardé, des mauvais penchants exclusivement féminins et de l'obligation de les canaliser dans le mariage. C'est Jean-Louis Flandrin qui, au terme de recherches historiques approfondies dans les diverses régions de France du XVIᵉ au XIXᵉ siècle, peut écrire : « Si les filles se faisaient engrosser, ce n'était jamais parce qu'elles étaient tombées amoureuses d'un homme et avaient voulu avoir avec lui des relations sexuelles, c'était toujours parce qu'un homme les avait désirées [un homme mûr, souvent marié, pas un adolescent], et avait obtenu par séduction ou par contrainte de jouir d'elles. Il y a là une structure de comportement fondamentale, qu'il importe de souligner[6]. » Pour l'auteur, il s'agit d'une « structure de comportement » qui renvoie donc dos à dos à la nature de l'un et l'autre sexe, active *vs* passive, libre *vs* soumise, forte *vs* faible, offensive *vs* réduite à l'impuissance. Si l'on accepte ce point de vue, il n'y a rien qui puisse être tenté : la cause est de toute éternité entendue. Mais on peut penser différemment. Si structure il y a bien, ce n'est pas celle d'un comportement naturel, mais celle d'une vision culturelle, c'est-à-dire construite, universelle, qui admet et pose en pétition de principe le bien-fondé des oppositions dualistes ci-dessus, qui ont été élaborées non pas à partir de comportements opposés naturellement intangibles mais à partir de spécificités physiologiques qui font que seules les femmes font les enfants et que le sexe, également dispensateur de plaisir, est nécessaire pour les obtenir. On a vu ce qui s'ensuit.

Saint Augustin disait que la société serait réduite au chaos à cause des convoitises insatisfaites si on bannissait les prostituées de la Cité. La question est bien celle de la convoitise masculine, ce qui ne suscite pas chez lui d'objections morales car il s'agit de la nature même de l'homme. Il écrit également qu'il est plus condamnable qu'une honnête épouse laisse son mari agir sexuellement à sa guise avec elle en usant de « coïts contre nature » plutôt que de le laisser se satisfaire auprès de prostituées [7]. On ne peut dire plus clairement que le désir de l'homme, y compris pour des actes considérés comme contre nature, n'est pas vraiment condamnable car sa nature même l'y pousse ; en revanche sont condamnables l'épouse qui s'y prête comme la prostituée qui sert d'exutoire. Saint Augustin a d'ailleurs proclamé que le corps d'un homme est supérieur à celui d'une femme, comme l'âme est supérieure au corps [8].

On se souvient qu'un des arguments utilisés pour légitimer la polygamie, lors des débats marocains sur le statut de la famille, était bien celui de la « nature » masculine irrépressible. La polygamie devient ainsi un recours bénéfique pour les épouses vieillissantes. En régime monogame, elles seraient renvoyées par un mari que sa concupiscence naturelle et légitime rend volage ; la polygamie leur permet de sauvegarder une position protégée lorsqu'elles doivent partager leur statut avec de jeunes coépouses. À aucun moment ne sont donc mis en question ni cette « nature » concupiscente et volage de l'homme ni son droit à y succomber au détriment de ses engagements antérieurs et du droit (éventuel) d'autres êtres humains. La conséquence logique de cette dénégation ne peut être que le refus d'accorder aux femmes les mêmes droits que ceux dont disposent les hommes, ainsi que nous avons essayé de le montrer.

Si l'on regarde d'un peu haut et sous cet éclairage, même les reconnaissances les plus officielles du droit des femmes restent souvent biaisées : ainsi du statut de crime contre l'humanité accordé à la grossesse forcée. Sur un autre registre, celui de la croyance, mais qui n'est pas fondamentalement éloigné de notre propos, le texte reconnaît implicitement la validité d'une idée partagée qui place dans la semence spermatique le statut ethnique et même religieux de l'enfant à venir. Le texte dit qu'est punissable l'acte qui vise à obtenir cet effet, à savoir le viol répété et la grossesse forcée. C'est donc que l'effet (faire faire à une femme un enfant ethniquement et religieusement différent d'elle) dépend bien de l'acte et, donc, de la volonté masculine de jouir et de procréer de force un enfant semblable à lui de par son sperme tout-puissant. L'enfant attendu est un mâle, il va de soi.

Ainsi tous les corps féminins sont faits pour rendre, à des titres divers, un service particulier aux hommes qui représentent l'humanité pleine et entière et dont les pulsions et l'avidité naturelles vont de soi.

On retrouve ce discours latent sous bien des formes. Prenons deux exemples chez des romanciers classiques du XXe siècle, non excessifs. André Maurois écrit : « Le musicien rend aux sentiments le service humble et nécessaire que les prostituées rendent aux sens[9] » ; ou encore : « Tous les discours du monde n'empêcheront pas [les hommes] d'être des bimanes obscènes et jaloux, avides de nourriture, de femelles et de métaux brillants. » Les sentiments et les sens qui doivent être comblés sont exclusivement ceux des hommes, cela ressort comme une évidence, et même si le jugement moral est méprisant, seuls les hommes représentent cette humanité « obscène », puisque les femmes sont vues comme des objets convoitables au même titre que la nourriture et que l'or. Alphonse Boudard : « La vérité c'est que les hommes sont ni plus ni moins des chiens […]. On s'agite mais il ne s'agit que de ça. De sauter à n'importe quel prix sur une femelle. La vie en société nous oblige seulement à y mettre des formes. On invente mille astuces […] pour mieux forcer les barrages [10]. » La société impose des formes certes, sinon « ce serait le pandémonium », mais elle ne touche pas à l'essentiel : le bien-fondé de l'idée de l'irrépressible et légitime pulsion masculine.

Des faits : le marché des hommes

La prostitution sous ses différentes formes, masculine ou féminine, est de façon claire à l'usage exclusif des hommes ; même si l'on signale l'existence de nos jours de voyages organisés vers les tropiques pour la satisfaction sexuelle de riches et mûrissantes femmes du nord de l'Europe. Il n'est d'ailleurs pas sûr que l'égalité en ce domaine passe par la création d'un tourisme sexuel à l'usage des femmes. Ce serait à tout le moins reproduire l'exploitation de la pauvreté. Cela dit, cet argument moral n'est pas celui qui aurait le plus de poids à l'encontre de cette innovation. Pour que la symétrie soit totale, encore faudrait-il que l'usage de prostitués soit également offert aux femmes jeunes engagées dans des liens de type conjugal, comme c'est le cas pour les hommes. Toutes mesures contraceptives prises, personne n'oserait cependant avancer, sans faire rire, l'idée d'une telle symétrie, tant est prégnante l'idée que l'homme possède et que la femme appartient.

La prostitution qu'elle soit mâle – jeunes garçons et adolescents surtout – ou féminine – fillettes, jeunes filles, femmes de tous âges – est donc à l'exclusive disposition des hommes, selon leur goût et leur vouloir. Elle offre, dans les lieux qui lui sont adaptés, un étalage et un choix où chacun peut, selon l'expression consacrée, faire son marché ou son « tri [11] ». Pour beaucoup de clients interrogés, l'essentiel du plaisir escompté est très exactement celui-là : aller de l'une à l'autre, regarder, flairer, choisir, savoir que toute cette chair disponible et offerte l'est *pour* soi. La journaliste du *Monde* décrit au Bois, roulant au pas, ces « chasseurs tranquilles, souverains, glissant au milieu de ce harem virtuel et bigarré. "Le plaisir du voyeurisme est énorme", dit le copain du chauffeur de taxi. "Une fois qu'on a fait le circuit, qu'on y soit passé ou non, on dort bien", insiste-t-il, candide. » Les clients occasionnels des prostituées parisiennes sont pour la majorité « ravis d'avoir, sans en élire aucune, "une multitude de femmes potentiellement à leur service" », explique une prostituée qui ajoute qu'aux yeux de ses clients « la prostitution va de soi. Cela fait partie de leur mode d'accès à la sexualité ».

Fantasme ou réalité, peu importe. Ce qui compte vraiment est l'idée de la toute-puissance virtuelle qui est là en chaque homme et qu'il peut à tout moment exercer sur des corps offerts à son usage.

Le langage même qui fait des femmes qui se livrent à la prostitution, selon les lieux et les époques, des femmes « publiques », des filles de « joie », des filles de

« réconfort » ou de « détente », exprime très exactement ce à quoi elles sont dévolues. La joie et le réconfort sont ceux du mâle. Elles sont « publiques » dans la mesure où leurs corps appartiennent à tous les hommes et relèvent ainsi de l'espace public, à cela près que la notion même de « public » renvoie non pas au bien de l'humanité sous ses deux formes mais à la satisfaction de l'une d'entre elles seulement. Michelle Perrot a relevé efficacement le paradoxe dans l'usage de ce qualificatif : un homme public est celui qui consacre sa pensée, son action, sa vie par l'action politique et intellectuelle éthérée conçue comme une oblation au bien de la société à laquelle il appartient, une femme publique est celle qui fait de son corps le déversoir des humeurs sexuelles d'individus singuliers, activité conçue comme basse et méprisable [12]. Là encore, le chiasme est parfait.

Émancipation, provocation, prostitution

La prostitution est vue par les prédicateurs islamistes comme l'une des retombées de l'émancipation féminine de la tutelle mâle, émancipation qui est elle-même fille du matérialisme et de la liberté. Bien évidemment la prostitution n'a rien à voir avec cette émancipation (puisqu'elle fait structurellement bon ménage avec le contrôle mâle pour autant qu'il porte sur des corps différents), mais si elle est présentée de la sorte et pour ainsi dire de la même façon au sein de l'affrontement religieux entre les pays d'islam et de chrétienté, c'est une preuve supplémentaire de l'existence universelle ou quasi universelle du schéma mental où les femmes sont appropriées et tenues sévèrement en lisière dans une situation dont leur « nature » fautive est seule responsable et dont le déshonneur rejaillit sur leur famille. La responsabilité mâle est oblitérée.

L'accusation de prostitution double le ressentiment devant une réelle émancipation. La journaliste Daikha Dridi a voulu expliquer les massacres spécifiques de femmes qui ont eu lieu à Hassi Messaoud pendant l'été 2001 [13]. Ils ont été précédés en juillet par d'autres massacres à Tébessa, où de jeunes femmes travaillaient comme serveuses et entraîneuses dans un hôtel. Les terroristes sont venus, se sont adressés aux hommes pour une leçon de dévotion puis ont égorgé sous leurs yeux cinq jeunes femmes, accusées d'être des « saletés ». Le militaire commandant le détachement des forces de l'ordre venu à la rescousse après coup ajoute à leur martyre en déclarant : « C'est pour ce tas de m… que je risque ma vie et celle de mes hommes », et elles sont enterrées anonymement pour ne pas « déshonorer » leur famille. À Hassi Messaoud, ce sont quarante femmes qui sont agressées, « violées, battues, mutilées, brûlées », et la polémique tourne autour du fait de savoir si ce sont des prostituées ou non. En fait, ce sont des femmes de ménage employées sur les bases pétrolières algériennes ou étrangères. « Loin du père, du frère, ou sans mari, à Hassi Messaoud elles vivent seules, avec leurs enfants ou entre elles. » C'est cela qui est impardonnable. Les agresseurs ne sont pas des maquisards mais des « mineurs, encadrés par des adultes en furie ». La réussite de ces femmes – elles font vivre leur famille par leur travail – et leur indépendance sont intolérables pour des adultes en situation de chômage et d'échec qui se servent de jeunes hommes également brimés, d'autant qu'ils ne disposent pas du laissez-passer obligatoire pour Hassi Messaoud. Les femmes sont donc métaphoriquement des prostituées, à ce titre horriblement punissables par les hommes, simplement parce qu'elles travaillent, qu'elles sont des individus autonomes et responsables, et qu'elles réussissent mieux, ce faisant, que leurs compatriotes mâles.

Devient provocation le simple fait d'exister par soi et pour soi, et même le simple fait d'exister tout court, de se montrer publiquement, de dévoiler son corps, une part de son corps, aux regards. Au sens propre, le voile, qu'il appartienne à la tradition grecque, romaine, judéo-chrétienne, musulmane, signifie que le corps qu'il soustrait aux regards n'est pas à prendre. *A contrario*, le port du voile était interdit aux prostituées, aux hiérodules non mariées, aux esclaves, dans l'Antiquité. L'absence de voile signifiait alors que le corps était offert à tous [14].

L'indulgence est de règle pour le violeur dès qu'il fait état de la provocation qu'il a subie. Cela peut se constater partout, même si une évolution sensible se fait jour, dans les pays occidentaux, qui pousse à ne pas prendre cette explication pour argent comptant ni surtout à ne pas l'accepter pour absoudre un crime. Ainsi une cour d'appel à Dubaï adoucit la peine d'un violeur car sa victime de onze ans l'avait « tenté par sa tenue légère [15] » ; un tribunal italien remet en liberté le meurtrier d'une prostituée kenyane dont il a jeté le corps aux ordures, car c'est là un cas « où la justice doit faire preuve de compassion » et où « le maintien en détention [...] ne rime à rien [16] ». Au rebours, à l'enterrement de la « reine des maisons closes », organisatrice de plaisirs licites, le président de la Chambre de commerce d'Istanbul et le procureur général de la République ont fait porter fleurs et couronnes : elle avait été une fidèle pourvoyeuse et alliée dans l'ordre établi [17].

Quelques exemples singuliers

Le traitement des crimes dits passionnels, dont nous avons vu à quel point ils sont meurtriers de femmes et passés néanmoins sous silence, fait partie des éléments de preuve de ce que l'appropriation des épouses et l'assouvissement sexuel qui va avec sont une sorte de droit naturel reconnu aux hommes, dans le cadre de la vision archaïque du rapport des sexes. Dans les pays occidentaux, 80 % de ces délits sont le fait d'hommes qui ne supportent pas d'être quittés pour des raisons diverses, où l'amour sert d'excuse ; les 20 % restants qui sont le fait de femmes vérifient dans leur forte majorité cette même proposition, car il s'agit surtout d'épouses acculées au meurtre pour échapper à la terreur d'une relation brutale de propriété. Et cependant l'image forte généralement véhiculée est celle de l'épouse adultère qui avec son amant tue un mari trop confiant, comme dans *Le Facteur sonne toujours deux fois*.

En Hollande, pays souvent à l'avant-garde en légalisant des pratiques jusqu'ici non admises ou inconnues, il existe un corps d'« assistantes sexuelles » qui vont à domicile satisfaire les besoins des handicapés, à 73 euros pour une heure et demie de service [18]. Il va de soi qu'il s'agit bien de femmes, infirmières très spécialisées, qui rendent ce service à des hommes handicapés. Le même service n'est pas proposé ni disponible pour des femmes qui se trouveraient dans une situation homologue, grabataires et sans personne pour les gratifier sexuellement. À l'énoncé de cette nouvelle, on ne peut qu'applaudir à une forme de « charité » au sens le plus noble du terme, celui de l'émotion altruiste. On pense au héros de Dalton Trumbo, corps sensible, intellectuellement et émotionnellement intact, réduit à l'état de tronc et condamné à y périr enfermé, privé volontairement par la hiérarchie médicale du contact avec la seule personne qui avait su l'entendre [19]. Mais au-delà de l'altruisme, il reste qu'il semble spontanément normal que ce service-là soit rendu à des hommes seulement, pas plus qu'on n'imagine sans gêne un système social qui mettrait des hommes à la disposition des femmes de tous âges et de tout statut comme moyen d'accès normal à la sexualité. Pas plus que n'est concevable l'image d'un corps nu, fragile, d'adolescent ployé sur le sol, au centre d'un cercle de femmes bottées qui rient de sa peur et de son humiliation, exact pendant d'une scène décrite par Alain Rollat et que nous avons citée plus haut. La scène du cercle d'hommes bottés n'évoque certes pas une conduite normale mais, de façon dévoyée et choquante, à un certain niveau de la conscience elle ne surprend pas.

Par ce type de raisonnements nous ne cherchons pas à établir une parfaite homologie entre les sexes comme base de l'égalité souhaitée, mais simplement à faire sentir la force de représentations où l'obliquité de la relation des sexes et l'inégalité sont intériorisées très profondément par tous les individus et à ouvrir la réflexion sur ce que cela implique du point de vue de la libido.

Pulsion, désir, libido

Il n'est pas dans mes capacités de pénétrer sur le terrain analytique pour discuter de ces notions. Il me semble pourtant pouvoir avancer deux points.

Premièrement, peut-on raisonnablement penser que la libido, l'économie sexuelle, qui est le moteur énergétique de l'humain, soit l'apanage du seul masculin ? Et comment concilier ce point de vue sous-jacent au privilège mâle d'avoir tous les exutoires disponibles et l'idée couramment exprimée que ce sont les organismes féminins qui à la fois ont les pulsions les plus sombres et les plus débridées et tirent de leur réalisation les jouissances les plus fortes ? On le sait, Tirésias estimait la cote du plaisir féminin à trois fois trois quand l'homme atteignait un sur cette échelle particulière, déclaration pour laquelle il fut puni d'aveuglement par Héra, furieuse, dit-on, de voir ainsi trahi le secret des femmes. Il s'agit certes d'un mythe mais il traduit efficacement à la fois cette croyance, la peur masculine du féminin, et une peur symétrique supposée des femmes de voir dévoilé le ressort d'une domination inverse qui serait cachée au cœur de la sujétion sexuelle où elles se trouvent, puisque l'ignorance du rapport (supposé réel) de forces serait dans le camp du masculin.

De ce chiasme, il faut tirer la conclusion qui s'impose. Le montage classique qui veut que seul compte le désir masculin, qui peut être assouvi sur tous les corps à disposition, tandis qu'il convient parallèlement de réprimer l'appétence sexuelle des épouses tout en exploitant les possibilités de plaisir mâle – mais sans recherche de réciprocité – offertes par les autres, ce montage est bien une construction idéologique et non la traduction d'une réalité psychophysiologique, et c'est sans doute la plus profonde, la plus forte, la plus lourde de conséquences de toutes.

Cette construction est-elle fondée sur l'asymétrie ? L'asymétrie physique est nécessairement forte dans l'expression et dans la réalisation de la libido, mais on peut difficilement exciper que cette seule asymétrie organique, qui oppose pénétrant à pénétré, soit à la source de la domination sociale du masculin qui s'exerce dans tous les domaines de la vie. Comme pour actif/passif, cela suppose une valorisation préalable. La marque féminine attachée au corps pénétré est une marque d'emblée négative quels que soient le corps pénétré et sa capacité de pénétration propre ; d'autre part le caractère actif *vs* passif n'est pas automatiquement associé aux caractères pénétrant *vs* pénétré. Dans l'activité sexuelle avec pénétration, la passivité peut être masculine et être alors valorisée comme c'est le cas en Inde. Pour comprendre la domination, il faut passer, ce me semble, par d'autres exigences : l'appropriation obligée de corps de femmes pour la procréation en général, certes, mais surtout pour la reproduction de la forme physique mâle, par la procréation de fils pour les hommes. Le clivage des usages des corps des femmes en les répartissant entre des femmes différentes, dans certains contextes culturels dont nous avons envisagé rapidement certains, et qui propose des éléments supplémentaires de jouissance mâle, suppose au départ une intellection du fondement primaire de la domination, à savoir la nécessité de la captation et de la réclusion de certains corps féminins, par accord entre des hommes bénéficiaires, pour la reproduction de leur genre.

Est-elle fondée sur une moindre appétence des femmes au plaisir, comme différence « naturelle » ? Un postulat de base sur le fonctionnement du monde animal dont l'humain relève est celui que la recherche au moindre coût du plaisir est un besoin universellement partagé [20]. Conviendrait-il donc d'entendre que cet universalisme à la décente connotation égalitaire ne recouvrirait en fait dans le domaine sexuel que la pulsion masculine, alors qu'il serait de même nature dans d'autres domaines, comme la recherche de la nourriture, d'un abri, du repos ou l'évitement de la douleur ? Ou faut-il encore postuler que la recherche du plaisir du côté du féminin n'a rien à voir avec l'activité sexuelle et, par exemple, tout à voir avec la plénitude de la maternité ? Ainsi, nous retrouverions du côté de la libido le même déni sous couvert d'universalisme dans l'expression d'une loi que celui qui rayait les femmes du statut de personne et de la citoyenneté : tous les êtres humains recherchent le plaisir, mais pas les femmes ou alors différemment. Est posée ainsi *a priori* une différence de « nature » au fondement de l'ordre social. Mais rien ne permet d'asseoir objectivement l'hypothèse de cette moindre appétence des femmes dans le domaine du désir sexuel et de la recherche du plaisir, ou d'une appétence radicalement autre dans son objet.

Comme élément permettant de mieux comprendre les hypothèses de l'asymétrie et du moindre appétit de plaisir chez les femmes, on propose de distinguer entre la violence d'une pulsion hormonale, irrésistible, contraignante et sans orientation véritable vers un partenaire aimé ou désiré que seul connaîtrait le sexe masculin, et la constance d'un désir amoureux orienté et en recherche de réciprocité qui serait le lot du sexe féminin. Mais il s'agit là, en fait, de rôles socialement distribués et de rationalisations justificatives : il ne découle pas automatiquement de l'évidence d'une envie sexuelle masculine qu'il s'agit d'une pulsion intolérable et impossible à contrôler et qui doit être physiologiquement satisfaite sur-le-champ, la vie quotidienne de bien des hommes le démontre, et pas seulement celle des ascètes et anachorètes, et sans passer nécessairement par la sublimation ; le désir amoureux peut se traduire, pour les deux sexes, sous la forme de pulsions ; le désir peut être également, comme l'écrit Michel Schneider, non seulement transi (désirer qui ne désire pas en retour) mais aussi intransitif (ne désirer personne en particulier), tel Chérubin [21], dans une incapacité de satisfaction qui ajouterait à sa force pulsionnelle plutôt qu'elle ne l'atténuerait.

Le simple fait de reconnaître comme besoin le désir sexuel masculin, en présentant aux yeux une face torrentielle que rien ne peut arrêter ni brider, par opposition aux « eaux dormantes » du désir féminin, est en soi une justification de la licéité du désir mâle : elle autorise tout passage à l'acte dans les limites instituées que nous avons vues (ne pas tuer, ne pas prendre à autrui, alors que le simple fait de respecter généralement ces limites constitue la preuve que la pulsion peut être contrôlée par l'individu qui l'éprouve). La contrainte sociale est bien du côté de la construction mentale, de la représentation, pas du côté d'une « nature » inflexible qui dirait le juste rapport des sexes.

Prenons l'exemple de la nymphomanie. C'est le terme psychiatrique qui décrit une forme de dérangement physique et mental où une femme s'offre à de multiples partenaires. Il est fort possible que, dans un état extrême de frustration et d'exacerbation de la libido, la nymphomanie soit effectivement un trouble psychiatrique. Mais il convient de souligner que la simple recherche de partenaires multiples, en l'absence de réseaux d'offre idoine sur un marché spécialisé, représentait pour les femmes occidentales, avant les changements des quatre dernières décennies, un parcours du combattant ardu sur le front de la respectabilité. Or si le recours à des partenaires multiples relève du dévergondage ou du trouble mental quand il s'agit des femmes, le recours des hommes à la prostitution (pour ne pas parler des rapports sous contrainte) relève simplement, quant à lui, de l'hygiène nécessaire. On vide un organe d'un trop-plein qui lui pèse, tout comme vomir ou excréter. On est dans le langage du physiologique pur. Mais, à l'inverse, la métaphore possible dans le même registre, de la « sustentation » nécessaire n'est, quant à elle, jamais utilisée pour appuyer une éventuelle revendication de la satisfaction légitime de besoins féminins. Si on utilise cette métaphore, c'est sous la forme des excès de femmes boulimiques, dévoratrices ou ogresses qui cherchent à vider l'homme de sa substance, ou parfois en évoquant la valeur curative du sperme, quand le commerce sexuel, dans une union légitime, est censé rendre force et vie aux blanches jeunes filles chlorotiques [22].

Réalités d'aujourd'hui

Il peut paraître désespérant de s'apercevoir que le tableau qu'on dresse aujourd'hui n'a guère varié et s'est peut-être même assombri, en raison de formes nouvelles d'usage sexuel du corps des femmes et, il convient de l'ajouter, des enfants des deux sexes, et de l'aggravation des formes traditionnelles d'exploitation.

Pourtant le regard change, tant officiel et politique que privé. La loi, l'application judiciaire des lois, l'implication policière s'installent sur le terrain du sexe, pour protéger les faibles des assauts des forts. Est-ce au risque d'enrégimenter le désir, de tarir la libido ? C'est certes une question importante mais on ne peut pas se contenter de la poser en ces termes sans courir le risque de conforter le modèle dominant qui confine libido et pulsion au sexe masculin. Car si le regard commence effectivement à changer pour certains individus enfin éclairés, la norme massive de comportement demeure, puisque rien n'a été fait jusqu'ici pour qu'elle change vraiment dans ce domaine central qu'est celui des représentations de la sexualité masculine et féminine, et, surtout, les usagers de pratique sexuelle obtenue par violence ou par commerce inégal augmentent régulièrement en élargissant leur terrain de chasse.

On sait par exemple que malgré la généralisation de la prise de conscience de l'existence du tourisme sexuel, malgré sa stigmatisation et l'engagement même de l'industrie touristique dans la lutte, peu de progrès ont pu être accomplis à ce jour en raison de la force d'une demande qui s'accentue, laquelle est à 99 % masculine[23] et touche par an 2 à 3 millions d'enfants, qui plus est de plus en plus jeunes, en raison de la peur du sida que manifestent les clients[24]. Ces chiffres, puisque chaque enfant a de nombreux clients, donnent une idée de la masse de la demande.

Le tourisme sexuel fait partie des formes nouvelles d'usage du corps des femmes. En font partie également l'organisation de trafics mafieux internationaux qui mettent sur le marché urbain des filles de plus en plus jeunes, exotiques et forcées, ainsi que la banalisation des viols collectifs. Enfin, de façon insidieuse mais délibérée et construite, l'usage des capacités érotiques du corps des femmes à des fins publicitaires et marchandes obéit étroitement au schéma mental qui veut que le corps des femmes appartienne à tous les hommes, à commencer par le regard d'appropriation posé sur lui comme un droit.

Ce qu'on appelle le harcèlement sexuel n'est pas en revanche une forme nouvelle mais correspond à la prise de conscience de l'illégitimité de la situation de pouvoir permettant à l'employeur, comme au maître ou au seigneur des temps jadis, l'exercice de privautés sous contrainte physique ou morale (ne serait-ce que celle de l'évidence de son droit) et en usant de son autorité.

La question n'est pas seulement d'endiguer des excès par la loi. Il faut parvenir, par l'éducation sans cesse répétée, à faire comprendre les mécanismes universels des systèmes de pensée qui nous régissent et nous conditionnent sans pour autant être fondés, puisqu'il s'agit des constructions archaïques que nous avons décortiquées précédemment. Il faut ensuite, et c'est plus difficile encore, non seulement en tirer des conclusions mais surtout des points d'impact qui amèneront progressivement les individus à changer d'idées et de comportements. Il y faudra beaucoup de temps. Pierre Bourdieu parlait de « l'extraordinaire inertie qui résulte de l'inscription des structures sociales dans le corps [25] », inertie qui tient à la coutume et donc à ce qui est transmis dès la toute petite enfance par l'éducation justement et par le dressage des corps. Parlant de Bourdieu, Jacques Bouveresse écrit : « Il ne faut pas seulement vouloir savoir, il faut aussi vouloir tirer des conclusions de ce que l'on sait et, quand les conclusions à tirer sont des conclusions pratiques, on entre dans un domaine sur lequel l'intellect n'a malheureusement plus guère de prise et qu'on ne maîtrise pas mieux aujourd'hui qu'autrefois », mais il atténue la portée pessimiste de son propos en ajoutant que cela ne doit pas changer notre idée de ce qui constitue « une action libre et responsable », indépendante de « l'existence des régularités sociologiques qui gouvernent le comportement des agents individuels [26] ». Je pense de la même manière que c'est effectivement la ligne qu'il nous faudrait tenir : expliquer, faire comprendre, convaincre, enseigner, mettre en pratique, pour obtenir au long terme une révolution copernicienne du système qui régit partout le rapport des sexes. Mais il faut avoir constamment présente à l'esprit la difficulté de l'entreprise, ne serait-ce que parce qu'elle demande à une moitié de l'humanité de se défaire de privilèges millénaires pour accéder à des bonheurs dans l'égalité dont nul ne lui a jamais fait envisager la simple possibilité, philosophes compris, ni tracé la charge rétributive éventuelle. Parvenir à l'égalité ne suppose pas de le faire par une victoire à l'arraché dans une « guerre » menée contre le genre masculin dans laquelle il ne peut que se défendre, ou par des sanctions incompréhensibles au regard du schème dominant, mais par la coopération et l'alliance, changement de perspective qui suppose, on s'en doute, d'avoir déjà atteint grâce à de multiples actions individuelles, le premier état de la révolution.

Un nouvel usage du corps des femmes : la publicité

La publicité, aux fins essentiellement commerciales puisqu'il s'agit de faire acheter des produits dans un milieu de grande concurrence, utilise le corps des femmes ou l'image sexuée de différentes manières. L'une est de bonne guerre dans le monde contemporain qui ne fait mystère ni du corps ni de la sexualité, et traduit efficacement dans ce cadre-là l'érotisme qui accompagne les relations humaines, même s'il peut sembler que l'image publicitaire est décalée par rapport à l'objet qu'il faut promouvoir. Ce décalage est sans aucun doute lui-même voulu : il s'agit de transférer l'aura érotique du corps utilisé en appel vers l'objet. Ainsi, la vision des jambes de Claudia Schiffer qui sort d'une voiture après un freinage brutal, ramasse le ballon qui fut la cause du coup de frein, le remet avec un baiser sur le front du petit garçon (noir) émerveillé qui attend au bord du trottoir, et repart victorieusement sous les ballons et les faux *lazzi* moqueurs de la bande de jeunes copains qui se trémoussent en mimant jalousement les baisers qu'ils n'ont pas reçus, cette vision transmet plusieurs messages qui érotisent la voiture mais la chargent également d'une vive coloration de chaleur humaine.

D'autres au contraire utilisent à fond et promeuvent ce faisant le grand modèle dominant qu'on vient d'exposer. Cela peut se faire de trois manières différentes, semble-t-il.

C'est tout d'abord l'utilisation de corps ou de fragments de corps où le visage est absent, présentés dans des poses suggestives, avec un accompagnement de mots qui suggèrent efficacement un autre usage possible, aux hommes exclusivement réservé, non du produit dont l'achat est proposé aux femmes, mais du corps lui-même. Images de lingerie fine, avec leçons de séduction incorporées ou phrases à double entente : « Pourquoi mon banquier me préfère-t-il "à découvert" ? » ; ce slogan publicitaire est particulièrement remarquable, qui laisse aussi entendre, avec quel humour, que la banque sérieuse est affaire d'hommes, nul banquier n'ayant jamais préféré avoir des clients hommes « à découvert », c'est-à-dire dans ce contexte sexuellement offert, plutôt que des clients qui rapportent. Le corps renversé, cambré, en appui jambes ouvertes sur de hautes sandales en lamé serrées à la cheville, nu et très blanc sur fond noir, de la femme rousse qui présente *Opium*, fait plus que suggérer l'usage sexuel du corps ainsi offert aux yeux. Remarquer cet usage publicitaire du corps féminin n'est pas fait ici pour s'abriter derrière les notions de pudeur ou d'outrage, mais pour faire ressortir une double asymétrie : il faut susciter le désir masculin pour faire acheter un produit par les femmes, mais pour faire acheter un produit par les hommes il n'est pas nécessaire de passer par la mobilisation du désir féminin. On a même noté au rebours qu'une valorisation trop féminine nuisait aux produits à destination des hommes.

C'est bien là, il est vrai, le piège profond tendu aux femmes par le modèle archaïque dominant : si elles n'existent pas comme personnes mais uniquement dans le désir et le regard porté sur elles par les hommes, il est nécessaire qu'elles s'y conforment pour se sentir exister (d'où le sentiment de déréliction qui accompagne souvent la ménopause). Michel Schneider se trompe quand il prétend que les femmes elles-mêmes ne souhaitent pas qu'il y ait « moins de sexe » pour la raison énoncée par un humoriste misogyne du XIXe : « Quelque horreur qu'inspire une violence amoureuse à la personne qui en est l'objet, il est à remarquer qu'elle en inspire encore davantage aux femmes à qui elle n'est point faite [27]. » La phrase est mal tournée mais elle signifie crûment (passant de « personne » asexuée aux femmes dans leur ensemble) qu'une femme a toujours horreur de n'être point recherchée et que nul ne cherche à lui faire violence. Ce n'est pas là l'évidence d'une contradiction profonde dans les êtres, ou d'une coquetterie innée féminine, mais le révélateur qu'entre l'inexistence et l'existence dans et par le désir d'un homme, le choix a toujours été draconien pour les femmes. Ce n'est pas « moins de sexe » qu'elles réclament, c'en est peut-être davantage ou mieux à leur goût, mais en tout cas, plus de considération.

Une deuxième façon d'utiliser fantasmatiquement le modèle dominant consiste, par images ou jeux de mots incorporés, à laisser entendre que ce corps, qui n'est pas dans ce cas systématiquement offert à l'usage sexuel, est néanmoins un corps animal qui peut subir tous les sévices. Fantasme masculin donc que celui de Babette, qu'on peut ou qu'on doit « fouetter », « battre », « lier », « faire passer à la casserole », publicité qui joue – voluptueusement on veut le croire pour son créateur qui n'y voit que le plaisir des mots – sur l'ambiguïté entre une crème fraîche qui porte un nom de femme et la femme elle-même à la douceur de crème ; fantasmes masculins encore que ceux qui représentent une femme soumise, aux pieds de son maître chaussé de cuir, ou nue en compagnie d'animaux dont elle a la posture et la démarche. Dans le genre, il serait difficile de trouver publicité plus suggestive de l'idée de la nature animale des femmes que celle lancée par serialweb. com[28], qui représente vue de dos et dépourvue de tête une jeune femme en minijupe noire, une main d'homme posée sur sa taille, et dont la jupe est soulevée par-derrière, découvrant une petite culotte blanche enfantine, par le long nez d'un teckel très visiblement mâle, lui-même tenu dans les bras d'une jeune femme assise dont le regard souriant se détourne et dont deux doigts de la main gauche soutiennent les organes sexuels de la bête : histoire de faire comprendre doublement qu'un corps (un sexe) de femme est appétissant même pour un chien et que les effluves qu'il émet sont irrésistibles et provocants pour tout désir mâle. Le rapport avec le site de sorties censé être promu de la sorte n'existe que dans la mesure où le message transmis aux hommes est que les femmes qui sortent dans ces lieux ne sont rien d'autre que des bêtes en chaleur bonnes à prendre.

Il existe encore une troisième manière très insidieuse qui, pour présenter un objet, caricature les femmes ou en dévalue les capacités : mauvaises conductrices, se battant comme des chiffonnières pour des soldes, stupides (« Je n'ai pas inventé la poudre mais je sais l'utiliser », Canderel), volailles piaillantes (publicité pour une mayonnaise), pour ne pas parler de toutes celles, ordinaires, qui les montrent usant avec ravissement de leurs jouets préférés : balai, serpillière, seau et Ajax, dans des ballets euphoriques sous le soleil du Midi. L'une d'entre elles, déjà ancienne, me paraît remarquable en ce qu'elle est le type même de ce recours au modèle dominant qui infériorise les femmes pour mieux valoriser au rebours un objet créé de la main de l'homme pour l'homme. Siemens s'est offert, en pleine page du *Monde*, à plusieurs reprises, une publicité pour le GSM Siemens S4 « Power », qui dispose d'une autonomie de dix heures de conversation. Entre des réveils qui témoignent du temps passé, la page est intégralement occupée par des « bla bla blabla blablabla »... différemment appariés, le tout sur cinquante lignes, avec la conclusion qui s'impose : « Mauvaise nouvelle. Votre femme peut rester dix heures au téléphone. Record mondial battu[29]. » Compte tenu du contexte, la mauvaise nouvelle concerne le mari, utilisateur préférentiel qui saurait parler autrement que par « blabla », et payeur grugé par l'intempérance verbale de sa femme et sa vacuité, typiques de son sexe.

On le voit, ces trois modes sont en prise directe non avec l'érotisation normale des rapports humains mais avec le fantasme inscrit au cœur du modèle archaïque de valence différentielle des sexes et de domination masculine. C'est la raison pour laquelle les publicitaires se refusent à comprendre la capacité réitérative des messages véhiculés par leurs créations, puisqu'ils y souscrivent sans avoir jamais réfléchi à leur bien-fondé. L'Association des agences-conseil en communication reconnaît une utilisation parfois maladroite en affichage, technique très exposée à tous les regards, mais rien sur le fond. Le Club des directeurs artistiques reconnaît « une banalisation de l'utilisation des femmes comme objets », mauvaise habitude mais rare néanmoins et moins effrayante en publicité que dans la musique rap, et accuse par ailleurs les femmes qui se plaignent d'être aussi les victimes dociles de ces mêmes annonceurs. Outre que ce ne sont pas nécessairement les mêmes, nous avons vu comment faire justice de cet argument. BDDP et Fils considère que la publicité est en ce domaine un bouc émissaire commode alors qu'elle n'est que le miroir de la société (ce qui n'est pas faux) et revient sur l'idée que la même publicité dans une revue un peu snob ne produit pas le même effet que si elle est étalée sur les murs. En quelque sorte, une sensibilité élitiste (masculine ?) est à même de faire le tri avec humour, ce que ne peut faire le commun des mortels surtout s'il s'agit des femmes qui sont l'objet de ce commerce élitiste pour gens raffinés. Enfin, le groupe Publicis nie purement l'idée de l'exploitation volontaire du désir sexuel proprement dit puisque l'objet recherché est le transfert du désir vers la marque et le produit ; de plus, le destinataire de l'image garde le droit de la refuser par son comportement d'acheteur, mais il ne peut disposer de droit de regard sur la motivation qui est à la base de la création de cette image [30].

On peut en juger : les gens du métier « bottent en touche ». Le problème soulevé n'est perçu à aucun moment dans sa teneur propre, sauf chez Publicis qui n'y voit cependant que le ressort nécessaire à un transfert dans un but commercial. Il n'est pas nié à proprement parler : il n'est pas perçu.

Un groupe d'experts a remis en juillet 2001 au gouvernement français un rapport sur l'image des femmes dans la publicité qui constate des dérives transgressant de façon manifeste « le respect de la dignité humaine » et propose des mesures non pour sauver un « ordre moral » mais pour lutter « contre la violence et la discrimination ». Quelles mesures ? Appeler à la responsabilisation des publicitaires eux-mêmes par le biais d'un code de déontologie et de procédures d'autocontrôle en adaptant en ce sens les statuts du Bureau de vérification de la publicité ; donner aux associations le droit de saisir les tribunaux, en actualisant la loi bien connue du 29 juillet 1881 par l'adjonction aux motifs prévus de sanction de « la discrimination de sexe, de handicap, d'âge ou d'orientation sexuelle », libellé déjà utilisé par le traité d'Amsterdam ; encourager enfin le débat d'idées et les forums de discussion pour argumenter avec les professionnels [31]. Il est certain que ce dernier point, qui vise à la formation et à l'information mutuelles, est essentiel surtout s'il aboutit à une prise de conscience des gens du métier et à l'instauration de règles déontologiques dont l'une des plus simples pourrait être d'apprendre à résister aux séductions du verbe et du double langage. On ne sait ce qu'il adviendra de ce projet qui risque de soulever contre lui, et surtout contre la possibilité offerte aux associations de porter plainte, bien des opposants qui craignent le retour de l'ordre moral et d'une forme de censure sur la création. Encore faudrait-il s'entendre sur le mot « création », qui comme celui de « concept » est assez frauduleusement utilisé. Y aurait-il retour de l'ordre moral dès lors qu'il s'agit de veiller à ce que la naissante égalité des sexes ne soit pas sapée à sa base même ? Et n'est-ce pas une belle pirouette que d'admettre du même mouvement par l'expression même de cette crainte, l'usage foncièrement « amoral » (au sens du mépris accordé à l'autre) qui est fait du corps des femmes dans la publicité ?

Il reste que telles que les choses se présentent devant nos yeux, le contenu du discours publicitaire qui pourrait – pourquoi pas ? – accompagner les mesures prises en faveur de l'égalité des sexes, travaille exactement en sens inverse. La porte-parole du groupe d'experts constatait que « tout se passe comme si l'inégalité se déplaçait dans le discours de l'entreprise, comme une sorte de vengeance ». Le mot est un peu fort, en ce qu'il sous-entend une conscience claire d'un tort et tout aussi claire de mesures de rétorsion à mettre en chantier, ce qui n'est pas le cas pour les publicitaires en cause pris séparément. Mais reflétant effectivement l'air du temps, il n'est pas exclu qu'on voie là non seulement s'exprimer librement le cœur même du modèle archaïque dominant, mais qu'il s'exprime d'autant plus fortement qu'il commence à se sentir menacé.

La sauvagerie de l'humiliation sexuelle

Est-ce à ce même essai d'explication que l'on doit recourir pour rendre compte de la généralisation ou de la nouveauté de pratiques barbares fondées sur le droit du mâle, dont on peut dire simultanément qu'elles ont toujours existé sur le mode de l'exception et qu'elles représentent aujourd'hui une réalité quotidienne particulièrement visible et envahissante, presque ordinaire ?

C'est bien sûr le viol commis en temps d'exactions et de guerre dont il a été question dans la deuxième partie de ce livre – accompagné ou non de détention, répétition, action collective et grossesse forcée –, où soldats et miliciens tirent un profit sexuel de la jeune fille ou de la femme tombée entre leurs mains et une intense satisfaction de son impuissance et de son humiliation, mais visent également à humilier l'ensemble de sa famille et à briser ce faisant la résistance de tous. C'est aussi le viol comme punition favorite infligée aux femmes dans tous les pays où l'on « n'accorde pas aux civils la possibilité de contester la légalité de leur mise en détention ou de l'atteinte à leurs droits [32] ». Cet acte est délibérément commis par des agents de l'État sûrs de leur impunité puisque leur droit et leur force leur viennent de l'État lui-même, et qui tirent parallèlement de l'exercice de ce qu'ils estiment être leurs prérogatives d'officiers de police et de justice une jouissance sexuelle gratuite, une sorte d'aubaine en pays conquis.

On reste là cependant dans le domaine, classique si l'on peut dire, de la satisfaction masculine qui peut être prise légitimement sur des corps que l'occasion (la guerre, la répression) rend disponibles en invalidant le droit de ceux qui les contrôlaient antérieurement, qu'il s'agisse de pères ou de maris. Le corps de la femme est, non pas métaphoriquement mais réellement, un territoire ennemi, jugulé, terrassé, mis à sac et à profit.

En fait, il est surtout question ici, à l'appui de cette interrogation liminaire, de la généralisation dans les pays occidentaux du viol comme moyen normal d'accès à la sexualité des garçons (ce que le recours à la prostitution est dans le contexte adulte), viol collectif commis en bande d'adolescents, qui est officiellement dénommé « viol en réunion sur mineure ». *Le Monde de l'éducation* le définit ainsi : « Un type d'agression collective où une jeune fille est attirée par un ou une camarade dans un lieu où plusieurs autres l'attendent pour lui faire subir des sévices sexuels [et qui] est souvent appelé "tournante" ou "plan pétasse" [33]. »

Préméditation...

Un certain nombre de points communs sont à relever des commentaires des journaux. Tout d'abord, les « tournantes » ne sont pas seulement le fait de banlieues défavorisées ; il s'en pratique également dans les beaux quartiers, comme dans le cas du collège Clemenceau à Lyon. La préméditation est constante (comme on le voit dans l'expression « plan taspé »), avec le choix d'une victime souvent présentée comme timide, effacée, sérieuse, bonne élève, à l'écart de la bande organisée, laquelle peut comprendre des filles qui assistent aux viols et parfois amènent la future victime, payant ainsi en quelque sorte leur droit d'accès. La fille choisie peut faire l'objet d'un assaut brutal et isolé, en groupe (telle la jeune fille enlevée au centre de Lyon par des camarades de collège qui appellent ensuite les autres sur leur portable [34]), mais il s'agit surtout d'opérations menées sur le long terme. Dans le cas de Lyon, la jeune fille avait été assaillie deux fois déjà de la même manière et reconnue. Plus généralement, une fois accomplie la première emprise, la jeune fille choisie devient une esclave sexuelle à usage quotidien – on vient parfois la chercher à domicile – pour les auteurs initiaux qui en appellent d'autres afin qu'ils profitent aussi de l'aubaine, dans un supplice qui peut durer plusieurs mois avant que la chose s'ébruite. Un des points éclairants sur le caractère prémédité et très construit de l'opération est qu'elle est précédée le plus souvent par une mise en condition affective et psychologique particulière menée sur des semaines : la bande délègue son « beau gosse » pour séduire la future victime, lui faire croire à un sentiment amoureux, et obtenir d'elle une baisse de défense. Quand la jeune fille accepte de le suivre dans un lieu écarté (cave, parking, cage d'escalier ou même appartement), elle est mise en présence de la bande qui l'attend sur rendez-vous en quelque sorte. C'est la raison pour laquelle l'argument du « flirt », du comportement de légèreté ou du consentement de la victime est généralement utilisé par les agresseurs. Si elle est d'accord pour l'un d'eux, elle est censée être d'accord pour tous. Parfois, le premier rapport sexuel est en effet librement consenti, si l'on peut parler de libre choix en ce cas. Ainsi le cas jugé en avril 2001 du viol d'une fillette de 14 ans dans les caves d'une cité du 19e arrondissement à Paris par dix jeunes gens. L'agression se reproduisit deux fois ; la première fois elle eut lieu « à l'initiative de son petit ami de l'époque, écrit *Le Monde,* qui avait décidé de "partager" sa copine[35] ». L'expression est fautive, à l'usage des adultes. Elle n'était pas sa petite amie : il s'agit en fait du traquenard perpétré consciemment par le « beau gosse » émissaire et rabatteur.

Préméditation et chasse concertée, donc, qui s'adressent à des jeunes filles appartenant au même milieu social et scolaire que leurs agresseurs, mais fragiles et isolées, à l'écart des bandes. Souvent très jeunes, comme les garçons eux-mêmes (entre 11 et 14 ans pour une affaire jugée à Besançon[36]), ce sont cependant parfois des femmes adultes qui sont prises pour cible, mais déficientes mentales et choisies pour leur vulnérabilité même.

Une pression forte s'exerce sur les victimes et les oblige au silence et à l'acceptation. Elle vise leur famille, et surtout les jeunes sœurs, menacée de mesures de rétorsion si la victime se décidait à parler. Quand plainte est déposée, la famille tout entière, parents, frères et sœurs sont traqués au point qu'ils doivent souvent déménager[37]. Car du point de vue de la collectivité, familles et victime sont coupables de s'être mises en travers de l'exercice naturel d'un droit en faisant appel aux institutions : l'entourage considère alors que sont punis à tort des jeunes gens tenus désormais non plus pour des agresseurs mais pour des victimes, puisqu'ils ont été provoqués dans une « affaire de jeunes » où la fille est par définition allumeuse et consentante. L'appui populaire se porte du côté des violeurs, comme dans l'affaire de Roubaix analysée par *Le Nouvel Observateur* ou dans l'affaire de Lyon où, selon l'assistante sociale du lycée, « les collégiens marqués par une violence d'élimination du plus fragile, comme dans le "Loft", ont du mal à accepter l'implication de leurs camarades » et incriminent plutôt la « légèreté » de la victime.

... et inconscience

Le point le plus remarquable de tous est l'inconscience manifeste des auteurs de la gravité de leurs actes. Tous les témoignages concordent en ce sens. « Pour eux c'est un acte anodin », déclare l'une des avocates de la défense dans l'affaire du 19ᵉ arrondissement parisien. À propos d'une tournante qui a duré quatre mois, où deux jeunes filles étaient impliquées et ramenées chaque jour, avec « vingt individus qui faisaient la queue tous les soirs », les gamins de 15 ans arrêtés ne voient vraiment pas où est le mal : « Ces gamins prennent les filles comme ils se serviraient dans un supermarché », déclare un commandant de gendarmerie qui s'occupe de l'affaire [38].

Interrogée par un journaliste du *Monde* [39], une jeune fille d'Évry déclare : « Pour les garçons, participer à une tournante, c'est comme s'ils avaient gagné la Coupe du monde. On dirait qu'il y a une espèce de concours entre eux. De toute façon, les garçons peuvent faire toutes les conneries du monde, on ne leur dira jamais rien », alors qu'il suffit qu'une fille soit vue avec un garçon pour « qu'il y ait des rumeurs sur elle ». Les garçons interrogés dans la même enquête pensent qu'une « fille qui se fait tourner dans le quartier ["se fait tourner" et non "qu'on fait tourner"], on la force pas, c'est qu'elle veut », ajoutant cependant : « C'est vrai que quand on est en groupe, on est dans un délire. Avec les filles, [...] on joue trop avec elles et on n'a pas froid aux yeux. » Un autre déclare : « Quand les filles disent qu'on veut seulement coucher avec elles, elles n'ont pas tort. Le romantisme, ça n'existe pas », ajoutant qu'il veut se marier plus tard avec une fille vierge et qu'il surveille sa sœur car « si jamais ta sœur passe pour une "tasse" (pétasse) alors c'est la honte [...], les gens vont même plus te regarder ».

Carences affectives ou loi du plus fort ?

Ces discours sont particulièrement intéressants et révélateurs du regard lucide que portent les acteurs et les témoins de ces drames sur ce qui est en cause dans ces affaires. Quant aux analyses adultes, politiques ou psychologiques, elles mettent en avant carences affectives et misère sexuelle pour expliquer la « logique de pure consommation », la « grande pauvreté des sentiments et des affects [40] » des acteurs, ce qui est sans doute vrai des agresseurs, mais qui estimera la richesse des affects (douleur, honte, ressentiment, frayeur...) qu'éprouvent les victimes ? Un rapport sociologique (dont l'auteur est Éric Debarbieux), remis à l'Institut des hautes études de la sécurité intérieure, démonte remarquablement sur un autre registre, plus général, « les mécanismes de la violence des mineurs [41] » : centrés sur la loi du plus fort, ils mettent en œuvre des tests de sélection en groupe qui affirment réciproquement la vulnérabilité des uns et la force des autres, le tout dans un contexte machiste où s'impose comme loi du groupe un « code des garçons ». Ce code fonctionne à la fois de façon « impérative comme véritable construction de l'honneur » et de la manière la plus ostensible qui soit. En effet, il faut s'imposer en permanence pour conserver sa place, ce qui implique le harcèlement soutenu des faibles. « Le fort doit toujours aller plus loin », s'il veut simplement garder sa place dans la hiérarchie.

Ce sont là des analyses d'une grande justesse, fondées sur des travaux de terrain, mais si le cas des tournantes est en effet exemplaire de la loi du plus fort et d'une logique de pure consommation, il s'inscrit plus fondamentalement encore dans le modèle dominant de représentation de la différence des sexes, ce que les adolescents interrogés traduisaient fidèlement par leurs paroles. C'est donc bien ce modèle qui, loin de disparaître sous les assauts conjugués des changements idéologiques sur le statut des femmes induits par la contraception ou la parité et des législations répressives, montre ses capacités de résistance, de renouvellement, et sa pugnacité à être.

Nous avons posé la question de savoir si ce modèle ne s'exprimerait pas, par réaction, d'autant plus fortement qu'il commence à être menacé et aussi simplement parce que se confortent mutuellement et vont dans le même sens les effets de la publicité et d'arts mineurs sous toutes leurs formes, l'idéologie de la consommation, un système éducatif qui rejette l'interdit, auxquels on peut ajouter l'absence de perspectives d'avenir et de centres d'intérêt offerts aux adolescents. Mais si tous ces facteurs peuvent expliquer l'explosion des formes de délinquance que sont les tournantes, ils n'en inventent ni les données fondamentales : des hommes prennent leur plaisir sur des corps féminins, ni les caractères particuliers : le droit du mâle comme droit du plus fort, l'infamie du côté de la victime, la satisfaction et l'orgueil dans l'humiliation de l'autre.

Une inquiétante re-création

C'est moins d'une réactivité que d'une re-création qu'il s'agit. L'inquiétude devant cette situation vient de ce que ce sont des adolescents de plus en plus jeunes (on notera que je ne parle pas de la jeunesse en général mais d'individus en particulier) qui reprennent le modèle archaïque en l'exacerbant : non seulement ils l'ont intériorisé comme chacun l'a fait et continue de le faire dès l'enfance, mais au lieu de lutter contre lui ils en ont inventé une nouvelle formule, institutionnelle au sens où elle est socialement admise par ce qu'on appelle la culture de groupe des jeunes, pour le traduire efficacement dans les faits de la vie courante sous sa forme la plus brute. De plus, les garçons mineurs concernés considèrent ce mode d'accès à la sexualité comme le mode normal, au même titre que la recherche prévue en d'autres temps par les mêmes acteurs d'une vierge épouse, ou que la fréquentation par les adultes de prostituées. Disparaît totalement l'idée d'un apprentissage de la sexualité dans une relation de désir partagé, ainsi que cela ressort de la revendication assumée d'absence de romantisme. Deux types de femmes restent seuls en présence : la fille préservée, en vue du mariage traditionnel et de la procréation, et, au-delà du troupeau lointain et ordinaire de femmes inaccessibles et pour cette raison invisibles, les faibles de sa mouvance que l'on contraint et dont on peut user et abuser sans remords.

Recréation du modèle archaïque de domination, caractère jugé normal de l'apprentissage sexuel du mâle par extorsion, exercice de cette sexualité particulière sous les yeux du groupe, avec son assentiment et pour obtenir sa caution (une sorte de Coupe du monde en équipe) sont des faits d'importance majeure qui doivent légitimement inquiéter parce qu'ils sont profondément contraires à l'idée d'égalité des sexes comme ils le sont aux idées de liberté et de dignité. En un temps où la notion de « respect » est mise en avant comme revendication légitime d'identité par les jeunes gens, il est frappant que ce même respect soit littéralement refusé aux filles que l'on a fait volontairement basculer dans la deuxième catégorie.

Il ne fait aucun doute que ces actes doivent être punis pour leur sauvagerie et qu'ils doivent l'être sans délai. Mais au-delà, comment faire sortir de la tête des mineurs un modèle qu'ils réélaborent mais qu'ils tiennent, inchangé, de leurs propres pères et de la société tout entière ? Heureusement il ne s'agit pas des pratiques les plus courantes mais le simple fait qu'elles soient attestées partout en France et dans tous les milieux incite à la vigilance. Il ne conviendrait pas que les acquis obtenus pour l'égalité des sexes soient réduits à néant dans l'avenir et pour les générations qui suivent par des pratiques naissantes de domination sexuelle encore plus violentes que par le passé dont les effets se feraient sentir sur la population tout entière. Le changement global que nous sommes en train de vivre et qui mène vers l'égalité ne se fait pas sur un front continu. Il est normal qu'il y ait des avancées, des zones tenues à l'écart et même des poches de résistance. Mais il s'agit d'autre chose ici : c'est d'une véritable offensive contre l'égalité des sexes qu'il s'agit, au sein d'une population malléable dont les convictions pour l'avenir sont en train de se forger. Cette offensive doit être contenue. Pour cela, il faut plaider encore et toujours pour l'éducation : celle des maîtres et formateurs, celle des parents, celle dispensée à l'école, travail de titan si cette éducation qui parle à l'intelligence n'est pas accompagnée de changements sociaux majeurs. C'est pourtant là la seule solution : comprendre, faire comprendre, et tenter de passer, concrètement et politiquement, de l'intellection à l'action.

Trafics et réseaux organisés de prostitution

L'époque contemporaine se caractérise par une explosion du trafic des êtres humains sous différentes formes : ateliers clandestins, esclavage domestique portant essentiellement sur des jeunes femmes et des fillettes, et surtout prostitution organisée au profit de grands groupes mafieux.

Si nous nous en tenons au phénomène de la prostitution organisée en Europe, on considère qu'entrent actuellement par an dans la Communauté entre 100 000 et 120 000 jeunes femmes (entre 14 et 25 ans), originaires des pays de l'Est (Albanie, Bulgarie, Macédoine, Moldavie, Roumanie, Ukraine, etc.) ou des pays d'Afrique occidentale (surtout Côte-d'Ivoire, Ghana, Nigeria).

Les histoires de ces femmes sont tristement semblables. Elles sont recrutées par duperie en jouant sur leur ignorance, leur naïveté et leur désir de se sortir de situations particulièrement misérables. Là aussi un appât est mis en place, sous la forme d'un recruteur qui promet le mariage ou un travail bien rémunéré, en captant même parfois la confiance des parents de la proie convoitée. Le calvaire commence ensuite : coups, brutalités, viols multiples pour briser la résistance et surtout menaces de représailles sur les familles restées au pays et sur des petites sœurs qui pourraient suivre le même chemin.

Séquestrées, battues, leurs papiers confisqués, elles sont parfois vendues au sens propre d'un réseau à un autre, toujours plus menaçant, toujours plus présent. Sur le trottoir, elles font l'objet d'une surveillance rapprochée qui les empêche d'entrer en contact avec d'éventuels sauveteurs ou avec la police, et même simplement avec les bénévoles d'entreprises comme le Bus des Femmes, qui sillonnent depuis 1990 les boulevards de la ceinture parisienne pour apporter, le temps d'un café, un peu de répit et de réconfort, distribuer des préservatifs et informer les femmes de leurs droits. Ces volontaires témoignent de la surveillance rapprochée dont elles font l'objet et de leurs craintes car la menace de mort est réelle. En 2000, seize corps de jeunes femmes étrangères non identifiées ont été retrouvés en Italie, mutilés ou écrasés sur des autoroutes.

En Italie toujours, on considère qu'environ 20 000 prostituées sont des étrangères, « importées comme des marchandises » par des groupes mafieux albanais. En France, on estime qu'elles sont au bas mot 10 000, implantées pour l'essentiel à Paris et dans quelques grandes villes. Peu s'en sortent, grâce à leur courage, au hasard parfois si elles sont interceptées lors de leur arrivée par la police, et enfin à l'action des centres comme le Centre Regina Pacis de Santa Foca, en Italie, financé par l'État grâce à l'article 18 de la loi italienne de 1998 qui « offre un programme de protection sociale aux victimes de l'émigration clandestine et de la violence sexuelle qui dénoncent leurs exploiteurs [42] ».

Rien de tel n'existe en France. Le 13 décembre 2001, une mission d'information parlementaire a rendu un rapport intitulé *L'Esclavage en France* décrivant les formes d'exploitation modernes « qui rendent un être humain à l'état de chose [43] », dans la carence totale de l'État. Les jeunes femmes prostituées de la sorte sont d'ailleurs considérées par les services de police comme des clandestines et non comme les victimes d'un trafic. La mission propose un certain nombre de mesures, toutes nécessaires mais qui n'ont pas encore reçu un début d'application : tout d'abord offrir à ces femmes, comme en Italie, un hébergement sécurisé ; leur accorder des titres de séjour et des autorisations de travail en échange d'une coopération avec la justice, ou les aider à rentrer chez elles ; punir surtout les trafiquants. Pour arriver à cela, il convient de modifier le Code pénal en y introduisant une section, qui fait actuellement défaut, sur la traite des êtres humains, de créer au sein des juridictions un « pôle » spécialisé comme il en existe pour les délits financiers, et d'« étendre aux affaires de proxénétisme les dispositifs dérogatoires en vigueur pour le blanchiment et le trafic de stupéfiants ». Enfin, les députés proposent la création d'une mission interministérielle pour « remédier à l'éparpillement des interventions administratives ». On le voit, la tâche est lourde si les moyens institutionnels existent. Seraient-ils suffisants ?

C'est que le profit est énorme. Entre quinze et vingt clients par nuit, entre 25 et 50 euros la passe en moyenne, une « fille », surtout si elle est jolie, peut rapporter, dit un policier, « entre 800 000 et un million de francs par an » à son exploiteur [44]. Interpol parle d'une moyenne de 720 000 francs par an (110 000 euros).

Un certain nombre de mesures, comme la création de centres protégés d'hébergement, coûteraient cher à l'État. Mais des mesures d'ordre juridique et administratif envisagées ci-dessus auraient pu être prises sans difficultés majeures. Pourquoi ne l'ont-elles pas été ? C'est qu'il faudrait pour cela un changement de regard considérable que souligne le rapport de la mission : il parle des victimes traitées comme des coupables, des plaintes classées sans suite, des agents de police démobilisés, en plus des moyens insuffisants des services. Cette faille constante du système de protection des jeunes femmes mises de force à la prostitution et dont les revenus sont confisqués tient à n'en pas douter à la prégnance de l'image classique de la « femme de mauvaise vie », qui a choisi librement son destin par paresse ou par vice, qui est donc pleinement responsable et condamnable de surcroît puisqu'elle détourne, en s'offrant contre de l'argent, des hommes et des jeunes gens que leurs besoins sexuels rendent vulnérables.

On croit toujours, au déni de toutes les preuves, que ces femmes ont choisi librement leur voie et suivent leur désir. Si cela est peut-être vrai dans le cas de la prostitution de luxe ou même des prostituées autochtones à l'ancienne, qui vivent avec leur protecteur, ce n'est évidemment pas le cas pour toutes celles qui y sont amenées par la force brutale ou par la nécessité de se sortir d'une situation misérable. Mais, même dans le cas du soi-disant libre choix, il reste que la prostitution sous la forme d'une offre disponible n'existe que parce qu'il y a en face une demande forte. Si l'on considère, chiffres officiels sous-estimés à l'appui, que 120 000 femmes étrangères arrivent par an sur le marché de la prostitution en Europe, qu'elles doivent s'acquitter par jour de quinze à vingt clients, cela représente, même en leur octroyant la valeur fantaisiste de 65 jours de congé et de repos par an, entre

54 et 72 millions d'actes de consommation sexuelle par an, qui viennent s'ajouter à ceux réalisés par les prostituées déjà en place. En France, sur la base minorée de 10 000 femmes étrangères nouvelles par an, on arrive à des valeurs comprises entre 45 et 60 millions de ces mêmes actes. Ces chiffres, par leur importance et l'absence de clandestinité qui y est attachée, donnent l'ordre de grandeur de la réalité de la demande et de l'évidence de la bonne conscience des usagers réels et potentiels.

On en revient donc toujours à la notion sous-jacente de la licéité de la pulsion masculine à assouvir, dans le cadre de la répartition très concrète qui est faite des femmes par les hommes en fonction de ce qu'ils attendent d'elles : procréation *vs* gratification sexuelle.

La question du trafic est une situation exemplaire qui dévoile la difficulté à changer de regard et la nature du blocage. On s'accorde certes à estimer condamnable au nom des Droits de l'homme la contrainte brutale qui conduit des femmes à la prostitution, mais on ne peut envisager aisément les moyens d'empêcher cette mise en esclavage pour la double raison classiquement exprimée que la prostitution est ce « mal nécessaire » pour l'assouvissement des besoins masculins et par là même pour le salut des familles et des « honnêtes femmes », et aussi que les prostituées portent à elles seules la responsabilité de la corruption en ce que leur offre suscite la demande et qu'elles restent délibérément dans ce statut pour les avantages qu'il est censé procurer. C'est là un renversement inouï de la réalité, mais il est difficile à démonter et à démontrer à ceux qui le vivent, car il fait partie des ressorts les plus profonds du modèle archaïque de domination. C'est ce renversement qui explique les lenteurs de la prise de conscience des appareils politiques, judiciaires, policiers et administratifs dont les acteurs sont des hommes, et aussi la difficulté à penser d'autres choix possibles de société. Il faudrait que soit ordinairement partagée par tous ces acteurs la conscience claire et la conviction que ce n'est pas seulement la traite et la violence infligée aux femmes pour les contraindre à la prostitution qui sont incompatibles avec les Droits de l'être humain, mais aussi le simple fait de considérer la prostitution comme une voie d'accès normale des hommes à la sexualité, car le corps des prostituées leur appartient légitimement par le paiement qu'ils en font.

Il est difficile à ceux qui jouissent d'un privilège d'en apercevoir et la grandeur et le déni qu'il suppose du droit de ceux qui en sont exclus ou, ce qui est pire, qui sont l'objet même dont la possession constitue le privilège d'autrui. Il s'ensuit que la question de la prostitution n'est envisagée dans aucun pays ni traitée politiquement et par l'éducation comme la question éthique absolument centrale des rapports du masculin et du féminin qu'elle est, mais comme un sujet relevant de la simple police : immigration clandestine, violences, et argent sale. Quand la question est abordée de front, c'est sous la forme d'un choix dont l'énoncé même escamote la réalité du problème, comme nous le verrons plus loin.

Le paiement de l'acte sexuel

Quand est apparu le paiement de l'acte sexuel, nul ne le sait. Il est cependant attesté en Égypte, dans les lieux de plaisir où se réunissaient les ouvriers qui construisaient les pyramides et les grandes nécropoles. Il s'agit là en fait d'une invention remarquable, en ce qu'elle substitue une transaction apparemment librement consentie à ce qui n'était sans doute auparavant que la satisfaction brutale, par rapt ou viol, sur un corps rebelle. C'est une invention « morale » au bénéfice des hommes, en ce que le paiement, la rétribution de l'acte, qui était au départ un dédommagement, a pour effet non seulement d'annuler le délit mais aussi d'en transférer la responsabilité sur celle qui l'accepte. Un dédommagement accepté selon les règles dans des affaires de droit civil ou pénal implique aujourd'hui encore la fin de la responsabilité de l'auteur du délit ou de la faute et surtout empêche toute revendication ultérieure de la victime. L'indemnisation par paiement des femmes pour un acte sexuel subi, qui avait eu cependant pour effet de les retrancher de la communauté des femmes disponibles pour l'échange procréatif, jouait ce rôle de dédouanement pour l'homme, tout en créant une réserve de femmes abandonnées aux assauts sexuels, en l'absence de protection masculine, dès qu'elles avaient accepté le tout premier paiement. Ce paiement-là n'est pas acte de liberté : il signe l'affranchissement de l'homme et l'asservissement de la femme.

Le choix entre deux attitudes : réglementer, abolir

La rapporteuse spéciale sur la violence faite aux femmes recense dans son dernier rapport aux Nations unies les quatre types de situations qui amènent les femmes à se prostituer : femmes dupées qui n'agissent que sous la contrainte ; femmes à qui les recruteurs n'ont pas dit toute la vérité et qui sont amenées par la servitude pour dettes et la confiscation de leurs papiers à une activité qu'elles refusent ; femmes qui savent à quoi on les destine mais qui n'ont pas de solution de rechange pour s'en sortir, même si ce calcul se révèle un leurre compte tenu de la dépendance où elles sont placées par le trafiquant qui les exploite ; enfin, femmes qui choisissent ou agréent à la proposition qui leur est faite, gèrent leurs finances et sont libres de leurs mouvements[45]. Cette dernière situation, qui n'entre pas dans le cadre de la traite, est la plus rare actuellement. Elle est inférieure à 10 %. Elle peut être considérée comme un type de rapport entre les sexes choisi consciemment par les deux partenaires, ce qui n'est évidemment pas le cas pour le commun des femmes livrées à la prostitution. D'ailleurs, le terme de « prostitution forcée » qui apparaît dès 1985 à Nairobi et qui est repris par l'assemblée générale des Nations unies en décembre 1993 (article 2 de la Déclaration sur l'élimination de la violence à l'égard des femmes) signifie *a contrario* qu'il existe bien une prostitution librement consentie[46].

On se doute qu'il n'existe pas à nos yeux de prostitution librement consentie puisqu'elle n'existe qu'en réponse à une demande masculine dont l'ensemble du corps social est convaincu qu'elle est naturelle, légitime, inévitable, et qu'elle comporte le droit d'acheter des actes sexuels. Là est le cœur du problème en ce que la validité de cet élément crucial n'est jamais mise en doute ni même simplement envisagée clairement. Ainsi le choix « librement » fait de se prostituer n'est rien d'autre que le fait d'entrer, à cause des avantages (fallacieux) offerts, dans les cadres mis en place à cet effet, tout comme le félin entre « librement » dans le piège où la chèvre qui l'attire a été attachée par le chasseur.

On voit clairement l'absence de cette interrogation majeure dans la façon dont le problème est généralement posé. Deux thèses philosophiques s'opposent : la prostitution est une atteinte aux droits humains *vs* la prostitution doit être considérée comme une réalité sociale ordinaire. Mais la prostitution n'existe comme réalité sociale et comme atteinte aux droits de l'être humain féminin que parce qu'il est considéré comme allant de soi qu'il s'agit d'un phénomène « inéluctable [47] » en raison du non-dit consensuel sur la nature licite du droit des hommes à trouver aisément et à tout prix des exutoires à leurs besoins sexuels.

Dans la première thèse, on considère que le corps humain n'est pas une marchandise et ne peut être vendu sous aucune forme. De plus, l'acte sexuel ne peut être considéré comme un travail rémunéré. Ce dernier suppose l'utilisation de la force de travail pour transformer ou produire quelque chose, où l'acteur agit en tant que sujet. Dans la prostitution, le corps est un corps passif livré en tant qu'objet à autrui, dans une relation qui est une relation de pouvoir. La deuxième thèse prétend au contraire qu'il s'agit uniquement d'une prestation de services, où les prostituées doivent être considérées comme des « travailleuses du sexe ». Si dans la première thèse on n'envisage jamais la liberté de choix mais uniquement des contraintes y compris économiques et sociales, dans l'autre on considère que la liberté du choix de se prostituer et donc de disposer vénalement de son corps est entière, la seule restriction étant la contrainte notamment sur mineures. Les deux thèses, si elles s'entendent pour déclarer que la personne prostituée ne doit pas être poursuivie pénalement, diffèrent en ce qui concerne son statut, victime d'un côté, personne responsable (et commerçante) de l'autre. La discordance est totale entre les deux thèses sur l'attitude publique qui doit être prise : dans le premier cas, la prostitution doit être combattue en poursuivant les fournisseurs, proxénètes et intermédiaires, voire comme en Suède le client ; dans l'autre, elle doit être réglementée et ne peuvent être poursuivis que ceux qui organisent ce commerce à leur profit par la contrainte.

Cette carence du regard, cet aveuglement fondamental expliquent les apparentes incohérences des systèmes politiques proposés : interdire toute exploitation de la prostitution par des intermédiaires ou en limiter les effets par la condamnation des trafics fondés sur la violence, sans pénaliser les prostituées elles-mêmes, quelle que soit la manière dont elles sont officiellement considérées : victimes ou libres partenaires d'une transaction commerciale. Cette ambiguïté suppose en effet en contre-champ l'idée jamais clairement exprimée ni solidement fondée de cette « inéluctabilité » de la prostitution dont il est reconnu cependant tacitement que les femmes en font les frais.

D'où vient donc cette inéluctabilité sinon d'une demande pressante dont il ne vient à l'idée de personne de la décrire pour ce qu'elle est : une exploitation fondée sur le rapport archaïque du masculin et du féminin dont nous avons cherché à démontrer les mécanismes et sur le principe du dédouanement par le paiement directement à la victime (même s'il est confisqué) du dol initial.

Coexistent en effet plusieurs types d'action politique basés sur le même aveuglement et la même ambiguïté[48]. Le prohibitionnisme criminalise les actes et les acteurs, y compris la personne qui se prostitue. La décriminalisation postule qu'il s'agit de choix privés entre adultes consentants et donc ne sont punis que les metteurs en scène d'actes où le consentement fait défaut. Les relations avec les clients, les proxénètes, les tenanciers sont donc des relations soumises au droit privé, tant que plainte n'est pas déposée. Le réglementarisme, dont le modèle est apparu en France sous Napoléon, autorise la prostitution dont l'exercice est soumis à un fichage et au contrôle sanitaire. L'exploitation par autrui n'est pas pénalisable, sauf dans le cas de mineurs ou de personnes non consentantes. Le courant réglementariste qui a cours actuellement en Europe, et dont les chefs de file sont les Pays-Bas et l'Allemagne, revendique l'appellation de travail sexuel et demande pour ces travailleurs l'application des droits du travail et des droits commerciaux. Aux Pays-Bas, les tenanciers sont considérés depuis 1996 comme des chefs d'entreprise. En Allemagne, le Bundestag a adopté récemment une loi accordant aux prostituées, qui sont imposées sur le revenu, le bénéfice de l'assurance-chômage, du système de retraite et de la Sécurité sociale[49]. Enfin, l'abolitionnisme, apparu à la fin du XIXe siècle en réaction au réglementarisme, considère la prostitution comme l'exploitation de victimes par toutes sortes de violences. L'abolitionnisme préconise l'éradication de la prostitution par la recherche de solutions alternatives pour les femmes. Se prostituer n'est pas un acte condamnable mais un acte situé dans un vide juridique. En revanche, l'exploitation de la prostitution y compris par la fourniture de locaux loués à cet usage est condamnable et le client lui-même peut être pénalisé, comme c'est le cas en Suède.

La France se range parmi les pays abolitionnistes, en ce que la prostitution y est censée relever de la vie privée et de la liberté de l'individu. Mais tombent sous le coup de la loi le racolage, le proxénétisme (avec cinq catégories juridiques distinctes : l'incitateur, l'assistant, l'entremetteur, le partageur et le logeur). Les prostituées ne bénéficient de la Sécurité sociale que si elles se déclarent comme travailleuses indépendantes ; elles n'ont pas aisément accès à la justice en cas de violences subies car cela se retourne contre elles : elles sont condamnées pour racolage et le client, sauf en cas de graves sévices, est innocenté ; leurs profits sont soumis à l'impôt au titre des bénéfices non commerciaux, et ceux des proxénètes également alors même que le proxénétisme est considéré comme une activité illicite (mais cela fait partie des contradictions inhérentes au système). Il va de soi dans ce cas qu'il s'agit de proxénétisme à l'ancienne et non des agents mafieux de la traite qui, eux, échappent à tout contrôle en l'absence à ce jour de capacité d'incrimination légale appropriée, comme nous l'avons vu.

À l'heure actuelle, on assiste en Europe et en France à une offensive pour que le réglementarisme devienne la solution européenne au problème que pose la prostitution.

Reconnaître que la prostitution pose un problème social, c'est déjà admettre sans l'exprimer, et en dehors de tout point de vue moral sur la question, que ce n'est pas une chose si normale que cela qu'une partie de l'humanité puisse avoir le droit d'acheter, si ses membres le souhaitent, l'usage, au titre d'exutoire sexuel, de certains des corps de l'autre partie.

Or accepter de réglementer la prostitution sur le modèle néerlandais ou allemand, c'est donner institutionnellement et juridiquement corps au modèle archaïque dominant qui accorde aux hommes des droits essentiels sur le corps des femmes. Si nos gouvernants se doivent de résister aux sirènes réglementaristes, c'est que les mesures préconisées seraient en leur principe et par essence contraires à celles qui ont été prises pour reconnaître aux femmes le statut de personnes disposant d'elles-mêmes, par l'usage de la contraception notamment. Le réglementarisme s'abrite aussi derrière l'idée de liberté, du libre choix des femmes, mais nous avons vu qu'il s'agit d'un leurre qui entérine en réalité le fait que ce libre choix est celui d'hommes qui ont besoin d'un cheptel où faire leur « marché » et s'en accommoderaient d'autant plus aisément que dans un cadre légal les femmes qui le composent pourraient croire avoir d'elles-mêmes choisi ce sort, alors que le libre choix en l'occurrence serait toujours une apparence en ce qu'il s'agit seulement d'apporter une offre sur un marché saturé par une demande insatiable.

C'est une incompatibilité profonde entre deux types de mesures – celles qui promeuvent l'égalité dans la dignité (droit à la contraception, parité politique, égalité éducative, salariale, etc.), celles qui admettent et légitiment en tant que nécessité naturelle le modèle de domination dans ses aspects les plus archaïques du droit de possession du corps des femmes – qu'il importe de souligner, dans l'espoir que les élus du peuple et les gouvernants en auront pleine conscience et sauront poursuivre dans la voie égalitariste qui a été choisie depuis plus d'un demi-siècle.

Punir les clients ?

Refuser le réglementarisme ne veut pas dire pour autant refuser toute aide aux prostituées pour les aider à se sortir de la situation où elles ont été placées ou bien où elles sont tombées. Nous avons vu plus haut le type de mesures qu'il est possible de prendre pour lutter contre les trafiquants d'une part et pour aider les femmes de l'autre. Reste le difficile problème des clients.

Alors que la pénalisation des trafiquants et du monde du proxénétisme, c'est-à-dire de tous ceux qui tirent profit de la prostitution, fait l'unanimité (sauf en Hollande où les tenanciers sont considérés comme des commerçants), comme fait l'unanimité la non-pénalisation des prostituées, qu'elles soient considérées comme des victimes (abolitionnisme) ou comme des commerçantes dans une société de libre-échange (réglementarisme), la pénalisation du client pose problème. C'est certainement à l'heure actuelle une fausse bonne idée : comment punir quelqu'un qui est persuadé de son innocence et de son bon droit puisque toute l'histoire du monde et le comportement global de la société l'encouragent à penser de la sorte ? Sans pédagogie préalable, si rien n'est changé dans la conscience globale des hommes et des femmes de l'appréhension du problème, la pénalisation du client devient une hypocrisie et une incitation à la clandestinité et au surcroît de trafics qui vont avec cette dernière. En Suède, c'est depuis 1956 qu'un message éducatif est martelé dans les écoles sur l'égalité des sexes et la non-légitimité de l'achat du droit à jouir d'un corps et c'est en 1999 seulement que la loi entérinant la pénalisation du client est entrée en vigueur, entraînant la disparition de la prostitution visible, sinon celle de la prostitution tout court. On ne peut en France passer brutalement « d'une situation de tolérance hypocrite, voire de complaisance, à une politique de répression [50] ».

On en revient toujours au gigantesque travail pédagogique qui doit être accompli et qui peut l'être au long cours avec tous les moyens d'information dont on dispose, pour que cela soit une mobilisation essentielle pour l'État, pour l'Éducation nationale et ceux qui les composent, et progressivement pour les parents et l'ensemble des adultes.

Refuser la pénalisation du client aujourd'hui, en raison de l'incompréhension majeure publique pour un changement d'attitude qu'aucun message éducatif n'aurait pu laisser prévoir, ne veut pas dire pour autant entrer dans le jeu de ceux qui prétendent que le client est, le plus souvent, non un jouisseur sûr de lui mais un pauvre homme, privé de compagne, de tendresse ou de la possibilité de réaliser ses fantasmes. Nous avons expliqué plus haut en quoi le principe même du modèle dominant fait que nul ne s'interroge à l'inverse sur la misère sexuelle de certaines femmes et le peu de possibilités qu'elles ont de « réaliser leurs fantasmes ». Plus généralement, on soulignera le fait que si ce cas de figure existe, ce n'est pas le cas général d'une part, et, d'autre part, qu'on ne peut exciper dans aucune société d'un manque pour s'autoriser l'exercice d'un droit qui serait un dol pour autrui. Être pauvre et affamé ne permet pas de voler mais cela donne droit à des circonstances atténuantes en cas de vol ; être brimé et opprimé ne donne pas le droit de tuer, sauf en cas de légitime défense. On voit mal comment le besoin sexuel, la pulsion physique, serait la seule occurrence du droit de prendre, contre paiement certes, mais ce paiement lui-même fait partie de la ruse de la domination.

Tout récemment (21 février 2002), la France a adopté une loi punissant les clients de prostitués mineurs, entre 15 et 18 ans, de trois ans de prison et

45 000 euros d'amende, avec aggravation de la peine s'ils sont mis en relation par un réseau de télécommunication. Curieusement, Robert Badinter, grand humaniste, est l'un de ceux qui au Sénat ont lutté contre cette loi, arguant (sur ce point à juste titre) de la rupture brutale avec l'état de fait antérieur. Il a raison de vouloir afficher clairement le fait que la loi a changé en inscrivant l'interdiction explicite de la prostitution des mineurs dans le texte de loi lui-même afin que cela soit un texte commenté dans les établissements scolaires.

Mais il postule également qu'on ne peut renoncer à la liberté de choix de vie laissée aux individus et également aux mineurs puisque le droit de disposer de son corps est fixé à 15 ans, depuis la suppression en 1982 du délit d'homosexualité. C'est encore une fois méconnaître que cette liberté de choix est un leurre. L'argument juridique est certes fondé, mais le droit lui-même en ce domaine rend légal un déni du droit.

Plus gravement, sur un plan non plus juridique mais sociologique, Robert Badinter estime la peine disproportionnée à l'acte, dans la mesure où la comparution pour ce motif peut entraîner pour le client occasionnel un « désastre familial, professionnel, social ». Ce qui est vrai sans aucun doute. Et, ajoute-t-il, il faut refuser devant de tels cas une condamnation morale bien-pensante à la Dupanloup, car ce serait « méconnaître les pulsions, les forces obscures qui gouvernent la sexualité ». C'est là, me semble-t-il, chez un homme éclairé, un magnifique exemple de l'intériorisation profonde du modèle archaïque dominant. Car il s'agit bien uniquement dans son esprit des pulsions sexuelles masculines et de leur droit jusqu'ici reconnu de s'assouvir y compris sur des mineurs. À mes yeux, refuser de dire que ce droit est naturel n'est ni une question de morale ni un refus de considérer la sexualité des deux sexes comme une zone obscure : ce qui est en cause, c'est la légitimité tacitement admise par tous de l'assouvissement des fantasmes adultes sur les corps des mineurs conduits à la prostitution par l'existence même de cette conviction et de ce système de pensée [51].

Pour autant, il me semble comme à Robert Badinter qu'il convient de « privilégier la voie des mesures éducatives plutôt que celle des sanctions pénales », mais si je souligne des points de son argumentaire contre la pénalisation du client, c'est pour montrer combien une part essentielle de cet argumentaire correspond à ce mode de pensée qui nous semble être consubstantiel à l'humain et qui ne l'est pas, qu'il est urgent et nécessaire d'attaquer de tous côtés et de réduire afin de le dissoudre un jour totalement. Si des « lolitas, dans des tenues et des postures provocantes fleurissent sur tous les murs..., si les films érotiques, qui mettent en vedette des nymphettes, sont projetés aux heures de grande écoute », ce n'est ni de l'initiative ni de la faute des lolitas et des nymphettes mais du grand marché des hommes qui les a recrutées pour cela.

Il est urgent de trouver ce qui peut brider l'idée de la naturalité et donc de la légitimité de l'assouvissement à tout prix du besoin sexuel masculin. Un pendant en quelque sorte du droit à la contraception telle qu'elle est intériorisée par les femmes des sociétés occidentales d'autant plus aisément que, correspondant à leurs désirs, elle se trouve en plus être désormais légale et socialement admise. Nous avons vu qu'elle libère les femmes du joug de la procréation subie et qu'elle leur confère le statut de personne. Or, ce statut, les hommes en disposent en naissant. Et l'asymétrie de la situation, telle qu'elle a été construite au fil des millénaires, fait de leur assouvissement sexuel non une servitude mais un droit. Comment donc libérer les hommes du joug d'un modèle de puissance mâle qui s'exprime dans la domination des femmes, mais aussi dans la compétition, dans la nécessité de toujours « assurer » (selon l'explicite parler moderne), d'être toujours dans la position du fort ?

Punir est inadapté et contre-productif. Régler par la loi un certain nombre d'usages porte sur l'excès seulement et continue ce faisant à légitimer l'usage ordinaire et donc la conviction de base que le corps des femmes appartient bien à tous ceux qui sont en situation de pouvoir le prendre.

Un nouveau modèle doit faire prendre conscience par l'éducation à tous les acteurs de l'iniquité de l'atteinte portée aux droits symétriques de l'humain féminin que suppose cette conviction. Mais cela ne suffira pas si ce nouveau modèle ne comporte pas pour le genre masculin une rétribution analogue à celle que la contraception institutionnalisée apporte au genre féminin. Quelle rétribution ? Ce peut être la libération de l'obligation de paraître, le fait de placer dans d'autres registres que le registre sexuel par domination et contrainte l'accomplissement de soi et la considération intime que l'on en attend, la certitude de plaisirs librement consentis auprès de compagnes elles aussi désinhibées. Rien ne doit être impossible ou interdit entre partenaires adultes avertis et consentants. L'un de ces plaisirs sera sans doute celui de vivre à égalité, de façon nouvelle, une sexualité libre, hors de l'opacité d'une relation payante ou brutale de domination. On se doute que ce n'est pas là un modèle aisé à construire, ni même qu'il soit acceptable avant longtemps par tous.

C'est pourtant la voie dans laquelle il faudrait résolument s'engager. On ne parviendra à l'égalité dans le rapport des sexes que si l'on dissout la hiérarchie inhérente au modèle qui continue de régir le rapport du masculin et du féminin. Dans vingt ou trente siècles, lorsque ce nouveau modèle, qui se dessinera inéluctablement eu égard à la convergence d'initiatives ponctuelles, de décisions ponctuelles et des progrès de la connaissance biologique, sera installé de façon universelle, nos descendants s'étonneront sans doute de la vivacité et du caractère durable du modèle inéquitable qui aura précédé le leur !

La loi et le désir

La loi s'en prend-elle au désir ? La question que nous avons posée au début de ce chapitre, à la suite de divers auteurs, est bien celle-là : y a-t-il répression du désir par l'instauration de mesures légales et punitives en divers domaines – harcèlement sexuel, publicité, tourisme sexuel, prostitution des mineurs... ?

Un intéressant article paru dans *Le Monde* [52] s'inquiète de la « pénalisation toujours plus spectaculaire des comportements sexuels », de « formes de prise en charge du criminel de plus en plus transgressives du point de vue des principes élémentaires du droit pénal (expertise psychiatrique nécessaire avant libération, obligation de se soumettre à des soins médicaux) avec même parfois caractère dérogatoire du droit commun, comme la "perpétuité réelle" qui tient compte de la frayeur socialement exprimée de la récidive. À l'heure actuelle, près de la moitié des condamnations a eu lieu pour crimes sexuels ».

Le seul critère de la licéité d'un acte sexuel ne saurait être, dans une société qui prône la liberté en ce domaine, que le consentement. Or, disent les auteurs de cet article, la loi doit protéger dans ce cas aussi bien ceux qui veulent avoir des rapports sexuels et qui en seraient empêchés par autrui que ceux qui ne veulent pas en avoir et qui y seraient contraints. Ce qui n'est pas le cas : la première occurrence n'est pas considérée comme crime et son auteur ne sera pas envoyé en prison « avec redressement psychiatrique à la clé ». Mais, de fait, cet argument *a contrario* n'est pas tout à fait vrai : un père qui séquestrerait sa fille majeure pour l'empêcher de vivre sa sexualité serait condamné, pour séquestration certes et non pour crime sexuel, et son attitude serait psychiatriquement suspecte. Sont condamnables aussi les atteintes aux droits d'exercice de la sexualité de personnes considérées comme mentalement déficientes, qu'il s'agisse de stérilisation ou de contrainte par enfermement, le tout étant qualifié d'atteinte à la propriété du corps ou de mauvais traitement à autrui.

Les auteurs montrent que la valeur nouvelle juridiquement protégée n'est pas la liberté mais « une valeur nouvelle que la loi appelle "sexe", juridiquement instituée comme un droit à l'"intégrité sexuelle", qui ne saurait être atteinte qu'avec le consentement des personnes », et se posent la question de savoir s'il convient vraiment de traiter les actes sexuels comme des actes particuliers au lieu de les intégrer dans le droit commun par des qualifications plus appropriées, comme abus de pouvoir, mauvais traitement ou violence.

Ils concluent sur un double questionnement : « On ne sait pas qui, de la répression du désir ou du désir de la répression, est véritablement gagnant » ; et est-ce que s'attaquer à la sexualité pour tempérer les inégalités entre sexes n'est pas le résultat d'un malentendu quant aux raisons de l'inégalité qu'ils voient dans « le travail et les charges de la reproduction biologique et sociale » ?

On ne peut que souscrire *a priori* à l'idée qu'il convient de ne pas séparer les comportements sexuels de l'ensemble du droit commun. La requalification : rapt, séquestration, contrainte, violences physiques, abus de pouvoir, est une attitude qui « évite de faire des comportements sexuels une cible identifiée comme telle ». C'est d'ailleurs le cas dans la situation inversée évoquée ci-dessus.

Mais s'agit-il bien de répression du désir dans cette désignation d'une cible identifiée comme celle de comportements sexuels condamnables ? On notera, une fois encore, qu'il s'agit moins de désir, entendu comme cette émotion orientée vers une ou plusieurs personnes qui y répondent ou non, que de besoin sexuel mâle considéré comme impérieux ou utilisé comme forme appropriée de contrôle ou de mise au pas du féminin. Telle qu'elle est énoncée, la formulation « répression du désir » concerne apparemment les deux sexes alors qu'en réalité, sauf rares exceptions, elle ne touche que le sexe masculin dans sa réalité physique pulsionnelle.

Peut-on toujours parler de répression du désir quand il s'agit de donner des limites à l'assouvissement du besoin sexuel mâle ? On a pu dire que le sadisme consiste à contrarier le libre exercice d'une puissance alors que le plaisir se trouve dans l'exercice même de cette puissance. Est donc sadique de ce point de vue la loi qui prévient cet exercice immodéré ou qui punit celui qui, dans l'exercice de sa puissance, a lésé autrui. L'argument a pour lui sa sincérité mais il est quelque peu difficile d'admettre que l'État au nom de la jouissance sacrée dans l'exercice de la puissance du plus fort, sacrifie ceux qui sont les victimes de cet exercice de toute-puissance, comme c'était le cas avant la seconde moitié du XXe siècle.

On peut se demander, et ce n'est pas un simple à-côté de la question, s'il ne conviendrait pas de voir en quoi nos catégories juridiques, comme nos catégories politiques, qui parlent d'un être humain démocratiquement et juridiquement asexué, n'ont pas servi jusqu'ici à relayer avec bonheur la hiérarchie inscrite au cœur du rapport masculin/féminin, y compris sous la forme de l'usage du corps des femmes.

CHAPITRE 5

OBSTACLES ET BLOCAGES.
LA MATERNITÉ, LE TRAVAIL ET LE DOMESTIQUE

Nous avons montré dans le chapitre précédent que valence différentielle des sexes et domination masculine, ce modèle archaïque du rapport des sexes et du rapport entre les catégories mentalement construites du masculin et du féminin, étaient fondées sur l'appropriation des femmes en tant que génitrices des fils que les hommes ne peuvent faire directement à leur semblance, sous le double aspect de l'appropriation de la fécondité et celui de l'emprise sur le corps pour la gratification sexuelle. Le passé et le présent de l'humanité dépendent ainsi de constructions idéologiques et pratiques à partir d'une asymétrie fonctionnelle qu'il n'est possible ni d'escamoter ni de déguiser, s'il est possible en revanche à l'heure actuelle de l'envisager différemment. Aux origines de l'humanité, l'observation et la réflexion sur cette asymétrie ont servi de support à la création tout à la fois mentale et concrète d'un système de domination qui assigne aux femmes non pas la responsabilité de la procréation (engendrement) mais celle de la fécondité, de la maternité et des tâches qui lui sont associées, par extension du champ domestique, et d'un même mouvement les exclut des autres champs : ceux du public, du savoir, du pouvoir.

On a vu comment un certain nombre de sociétés différencient les deux aspects offerts par les potentialités du corps féminin, soit en accordant aux hommes, comme dans la Grèce antique (à tout le moins aux citoyens assez fortunés pour se le permettre, même si le principe est valable pour tous), la possibilité de répartir ces fonctions sur deux ou même trois femmes différentes : épouse, concubine, hétaïre, soit en leur offrant, et à eux exclusivement, la possibilité et le droit d'avoir éventuellement recours, parallèlement à leur vie « conjugale » socialement réglée, à des prostituées pour la réalisation de besoins et de fantasmes sexuels.

L'appropriation d'épouses et de concubines au moyen de l'échange policé entre pairs ou entre familles est accompagnée d'un confinement de celles-ci dans le rôle de mères et de dispensatrices de confort domestique. Même si la charge de l'entretien du bien-être physique et moral du maître de maison et de la famille peut être dévolue à une concubine plutôt qu'à l'épouse principale, maîtresse de la maison, le lot commun à toutes est cet enfermement au foyer, dans des tâches non productives, ingrates et toujours semblables, sans début ni fin, sans cesse renouvelées, invisibles.

Sans nécessité apparente

De l'étonnante faculté physiologique d'enfantement dont disposent les femmes a découlé la nécessité pour les hommes de s'approprier des mères pour avoir de futurs fils, mais se sont donc ensuivies également, sans nécessité apparente de nature biologique, toute une série de conséquences sociales, croyances et comportements mêlés que nous avons tenté d'analyser dans leur logique propre, dont on ne peut raisonnablement soutenir qu'elles dérivent rigoureusement des premières, qui constituent le socle dur de la valence différentielle des sexes, et surtout qui continuent toujours d'avoir cours, y compris sous le manteau des changements modernes des sociétés occidentales.

Tout d'abord, l'idée que si les femmes ont l'aptitude de faire les enfants, elles doivent être cantonnées exclusivement dans ce rôle et dans ses annexes nourricières et de service. Deuxièmement, l'idée que leur nature intime a partie liée avec leur physiologie, est commandée par elle – ce qui n'est pas vrai des hommes –, qu'il s'agisse de leur caractère, de leurs penchants, de leur intelligence et capacité adaptative, etc., et que cette même physiologie les prédispose au statut de privation de liberté, d'ignorance, de rejet hors des responsabilités publiques et collectives qui leur est fait. Plus profondément encore, l'idée que leur nature est instinctive, donc animale, parce que la maternité serait pour elles le résultat d'une recherche instinctuelle très viscérale, qui nécessite d'être assouvie comme le besoin sexuel pour les hommes. Animales, instinctives, orientées par les nécessités physiologiques de leur organisme vers les satisfactions de la maternité, les femmes sont, en l'absence de cette satisfaction mais parfois aussi en sus – c'est le deuxième versant de cette même naturalité –, naturellement portées vers la recherche de plaisirs sexuels intenses que les hommes se doivent de maîtriser et de canaliser.

De même que la sexualité des femmes a été et est encore confisquée souvent violemment par les hommes dans la majeure partie du monde, le deuxième aspect de leur être qui les constitue dans leur spécificité, à savoir la maternité, est devenu le verrou dont la manipulation experte, tant intellectuelle que prosaïque dans le cadre de la domination masculine, les conduit à l'enlisement et à l'effacement de toutes leurs autres potentialités.

Le deuxième grand obstacle qu'il convient de savoir comprendre afin de le contourner, le dépasser ou le digérer, est bien celui-là : la maternité et l'usage qui en est fait pour justifier le traitement inégalitaire des sexes. Comment concilier l'asymétrie biologique et la recherche de l'égalité si les usages sociaux et les façons de penser ne changent pas devant le phénomène de la maternité ?

Le sujet de la maternité a des implications énormes et a été beaucoup traité. Celui du travail et des inégalités professionnelles aussi. Je voudrais ici les envisager uniquement sous l'angle qui a été le mien jusqu'ici, celui de la construction du modèle archaïque dominant et de sa dissolution, laquelle est possible parce que pensable. On posera donc quelques questions. Pourquoi la maternité est-elle utilisée pour justifier la répartition sexuelle des tâches, l'aura particulière accordée aux tâches masculines, pourquoi continue-t-elle de justifier dans nos sociétés l'affectation des femmes à des tâches mal considérées, mal rémunérées, et les difficultés qu'elles rencontrent à obtenir les recrutements, les promotions et les salaires auxquels elles pourraient légitimement prétendre ? Qu'est-ce qui est spécifiquement féminin dans le désir de maternité et existe-t-il un désir homologue de paternité ? Enfin que faire pour que la maternité ne soit plus un handicap sur la voie de l'égalité sociale entre les sexes ?

Une solution drastique : le refus

La contraception sous sa forme institutionnelle, acceptée avec empressement par les femmes des pays où elle est autorisée et disponible, est, on l'a dit, le principal levier de leur libération en ce qu'elle leur reconnaît le statut de personne qui décide librement de son sort, au moins dans ce registre. Mais si elles peuvent, du coup, refuser totalement d'être mères, ce n'est pas là une solution globale viable, on s'en doute, pour parvenir à la dissolution de la hiérarchie. En dehors du fait qu'elle serait calamiteuse pour le genre humain, condamné à disparaître dans sa forme fondée sur l'inégalité sans avoir eu la chance d'en expérimenter une autre, un refus total revendiqué et mis en œuvre par toutes les femmes n'est pas pensable à ce stade de l'histoire de l'humanité pour plusieurs raisons. C'est peut-être ignorer l'existence d'une pulsion vitale qui pousserait à se reproduire, c'est ne pas tenir compte en tout cas des conditions réelles des différents types de rapports entre les sexes au sein des couples, non plus que de l'énorme pression sociale telle qu'elle est d'ailleurs intériorisée par les femmes aussi dans le modèle archaïque. Puisque ne sont reconnues aux femmes de possibilités d'exister dans ce modèle que tant qu'elles sont jeunes, potentiellement fécondes et sexuellement désirables, ou alors, ayant dépassé ce stade, que parce qu'elles ont la fierté d'être mères, on comprend alors que le refus individuel de maternité devienne en quelque sorte une volonté de rejet de cette identité imposée, qui requiert du courage. Pas plus que la sexualité contrainte, la maternité ne peut être totalement un libre choix pour les femmes dans le cadre du modèle archaïque puisqu'elle est *a priori* une nécessité contraignante afin d'obtenir simplement de se voir reconnaître un statut et un droit à l'existence dans le regard d'autrui. Par l'éducation, les jeux, tout est fait dès l'enfance pour inculquer partout ce message aux filles. Les réactions à l'égard de la stérilité subie peuvent d'ailleurs s'analyser à cette aune. Dans les sociétés traditionnelles, les femmes stériles n'étaient pas traitées comme de « vraies femmes », opinion que l'on retrouve dans les sociétés contemporaines avancées tant dans la bouche des femmes que dans celle des hommes quand la stérilité du couple vient d'eux : ils se reprochent alors souvent que leur incapacité empêche leur partenaire de devenir une « vraie » femme. Réalité, vérité, sont les marqueurs évidents de cette identité définie par l'acceptation d'un sort scellé dès la naissance. On a vu qu'un refus de maternité qui serait inhérent à la contrariante nature féminine, opposée par essence, dirait-on, à la volonté masculine d'avoir des fils, fait partie des grands fantasmes masculins, dans des sociétés indiennes d'Amérique du Nord ou en Chine, par exemple.

Le refus individuel conscient et motivé de maternité n'est pas fréquemment rencontré dans l'histoire du monde. Il était impensable dans les sociétés traditionnelles où la stérilité est vécue comme un grand malheur par les femmes. Il fut imposé comme conséquence du célibat à des filles cadettes pour des raisons économiques, dans les sociétés européennes, du XVIIe au XIXe siècle, qu'elles entrent dans les ordres ou qu'elles servent de domestiques à leurs aînés plus chanceux. Dans l'un et l'autre cas, diamétralement opposés cependant, il s'agit toujours d'utiliser l'individu femme au service de l'ordre social.

En tant que décision collective il est encore plus rare. La grève du lit est envisagée par Aristophane de façon comique parce qu'elle est impensable. Les matrones iroquoises avaient le droit et le pouvoir de prescrire aux jeunes femmes qui dépendaient de leur autorité de cesser de fournir des prestations sexuelles mais aussi et surtout les provisions de bouche dont les hommes qui partaient en expédition guerrière avaient besoin, pour peu que ce projet d'expédition n'ait pas eu leur agrément. On peut d'ailleurs penser que les usages sociaux des Iroquois permettaient plus facilement aux femmes de refuser d'octroyer la nourriture que le lit. Plus près de nous, les associations de mères de disparus et de morts dans les tourmentes des pays latino-américains ont parfois réclamé, sans succès, des femmes de leur pays la grève de la procréation comme une menace lointaine et virtuelle adressée aux hommes : si vous ne prenez pas sur vous d'arrêter la violence, nous disposons du moyen de l'éliminer radicalement pour l'avenir. Nul ne pourra tuer nos fils s'ils n'existent pas.

On le voit, la capacité d'obstruction des femmes en ce domaine est plus fantasmée que réelle. Il y a à cela plusieurs raisons : le poids social qui pousse à la reproduction, la volonté masculine de se procurer une descendance, mais aussi le désir propre des femmes (on y reviendra) à réaliser par elles-mêmes quelque chose dans la maternité consentie, désir différent en son principe de celui de correspondre à l'imagerie dominante et de se sentir exister par là même dans le regard d'autrui.

Beauvoir ne voyait la libération des femmes que dans le refus individuel, le déni de la maternité. Pour elle, maternité et appartenance à la sphère publique sont incompatibles dans une société qui ne se soucie pas du fait majeur de sa reproduction et se contente d'en abandonner la responsabilité et le coût aux femmes. Elle stigmatise ce faisant la société occidentale, mais il en va de même dans les autres comme il en a été toujours de même dans le passé. Elle a donc raison, mais cet invariant, cette construction idéologique archaïque, n'est pas une fatalité naturelle inéluctable. C'est là au contraire le point crucial sur lequel il faut faire porter tous les efforts pour changer le rapport public du masculin et du féminin.

Reproduction : un coût social à la charge des femmes

Le raisonnement qui conclut « de ce que la femme peut être mère, [qu'] elle doit l'être et même n'être que cela [1] » n'est pas simplement un point de vue apparu tardivement chez les auteurs finalistes du XVIIIe siècle. C'est, bâti sur l'ignorance des mécanismes de la procréation, l'expression d'un cadre très ancien de pensée qui déduit de leur étonnante capacité de faire les enfants une contrainte naturelle pesant sur les femmes et devant leur en faire supporter toutes les suites, comme elle en déduit la valorisation non des femmes, mais de la Mère, et la glorification de l'amour maternel, fait précisément d'oblation et de sacrifice de soi.

Ainsi, cette part essentielle de la vie des femmes est censée n'appartenir qu'au monde privé, plus précisément au monde féminin et plus encore dépendre exclusivement de la volonté des femmes en ce domaine, ce qui a pour conséquence de les exclure automatiquement, mais de leur fait, du monde public et de celui du travail, sans que le monde des hommes et celui de la chose publique aient une quelconque responsabilité en ce domaine.

Il suffit de regarder autour de soi pour constater le fonctionnement d'une maternité en contrebande où le travail de soin aux enfants est pour ainsi dire clandestin : il n'est jamais mis sur le devant de la scène comme un véritable travail à temps plein mais considéré uniquement comme une sorte d'excroissance de la vie intime des femmes. De plus, rien dans l'entreprise (ou si peu) n'est jamais proposé pour tenir compte du fait que les femmes au travail sont aussi des mères. On peut même affirmer l'existence d'une double injustice pénalisante : non seulement le soin des enfants, physique, nourricier, mais aussi éducatif, est toujours abandonné majoritairement aux femmes, mais elles en sont punies professionnellement et financièrement, soit en étant freinées dans leur carrière, soit en se voyant confier des tâches à temps partiel, peu considérées, mal rémunérées[2].

Prenons un exemple venant du Japon où des choses essentielles, on va le voir, sont dites crûment. Philippe Pons note, à l'occasion d'un procès intenté par des femmes cadres à leurs employeurs pour discriminations salariales et de carrière, que les employeurs, condamnés pour le principe mais pas à accorder les promotions demandées, s'abritent derrière le postulat qu'ils ne font pas de discrimination puisqu'ils se contentent de suivre la pratique sociale dominante[3]. Ils expliquent que ce sont les femmes « qui se placent elles-mêmes hors des filières de promotions » en quittant leur travail temporairement pour élever leurs enfants. Cette position est d'ailleurs entièrement partagée par les syndicats. Ainsi, la loi sur l'égalité professionnelle n'a pas terrassé, poursuit l'auteur, les pratiques discriminatoires : en fait, « elle contraint les femmes qui veulent faire carrière à se conformer aux critères appliqués aux hommes sans tenir compte de leur légitime désir d'être mères », et donc à refuser la maternité.

On est là au cœur du problème. Pour l'auteur dont les propos sont rapportés ci-dessus, l'injustice est donc bien aussi dans le refus différentiel des employeurs de prendre en considération le « légitime désir d'être mères » qu'ont les femmes et qu'elles sont obligées de faire passer au second plan ou de taire si elles veulent avoir une existence professionnelle qui ne soit pas trop pénalisée. Il ne s'agit pas, on le voit, d'accepter leur revendication d'être traitées à égalité avec les hommes eu égard à leurs compétences, indépendamment du sexe, revendication fondée sur le fait que les hommes comme les femmes accèdent un jour aux charges et responsabilités liées à la création d'une famille sans être pénalisés pour autant. Et d'ailleurs, dans les faits, malgré le sacrifice que font certaines, le soupçon pèse sur toutes d'être susceptibles à tout moment de quitter l'entreprise pour être mères. Et c'est en raison de ce soupçon qu'elles sont toutes pénalisées à l'avance.

Mais le point le plus important est encore ailleurs. La référence au « légitime désir d'être mères » fait ressortir comme une évidence que les femmes ont la responsabilité d'un absentéisme dangereux pour l'entreprise, à cause d'un pur désir personnel, quasiment égoïste, détaché souverainement des contraintes objectives de l'économie, du travail et du salariat. On omet de façon symptomatique les deux points centraux du dispositif : que le désir d'une descendance (surtout masculine), pour ne pas parler d'un désir de paternité homologue au désir de maternité, est présent chez l'homme dans le couple alors même que l'homme n'est pas pénalisé pour cela ; que la naissance des enfants est une nécessité absolue pour le fonctionnement à venir de la société, des institutions et aussi des entreprises.

Le regard contemporain qui est ainsi porté sur le phénomène de la maternité ne s'abrite plus derrière une capacité incompréhensible des femmes mais, en le renvoyant à une pulsion affective obscure du corps féminin, il s'inscrit toujours profondément dans le modèle archaïque dominant. Dans ce modèle en effet, l'utilisation du corps des femmes au profit des hommes sous ses trois aspects : procréation, confort quotidien et plaisir sexuel (pour ne pas parler de la force de travail), est cachée sous l'apparence de nécessités biologiques inscrites dans leur propre corps. Leur libido les pousse aux excès sexuels, leur femellitude les pousse vers la maternité, leur faiblesse congénitale qui découle des deux caractères précédents les pousse à toujours céder aux impératifs de ces deux besoins, négligeant de la sorte leurs devoirs supérieurs publics et professionnels. Il dépend donc d'elles, exclusivement, d'être recluses dans le domestique.

Une asymétrie fonctionnelle mal pensée

L'idée de la légitimité du « besoin féminin d'être mère » est conçue en quelque sorte comme le pendant de la licéité à l'assouvir du besoin sexuel masculin. Elle n'est pas davantage fondée sur un diktat naturel, mais elle a pour effet de rejeter la féminité du côté du biologique.

La maternité n'est pas en soi un fait naturel : elle est l'objet d'une construction sociale constante qui en définit les règles et les obligations. On ne peut cependant faire l'impasse de sa dimension biologique, ne serait-ce qu'en raison du temps consacré à la mise au monde et au nourrissage des enfants (surtout quand il est fait au sein). C'est d'ailleurs dans cette constatation que s'est construit le pilier porteur de l'essence de la domination masculine : à cause des menstrues, de la grossesse, de l'accouchement, de la lactation, la féminité est tout entière rejetée du côté du biologique alors que la masculinité se réserve les « honneurs du symbolique[4] ».

Par ailleurs, il n'y a pas de symétrie entre le masculin et le féminin dans la procréation. Même dans la biomédecine qui dissocie les aspects de la maternité, il apparaît, comme le montre M.-J. Dhavernas, que la maternité biologique pure (l'ovule), qui est le symétrique de la paternité biologique (le spermatozoïde), n'est pas considérée en fait comme l'essence de la maternité. Ce sont la grossesse et l'accouchement qui en sont le signe évident pour le commun des mortels. Il convient de tenir compte de cette asymétrie, de la tenir pour fondatrice, et non de la nier ou de la travestir en l'exprimant sur le mode de la complémentarité, facilité moderne de langage couramment utilisée qui idéalise *a priori* le couple. Ce n'est pas parce que les sexes sont, par une démarche volontariste, déclarés complémentaires que la hiérarchie sociale disparaît pour autant. Ce qui doit être reconnu, c'est que l'asymétrie fonctionnelle des corps porteuse des richesses à venir de la Nation ne dépend pas d'une « pulsion » égoïste féminine et ne doit pas en conséquence être portée exclusivement au détriment comptable des femmes, lesquelles sont des individus pourvus par la loi des mêmes droits que les hommes d'accès au savoir, à une vie professionnelle choisie et à une vie publique assumée.

Reconnaître publiquement l'asymétrie fonctionnelle des corps en intégrant les conséquences de cette reconnaissance dans la loi et dans l'exercice de l'administration publique est une tâche prioritaire mais difficile à réaliser puisqu'elle suppose que soit déjà amorcé le chamboulement social de nos systèmes de représentations, ou que, comme cela s'est passé lors de l'adoption de la loi sur la contraception, des mesures apparemment non conçues pour cela aient eu pour effet d'enclencher ce renversement. Les systèmes actuels, le modèle dominant, sont bien fondés eux aussi sur la reconnaissance de l'asymétrie mais ils en tirent parti pour fonder la hiérarchie. Ce qu'on propose ici, c'est d'en tirer parti pour dissoudre la hiérarchie.

En effet, on voit aisément que l'asymétrie est toujours utilisée de nos jours comme base de soutènement de la hiérarchie entre les sexes ; cela ressort même de mesures dont on pourrait croire *a priori* qu'elles vont dans le sens de la « promotion » des femmes et du partage des responsabilités. C. Neirinck montre en juriste que la grossesse comme l'accouchement sont les phénomènes indubitables qui devraient fonder la filiation car les hommes ne peuvent avoir d'enfants à l'insu de la mère. Dans l'autre sens, l'insu du père relève dans nos sociétés de l'irresponsabilité d'hommes à l'égard de leur propre descendance, irresponsabilité confortée par la loi. Cependant des lois ont été votées le 8 janvier 1993 et le 29 juillet 1994 qui semblent bénéficier aux femmes et mères en ce qu'elles contraignent les hommes et pères à assumer une charge au moins financière. Mais en fait ces lois votées par des hommes anticipent sur

« le présupposé du refus et de la fuite » considéré, somme toute, comme normal et se contentent d'organiser *a minima* un transfert de charges ; et les femmes se retrouvent, au bout du compte, seules devant l'enfant qu'elles doivent assumer. Ainsi, la loi moderne organise le rapport hiérarchique asymétrique de façon que l'injustice et l'inégalité soient moins flagrantes ; mais elle n'admet pas l'asymétrie comme la composante fondamentale qu'elle devrait être d'une société harmonieuse qui ne ferait pas reposer exclusivement le domaine crucial de sa reproduction sur le travail caché des femmes et le sacrifice de leurs aspirations en tant qu'individus, alors que la Constitution reconnaît qu'elles sont égales en droit aux hommes et réciproquement que ceux-ci sont leurs égaux en devoirs et en responsabilités. Ce désaccord entre des principes et des états de fait, abrité derrière une soi-disant évidence naturelle, est et sera considéré dans l'avenir comme le grand point d'aveuglement de nos cultures.

Une histoire menée à contrecœur

Toute l'histoire française au XXe siècle montre que c'est à contrecœur, sous la pression, et sans vraiment réfléchir à la portée de la question cruciale que serait la reconnaissance de l'asymétrie, tant sur le plan de l'équité et de la mise en accord des principes et des réalités que sur celui des profits à en attendre pour l'ensemble du jeu économique et social, que des mesures ont été prises concernant soit la maternité, soit les femmes.

Dès le début du XXe siècle ont commencé les revendications féministes pour que soit reconnue la fonction sociale de la maternité et que lui soit octroyée la protection de l'État. Si elle était un devoir patriotique, la maternité devait avoir aussi des droits. Ce furent des mesures natalistes, qu'il s'agisse de la répression de l'avortement ou de l'incitation à la procréation (lois de 1920 et 1923), les assurances sociales en 1930 avec l'instauration du congé maternité et des visites médicales obligatoires, les allocations familiales en 1932, celle de salaire unique en 1945. Les femmes sont reconnues comme citoyennes et obtiennent le droit de vote, mais le civisme qu'on attend d'elles est de faire des enfants. Cette histoire n'est pas toujours linéaire. En juillet 1939, Daladier accentue la répression contre l'avortement en instaurant le Code de la famille, et en octobre 1940 l'emploi des femmes mariées dans la fonction publique tombe sous le coup d'une interdiction.

C'est à partir de 1956 et du Planning familial qu'apparaissent la revendication de liberté du sujet et le refus de l'assignation à la maternité. La loi Neuwirth sur la contraception de 1967 (qui attendra longtemps ses décrets d'application) et la loi Weil de janvier 1975 sur l'avortement sanctionnent cette volonté nouvelle de séparer sexualité et procréation. Si la fonction maternelle est vue comme un obstacle à l'avènement du sujet libre et productif, il y eut, en même temps, des positions féministes divergentes, magnifiant la féminitude dans la maternité. Mais il y avait une trop grande urgence et une trop grande nécessité à faire reconnaître les femmes comme sujets autonomes pour permettre qu'il y ait alors une « réflexion sur la maternité au-delà du droit de la refuser [5] ».

Le droit à la contraception est, nous l'avons dit, la grande révolution de tous les temps et les femmes de tous les pays ne se trompent pas sur sa capacité libératrice, y compris dans ceux où elles n'y ont pas légalement accès, ce qui montre s'il en était besoin que c'est là le point crucial qui fait passer les femmes du statut de dépendance à celui de personne égale en droits aux hommes. Ce droit à la contraception est un achèvement, la porte royale d'entrée dans un statut d'égale dignité, mais il n'est pas à proprement parler, comme on a pu le prétendre, celui de refuser la maternité, mais celui d'en décider et non d'avoir à la subir.

Cette acquisition en Europe est allée de pair avec le désir des femmes de se réaliser par le travail et avec le souci d'harmoniser vie professionnelle et vie privée. Mais cette revendication n'est pas vraiment entendue. Les mondes économique, politique et du travail ne se soucient pas encore d'une véritable égalité sexuée en ce domaine. La politique familiale tend cependant de nos jours à devenir le levier d'une politique d'emplois avec des allocations de garde à domicile, des aides pour l'emploi d'une assistante maternelle agréée ; mais il s'agit moins de reconnaître l'asymétrie et d'en assumer les effets que de corriger ponctuellement les chiffres du chômage. On observe cependant une pression accrue de la demande en services sociaux, et en Europe, actuellement, une action efficace sur la natalité tient moins à l'apport financier de prestations qu'à la présence de services de prise en charge des enfants et à la stabilité de l'emploi et du revenu. Cela dit, alors qu'entre 1930 et 1990 la population active européenne a augmenté de 30 millions dont 25 millions sont des femmes, ce constat d'une gigantesque réalité, même s'il est suivi de nouvelles politiques encore restreintes, n'a fait bouger ni les réalités du monde de l'entreprise ni celles du monde domestique où, même en Suède, le travail à la maison et l'entretien des enfants incombent toujours majoritairement aux femmes. C'est cela désormais la grande question actuelle qu'il convient, selon Irène Théry[6], de résoudre par une réflexion sociale et politique sur le principe de « mixité », rejetant celui de complémentarité organiciste, fondé sur l'idée traditionnelle de la division sexuelle des tâches, qui organisait et légitimait de fait l'assujettissement des femmes au domestique au sein du couple. La maternité pose actuellement des problèmes que les femmes doivent résoudre de manière privée (comme par le passé), alors qu'elle concerne le genre humain, le politique, l'économique. La gestion actuelle révèle les contradictions de l'ultralibéralisme fondé sur le seul profit, lequel utilise à cette fin tous les ressorts de la vision traditionnelle des rapports du masculin et du féminin.

Monde de l'entreprise, monde domestique

Le monde du travail n'est pas fermé aux femmes : il n'est pas adapté – et se refuse à s'adapter – à l'asymétrie fonctionnelle entre hommes et femmes. On y pose comme exigence première le fait que l'entreprise, quelle qu'elle soit, a besoin de continuité et qu'elle ne peut en être assurée que par le recrutement, surtout aux postes de responsabilité, d'hommes que les usages parallèles du monde domestique ne contraignent pas à rentrer chaque jour à la même heure pour s'occuper des tâches quotidiennes et des enfants.

Il y a en effet une liaison objective entre le refus de l'entreprise de s'adapter à un personnel que par habitude de langage on appelle féminin mais dont il serait plus juste, en vue des évolutions souhaitables, de désigner comme « chargé de famille », et la situation qui prévaut dans le monde domestique. L'un et l'autre se confortent mutuellement.

Même si on peut observer parfois des progrès, avec l'ouverture de crèches, de garderies, la mise au point d'horaires mieux adaptés aux exigences des enfants, la réponse usuelle est plutôt l'éviction des femmes des postes à responsabilités et, sous couvert de rencontrer leur désir en leur donnant plus de temps libre, le recrutement massif des femmes partout en Europe mais aussi dans le monde sur des postes à temps partiel, à horaires flexibles, et en contrats à durée déterminée. Cette flexibilité est en fait à l'avantage exclusif du patronat, qui décide des horaires de façon discrétionnaire. Tania Angeloff parle par exemple du cas de femmes de ménage généralement étrangères, habitant en grande banlieue, travaillant pour des maisons d'intérim, et dont le travail, tôt le matin, tard le soir, ne permet certes pas de prétendre qu'elles ont toute liberté d'aménager le temps libre qui leur est octroyé dans la journée entre leurs deux prestations.

À côté de ce leurre, le défaut d'équipement est flagrant. En juin 2001, le gouvernement français, lors de la Conférence de la famille, a promis de créer 25 000 à 30 000 places supplémentaires de garderies. En 1999, on n'en comptait que 199 000 pour tout le pays. Cela ne suffit objectivement pas. Entre 25 et 49 ans, 80 % des femmes travaillent mais 9 % seulement des enfants ont des places en crèches et garderies, 13 % sont confiés à des assistantes maternelles, plus de 50 % sont gardés par la mère et 26 % par un membre de la famille ou un voisin. Ces places sont de plus très inégalement réparties sur le territoire. Par ailleurs, les structures ne sont que peu ou pas du tout adaptées aux conditions de travail que supportent les mères puisqu'il s'agit toujours d'elles : mi-temps, horaires irréguliers, stages divers, précarité [7].

Dans l'administration, où cela est parfois possible, les horaires varient avec la réduction du temps de travail (RTT), mais de façon toujours discriminante pour les femmes qui en usent au mieux des impératifs de leur double ou triple journée de travail : elles arrivent de bonne heure, font la journée continue et partent plus tôt pour récupérer les enfants à la sortie de l'école. Absentes *ipso facto* le soir dans les réunions professionnelles tardives dont l'aura est grande, c'est leur carrière qui en pâtit.

Entreprises déficientes sur le plan des initiatives correctes, municipalités et pouvoirs publics à la traîne : le fait est que, dans un unanimisme parfait et non questionné, la charge de la maternité est toujours envisagée comme devant naturellement être portée par les femmes. L'argument est toujours le même : elles font les enfants, elles y sont poussées par leur instinct, elles en retirent des gratifications, il leur revient donc d'en assumer seules les tâches, qui ne sont qu'une excroissance logique de la maternité.

Le monde domestique où elles s'accomplissent, même si les tâches du domestique ne découlent pas uniquement de la maternité proprement dite, a partie liée avec ce phénomène considérable d'aveuglement, de torsion de la réalité et d'extorsion de travail. Les sociologues s'accordent à penser que c'est là le dernier bastion auquel s'attaquer, les autres – le politique, l'accès à l'éducation, l'égalité des chances, l'égalité professionnelle, juridique, etc. – faisant depuis longtemps l'objet de mesures ponctuelles qui écornent la hiérarchie. C'est une erreur d'optique : ce n'est pas le dernier bastion d'une série mais le soubassement sur lequel tous les autres sont construits.

La répartition sexuelle des tâches telle que l'analyse l'anthropologie sociale et qui revêt des usages locaux variés et parfois diamétralement opposés – ce qui démontre bien qu'il n'y a pas là de nécessité naturelle – a partie étroitement liée avec la valence différentielle des sexes telle qu'elle a été conçue aux origines de l'humanité ; les valeurs différentes attribuées, comme on l'a vu, à l'un et l'autre sexe deviennent l'étalon des valeurs également différentes et totalement discriminantes attribuées aux tâches qui leur sont affectées, et non l'inverse. Ce n'est pas parce que la chasse est « noble » que les hommes chassent, mais parce que les hommes sont « nobles », la chasse le devient aussi. Il s'ensuit un phénomène toujours observé de nos jours : une activité masculine valorisée se déprécie lorsque les femmes y ont accès en grand nombre.

Cette répartition n'est, dans les formes qu'elle revêt, ni immuable ni universelle. Tout dépend d'ailleurs de l'accent qu'en fonction des conditions locales les sociétés placent sur tel ou tel mode d'activité. Si les femmes ne peuvent faire couler le sang, tant des hommes que des animaux, l'interdiction varie en intensité selon les groupes humains. Alain Testart montre ainsi que si l'interdit peut être absolu chez des peuples agricoles où elles ne pourraient pas simplement le toucher, les femmes inuit, sur leurs champs de glace, ne tuent pas le gibier mais le manipulent ; les peuples spécialistes de la guerre acceptent que des femmes, sous certaines conditions, aient le droit de chasser[8].

La valorisation des tâches ne tient donc pas à la nature de chacune, à des compétences qui seraient propres à chaque sexe[9], aux séquences des actes, à la plus ou moins grande pénibilité ou virtuosité qu'ils requièrent, mais purement à l'arbitraire de leur affectation à l'un ou l'autre sexe, à partir de la réflexion primitive pour donner du sens à ce qui était observé. Bien sûr, on note des constantes qui vont de pair avec les couples de catégories qui opposent privé/public, intérieur/extérieur, etc., et qui affectent les femmes au privé, à l'intérieur, au domestique, et aux tâches d'entretien conçues comme découlant directement de l'asymétrie fonctionnelle qui fait que leur corps est procréateur et nourricier. Constante également que l'interdit relativement général de faire couler le sang puisqu'elles-mêmes perdent le leur. Cela pourrait entraîner des écoulements massifs par sympathie, nuisibles pour leur fécondité ultérieure. On connaît toujours la validité de cet interdit en Europe – même si les femmes peuvent toucher le sang et le cuisiner –, interdit qui, par extension, légitime l'éloignement mutuel des femmes et de la guerre, et non leur caractère fragile, peureux, ou lâche...

En Terre de Feu, au Japon, en Tunisie, les femmes sont des plongeuses en apnée aguerries. Dans les sociétés agricoles, en Asie, en Afrique, le travail qu'elles accomplissent dans les champs est souvent bien supérieur en quantité, en résistance, en temps passé, à celui accompli par les hommes. L'expérience soviétique montre incidemment qu'elles pouvaient excellemment poser des rails et faire des travaux de terrassement. Il n'y a pas, en fait, de tâches que leur sexe leur interdirait radicalement d'accomplir pour des raisons physiques, et réciproquement pour les hommes.

La répartition des tâches dans le monde domestique est donc le résultat d'une histoire millénaire et d'une invariance structurale dont les contenus échappent nécessairement aux acteurs d'aujourd'hui alors même qu'ils continuent de la vivre. Elle est d'autant plus solide qu'elle est intériorisée par les deux sexes en fonction de grilles de valeur où sont situés les actes de la vie quotidienne selon le sexe socialement attendu de l'acteur et les conditions du milieu : cuisiner ou puiser de l'eau ne sont pas des actes masculins pratiquement partout dans le monde. Mais le faire de façon salariée est une activité masculine qui n'entraîne nul opprobre. Un célibataire adulte en Afrique est réduit à l'état misérable de pique-assiette auprès de sœurs mariées, parce qu'il ne peut s'occuper lui-même de son entretien. La partie masculine continue de trouver un avantage certain au service domestique accompli par des épouses, alors même que celles-ci travaillent et contribuent par leur salaire au fonctionnement de la maison, ce qui est une perversion de la situation originelle où les prestations étaient complémentaires. Il arrive, au rebours, que la partie féminine se constitue une chasse gardée, se fasse un lieu d'autonomie de ce qui fut le lieu du confinement de ses semblables en des temps très anciens, ouvrant ainsi la porte au double argument du « pouvoir » domestique, et de la propension naturelle des femmes à goûter ces activités [10].

Les « charmes » de l'inégalité

En fait, verrouiller le secteur domestique et maternel en en excluant délibérément un conjoint qui de toute façon ne demande pas mieux correspond, pour les femmes qui le font, à un réflexe existentiel de survie, peut-être aussi à un exercice de volonté de puissance qui ne peut se réaliser que dans cet exutoire, en s'appropriant derechef la forme minorée d'existence qui leur est proposée. Elles se constituent, en revendiquant leur sort comme un choix, un espace de compétence acquise opposée à une incompétence masculine présentée comme congénitale et dont le partenaire masculin rit bien volontiers, assuré qu'il est que cette incompétence-là est prestigieuse et signe sa différence de mâle, mais aussi un espace clos d'autonomie décisionnelle et ce faisant de responsabilité et d'apparente liberté.

Pour que les choses bougent dans le cadre de l'entreprise, il faut qu'elles bougent simultanément dans le monde domestique, ce qui implique non seulement la volonté des pouvoirs publics mais aussi la vigilance et le bon vouloir des individus des deux sexes. Ils ont tout à gagner à la construction d'un type de rapport où la valeur ne serait plus fonction du sexe de celui qui accomplit la tâche, mais de la tâche elle-même, et où les travaux d'entretien, restauration des forces, élevage des enfants, seraient tenus dans le discours officiel et privé comme aussi riches, utiles, nobles et valorisants que ceux liés à la production. Mais on se représente mal les avantages de ce monde qui reste à construire parce qu'on le voit avec les mentalités d'aujourd'hui où chaque sexe peut tirer un avantage de la hiérarchie telle qu'elle existe, même si le bénéficiaire principal, en termes d'avantages chiffrables, de confort quotidien et de respect, est le genre masculin. Symétriquement, il y a quelques avantages féminins même s'ils n'existent que parce qu'ils se glissent dans le cadre de la pensée dominante et l'épousent sans lui nuire, bien au contraire : refuge dans les caractéristiques féminines attendues comme la séduction, la fragilité, la tête légère et l'abandon de toute responsabilité, ou au contraire la revendication d'assumer pleinement le domaine, considéré comme mineur et dévalorisé parce que féminin, qui leur est réservé.

Il est certain qu'un modèle égalitaire manque de « charme » et d'évidence pour les bénéficiaires de l'inégalité. Il est certain aussi qu'il conduit à une redéfinition de l'identité masculine, surtout, qui devrait simultanément rejeter le sentiment d'une supériorité et accepter quotidiennement que lui soient imputables des rôles liés à une pratique effective de la paternité.

Quels changements récents ?

Dans l'immédiat, on note peu de changements dans les observations conduites à treize ans d'intervalle (1986-1999) par l'INSEE. Les femmes qui ont un emploi consacrent 3 h 30 par jour en moyenne aux tâches domestiques contre 1 h 15 pour les hommes. Un élément apparemment curieux mérite qu'on s'y attarde : sans enfant, un homme consacre 2 h 09 aux tâches domestiques, avec sa conjointe. Avec deux enfants, il n'y consacre plus que 1 h 30 alors que le taux monte à 6 h 40 pour sa compagne, qui a de plus l'exclusivité du nettoyage des sanitaires et de l'entretien du linge[11]. Dans le même ordre d'idée, un père divorcé qui s'occupe de ses enfants en assumant la quasi-totalité des tâches dites maternelles cède la main à sa compagne s'il entre dans de nouveaux liens conjugaux. Preuve s'il en était besoin que la maternité est bien inconsciemment perçue et implicitement vécue comme le point d'agglutination qui légitime la prise en charge par les femmes des tâches domestiques ; preuve aussi qu'il n'y a cependant pas d'incompétence naturelle des hommes à s'en charger ; mais qu'en revanche les avantages en termes de valeur et de confort – ne pas avoir à jongler avec des impératifs contradictoires de temps, être pris soi-même en charge, se consacrer uniquement aux tâches socialement valorisées parce que viriles – sont tels que la vie en couple avec enfants incite la majeure partie des hommes à chausser, au moins en ce domaine, la forme bien adaptée du modèle archaïque dominant.

Ce sont des constantes fortes. Malgré les progrès réalisés en Suède dans le domaine de la représentation politique, le sort domestique des femmes est très voisin de celui présenté ci-dessus.

On notera aussi que la retraite, confirmant les habitudes acquises et les modes de pensée enracinés, « ne corrige pas l'inégalité du partage des tâches entre époux ». Une étude d'une chercheuse de l'INSEE [12] montre que l'écart se creuse au contraire : 1 h 54 pour les hommes contre 4 h 09 pour les femmes, et réciproquement deux heures de plus par jour de temps libre pour les hommes. L'activité masculine ne s'oriente d'ailleurs pas vers les tâches ménagères répétitives, invisibles, « peu valorisantes » (mais rappelons-nous que la valeur tient au sexe de l'acteur) et surtout peu gratifiantes, mais plutôt sur des activités de semi-loisir : bricolage, jardinage, entretien de la voiture, soins aux animaux, mais aussi fabrication des confitures qui ne se mangent pas tout de suite, c'est-à-dire sur des « activités agréables et nécessaires à la fois, débouchant dans certains cas sur la réalisation d'objets durables ».

Faire que les choses bougent est donc difficile, et pas seulement pour des raisons de pur égoïsme de la part du genre socialement favorisé, car le système inégalitaire est profondément enkysté. Néanmoins cela se fera. Il y faudra du temps, la convergence de mesures ponctuelles appropriées qui ne correspondent pas nécessairement à un projet d'ensemble volontairement conçu, mais finissent par en dessiner les contours et à rendre sa conception envisageable et sa réalisation possible dès que cette réalisation devient pensable. Cela demandera un énorme travail, non de polémiques et de guerre des sexes, mais de discussion informative et de prise de conscience (auxquelles ce livre veut peu ou prou contribuer), et un gigantesque travail d'éducation à accomplir non seulement dans le système éducatif mais dès l'enfance à la maison, et de façon suffisamment répandue pour que les acquis au sein de la famille ne soient pas irrémédiablement réduits à néant ensuite au cours du frottement social, déjà à l'école, avec la réalité des usages archaïques dominants.

Quelles mesures iraient dans le bon sens ?

Une loi créant un congé de paternité de quatorze jours a été adoptée en décembre 2001 [13], mesure qui fut présentée immédiatement comme aberrante par le patronat [14], ce qui souligne la collusion d'intérêts entre le sexisme des entreprises et celui du monde domestique. Ce congé constitue un droit du salarié. Entrée en vigueur le 1er janvier 2002, la loi a connu tout de suite un grand succès. 4 000 à 5 000 demandes arrivent par semaine aux caisses de Sécurité sociale, ce qui représente 40 % des hommes potentiellement concernés [15]. Les pères prennent les jours auxquels ils ont droit dans les vingt jours qui suivent la naissance. Même les cadres prennent ce congé, alors qu'ils y perdent financièrement, car leur salaire excède le plafond de calcul des indemnités. De ce succès, il ressort que si « une porte s'ouvre », les hommes la franchissent, signe d'un début de « remise en cause du travail comme seul facteur d'identité masculine [16] » et aussi du fait que les hommes aspirent désormais, pour beaucoup d'entre eux, à créer des liens avec leur enfant dès ses premiers jours.

En dehors du signe particulièrement positif pour l'avenir que véhicule cette nouveauté légale, elle illustre l'idée que j'ai exprimée plus haut selon laquelle on fera vraisemblablement plus pour rendre les femmes égales en dignité aux hommes, en accordant aux hommes des droits reconnus comme spécifiquement féminins jusque-là, plutôt qu'en essayant, par la discrimination positive, d'accorder progressivement à certaines seulement le droit d'entrer dans les domaines réservés du masculin. Donc en réalisant un rapprochement vers le centre plutôt qu'une course asymptotique vouée à l'échec.

Une discrimination positive inversée pourrait accorder un bonus pour la retraite des hommes qui relaieraient leur compagne pendant un temps au foyer auprès des enfants : non seulement ils n'en seraient pas pénalisés mais ils en tireraient un avantage, valorisant ainsi cette occupation aux yeux de tous. De la même manière, une pension de réversion pourrait être accordée aux époux dans les mêmes conditions qu'elle l'est aux épouses (avantage élargi au PACS et au concubinage), afin d'inciter à une revalorisation du travail des femmes. Nous avons vu par ailleurs que l'imposition séparée présentait de grands avantages.

Il n'est pas nécessaire pour leur bien que les enfants soient quasi systématiquement confiés aux mères en cas de divorce ou de séparation. C'est d'ailleurs une revendication de certaines associations de pères divorcés, qui, pour des motivations diverses, récusent l'automaticité de cette mesure. Il ne faudrait cependant pas verser dans l'excès contraire, comme le souligne le Collectif masculin canadien contre le sexisme, à propos de la garde alternée que prévoit la réforme du divorce en France, en fonction de la filiation biologique, sans tenir compte de la réalité, d'autant qu'une « présomption favorable à la résidence alternée [...] ouvre la porte à tous les chantages, à l'appropriation de la moitié des allocations et à la suppression de la pension » de la part de certains pères, qui tiennent surtout à dicter leur loi [17].

On peut d'ailleurs, restant dans la question du divorce mais dans un autre domaine, s'interroger sur le bien-fondé, dans les conditions actuelles, de la suppression du divorce pour faute dans ce projet de loi. Le Collectif canadien « s'inquiète de voir l'État français occulter par une parité posée en principe une non-parité dans les faits ». En ce qui concerne le couple, si la procédure nouvelle envisagée a bien pour objectif d'apaiser les conflits, elle a, me semble-t-il, le tort de venir trop tôt, en plaçant sous les rubriques « torts partagés » et « rupture de la vie commune », les abandons de femmes qui ont eu le malheur de vieillir et de cesser de plaire (et de procréer). Si une mesure d'apaisement par un divorce à l'amiable est certainement une bonne chose dans un avenir plus lointain, quand seront instaurés des rapports égalitaires avec reconnaissance officielle de l'asymétrie fonctionnelle des corps au mieux des intérêts des femmes citoyennes, le faire dès maintenant revient à l'idée que le vieillissement et la perte de séduction de l'épouse sont effectivement une faute, de même gravité que celle de l'abandon suscité par la libido de l'époux.

On pourrait reprendre les recherches sur la contraception masculine, en vue d'une responsabilisation des hommes en ce domaine qui ne serait plus considéré comme typiquement du ressort des femmes, maintenant que le principe même de la contraception est acquis. On vient de lancer sur le marché en Inde une méthode qui stérilise les spermatozoïdes au passage dans les canaux déférents où un gel a été injecté, et dont les effets durent une dizaine d'années. L'opération est réversible à la demande. Outre l'avantage qu'il y aurait à partager les responsabilités, un autre serait de couper l'association établie dans les esprits entre stérilité masculine et impuissance.

L'apprentissage de la mixité commence à l'école. Cela n'a pas été la réussite attendue, ni sur le plan de la transmission des stéréotypes sexuels ni sur celui des orientations scolaires des enfants. On apprend toujours aux filles qu'elles ne seront pas douées pour l'abstraction mathématique, la théorie en général, les sciences, les amenant ainsi à reculer devant des choix cruciaux pour leur avenir. C'est qu'on a attendu des enfants, somme toute, qu'ils soient plus créatifs que leurs devanciers et qu'ils inventent de leur confrontation la sagesse de nouveaux rapports. Un tel espoir est utopique. La valence différentielle des sexes est portée par tant de facteurs minuscules mais aussi massifs, véhiculés de tant de manières – par les jouets, les manuels scolaires, les livres pour enfants, la télévision, la publicité, le cinéma, mais aussi les rapports au sein de la famille, dans la rue, etc. –, que l'école n'en peut être que le reflet, d'autant que les enseignants participent de la même idéologie. Tout doit bouger en même temps, c'est là le problème. La mixité scolaire est néanmoins une bonne chose, à condition de veiller à ce que les effets pervers de la domination sexuelle telle qu'elle a cours aujourd'hui ne s'exercent pas sur les filles dans les établissements scolaires, qu'ils soient de type intellectuel en les écartant de certaines activités mais aussi physique ou sexuel, la domination trouvant ainsi dans l'école un champ clos exceptionnellement favorable à son exercice entre enfants et adolescents de la même classe d'âge.

Dans le domaine privé, l'action pour une plus grande égalité est du ressort des individus, qui transcrivent l'air du temps dans leurs rapports, à condition que ceux-ci ne soient pas régis par la violence brute. Mais il devrait être possible de véhiculer socialement quelques messages forts sur des points précis, dans des campagnes d'utilité publique, au même titre que celles qui ont été menées sur la prévention des accidents de la route ou la promotion de conduites sexuelles sans risques. Prenons un exemple qui nous vient de l'Égypte ancienne. Un sage dispense ses conseils à l'époux : « Ne lui dis pas : "Telle chose, où est-elle ? Apporte-la-nous !", lorsqu'elle est mise à la bonne place », ou encore : « Ne sois pas brutal, tu obtiendras bien plus d'elle par les égards que par la violence. » Le simple fait de formuler de telles recommandations, outre le calme cynisme de la deuxième proposition, montre qu'il était de l'usage normal des maris d'appeler leur épouse pour qu'elle leur apporte des objets rangés à leur bonne place, à portée de main. On ne voit pas, sur cet humble point du service domestique, de changements majeurs depuis cette lointaine époque, ce qui montre à la fois la vitalité du modèle et celle de ses modes d'expression – et permet, en passant, de nier, contrairement à ce que pensent certains chercheurs, que l'Égypte ait été dans ses profondeurs ce monde idéal qui aurait réalisé l'égalité entre les hommes et les femmes. Il s'agit là de minuscules comportements mais significatifs, accomplis sans même y penser, mais il devrait être possible en les prenant pour cibles de faire prendre conscience au plus grand nombre de leur inadéquation aux exigences contemporaines, de leur foncière inélégance et absence de justification, et de la réprobation sociale qui s'y attache désormais.

Si l'on y réfléchit bien – et en écartant le cas simpliste, et sans doute encore malheureusement majoritaire dans nos sociétés libérales, du choix délibéré masculin de s'investir tout entier dans son travail professionnel, y rester tard le soir, et ne rentrer que pour trouver un foyer harmonieux où rien, et surtout pas les problèmes des enfants, ne viendra le troubler – il reste que c'est en valorisant politiquement la pratique effective de la paternité que l'on commencera à sortir du cercle vicieux qui, parce qu'elles enfantent, assigne aux seules femmes les rôles paternel et maternel (à l'exception peut-être de la figure menaçante de la sanction). Il faut à cela une revendication croissante des hommes pour être entendus à la fois des entreprises et des pouvoirs publics. Le congé de paternité va, on l'a dit, dans le bon sens comme le feraient toutes mesures qui permettraient aux pères de s'absenter pour un enfant malade ou une démarche à remplir ou toutes celles qui favoriseraient la création de groupements et associations de parents pour s'occuper de jeux sportifs, de voyages, de montages théâtraux, avec des temporalités acceptées par les entreprises. Les initiatives locales existent. Au lieu d'être pénalisées en pénalisant leurs auteurs, elles devraient être encouragées, comme les moyens de base pour inculquer aux enfants le plus tôt possible le sens de l'égalité entre les sexes, et aussi incidemment comme l'un des moyens de lutter contre la violence.

Nous avons à construire un projet de civilisation si nous voulons donner son véritable sens à la Déclaration des droits de l'être humain. Le seul projet que je crois possible au long cours, et viable, est celui-ci : reconnaître officiellement l'asymétrie fonctionnelle des corps dans le domaine de la fabrication des enfants, non pour fonder la hiérarchie et toutes les discriminations comme cela a été le cas jusqu'ici, mais pour les abolir en établissant pour commencer l'égalité des sexes dans le domaine des états de paternité et de maternité. Ce ne serait pas une fin mais un commencement. Jusqu'ici l'universalisme démocratique a été une mention philosophique trompeuse, comme le montre excellemment Geneviève Fraisse, parce qu'il restait plaqué sur le modèle archaïque dominant qui fait de la maternité autre chose qu'un état de fait homologue à l'état de paternité.

Paternité, maternité : un état de « choix »

En effet, paternité et maternité sont des états sociaux de fait, et même de choix, qui contribuent à l'identité de la personne et qui ne peuvent être rabattus sur un instinct, comme on le fait couramment pour la seule maternité en prenant appui pour ce faire sur l'asymétrie fonctionnelle des corps dans la procréation.

Ce sont bel et bien des états sociaux de fait auxquels il est plus facile désormais grâce à la contraception d'accéder volontairement que par le passé, où, dans et hors mariage, les femmes subissaient leurs maternités successives, le plus souvent, et où, hors mariage, les hommes ne se sentaient pas responsables des enfants qu'ils avaient engendrés. Cela était vrai dans presque toutes les sociétés sauf dans celles où la richesse de statut que procure un enfant, *a fortiori* un fils, est telle que des hommes acceptent pour leurs des enfants dont ils ne sont pas les géniteurs à coup sûr.

Pourquoi la maternité est-elle seule liée à la notion d'instinct ? C'est faire du désir d'enfant, dans le cadre du modèle archaïque dominant de représentation, une pulsion purement physiologique, analogue à la pulsion dite incontrôlable du besoin sexuel masculin, mais celle-là est plus lourde de conséquences. Dans le cas des femmes, avec ce je ne sais quoi d'humoral, d'hormonal, de narcissique, caractères attribués négativement aux femmes, il s'agit d'un besoin insistant à satisfaire qui ne tient pas compte – comme on l'a vu plus haut dans l'exemple du procès japonais – ni de la bonne marche de l'entreprise, ni de celle de la société en général, ni même souvent de l'intérêt d'un partenaire qui ne se sent pas nécessairement prêt à assumer une paternité que rien ne lui a appris à vouloir. C'est la vision normale de nos sociétés libérales.

Or la paternité, en tant qu'état social analogue à celui de la maternité, est quelque chose qui se construit et se choisit de la même manière. L'asymétrie fonctionnelle physiologique des corps dans la procréation n'a aucune raison autre que culturelle de déterminer automatiquement une asymétrie absolue des responsabilités et des engagements. C'est pourtant dans ce sens que poussent de plus en plus nos sociétés qui tolèrent avec indulgence la liberté vagabonde de l'homme dans sa jeunesse avant son entrée dans l'état d'âge mûr dont le statut est mesuré en premier lieu par la réussite professionnelle.

D'autres sociétés, qui correspondent cependant tout autant au modèle archaïque dominant, codifient différemment la réussite sociale masculine : est un homme véritable, respecté, l'homme d'âge mûr marié qui a beaucoup de fils et accessoirement des filles, sans avoir pour autant de participation effective aux soins à leur donner, même si les fils sont soustraits très tôt à la maison et à la raison des femmes. Cette paternité, dont la plénitude est partagée entre hommes, n'implique pas nécessairement de démonstrations affectives ni de tâches partagées avec les mères, mais elle se présente comme l'élément important et fondateur du statut masculin. Être père est un acte social choisi et même revendiqué.

Il existe même des sociétés où, sans que le partage des tâches soit intégral, les pères s'occupent beaucoup de leurs jeunes bébés dans une relation très affective et de leurs grands fils. C'est notamment le cas des petites sociétés de chasseurs-collecteurs où les temps de loisir sont grands. Dans tous les cas, il faut noter le partage qui fait qu'à partir d'un certain âge (6 à 8 ans en moyenne) chaque enfant suit désormais les activités du parent de son sexe et n'aura plus que peu de rapports avec l'autre moitié de son univers.

Il y a donc eu différentes manières d'assumer la paternité dans le monde passé et même actuel, dont celle qui tient encore bien peu de place dans notre monde contemporain où pères et mères, actifs professionnellement, devraient en principe partager toutes les autres tâches, mais aucune ne voit la paternité comme l'effet d'un besoin incoercible d'enfant à tenir dans ses bras. Si besoin de fils il y a pour un homme, en dehors du statut que la naissance d'une progéniture peut lui faire acquérir, c'est, selon l'idéologie courante, pour transmettre quelque chose de l'ordre des biens temporels, du pouvoir, du savoir ou du symbolique : la lignée ininterrompue des pères. Il n'y a pas de pire crime, disait le philosophe chinois Mencius, que de couper cette longue ligne d'ancêtres mâles qui nous ont conduits à l'existence et les êtres masculins doivent tout faire pour assurer cette continuité.

Pour les femmes, rien de tout cela. L'instinct maternel y suffit. Il est censé oblitérer toutes ces raisons valables pour les hommes. Qu'auraient-elles à transmettre d'autre que des savoir-faire domestiques dans une lignée de femmes jugée inconsistante et labile et dont la mémoire sociale se perd vite pour les hommes, sauf dans le cœur et les pratiques des intéressées : fille, mère, grand-mère, arrière-grand-mère...

Le terme « instinct maternel », recouvrant et cachant celui de maternité, état social, jette un voile animal sur un fait social qui relève du choix.

Ce voile animal oblitère de par sa seule mention l'idée de volonté et de désir responsable, comme l'est celui de l'homme qui veut un héritier. La femme, elle, dans ce discours, est censée vouloir une nichée, dont elle écartera peut-être abusivement le père. Mais, dans la majorité des cas dans le monde, les femmes subissent un destin qui les fait mères et de plus, compte tenu du modèle dans lequel elles se trouvent prises, même si elles souhaiteraient être mères moins souvent, elles trouvent en ce destin une forme d'accomplissement. Elles existent désormais, sinon comme sujet dans le regard du Père, du moins comme la Mère, c'est-à-dire cet objet d'amour, de respect, de confiance et d'autorité pour leurs enfants. Est-ce de l'instinct « maternel » ou de l'instinct de survie, à l'intérieur du modèle dominant qui leur a laissé s'y ménager une niche ?

Ce qu'on appelle par travestissement ainsi « instinct maternel » pour animaliser la maternité du côté des femmes exclusivement en la coupant de la raison, recouvre en fait d'autres impératifs partagés par les deux sexes. Tout d'abord l'instinct génésique de reproduction de soi ou de ses semblables dont nous sommes tous dotés à des titres divers néanmoins, comme nous sommes dotés de l'instinct de vie, de celui de recherche du plaisir, de celui de l'évitement de la douleur. On peut l'appeler désir d'enfant. C'est aussi le désir de concrétiser par ce moyen qui nous est offert l'acte d'amour qui pousse l'un vers l'autre des êtres qui s'aiment, même si la réalité massive de la procréation n'a pas toujours l'amour comme toile de fond. Le désir d'enfant est cependant ainsi celui de prolonger quelque chose qui a peu à voir avec l'instinct. C'est aussi le sens de la protection à l'égard du faible. Des biologistes disent que la mère animale est programmée pour réagir aux vagissements, cris, pleurs, de son petit. C'est vrai en fait, dans l'espèce humaine, de tous les adultes, prêts « à s'adapter à l'immaturité fonctionnelle et relationnelle du nourrisson » – tout en profitant réciproquement d'une relation tendre et sécurisante [18]. Cet instinct de protection se porte non seulement sur son propre enfant mais aussi sur d'autres qui se trouveraient en état de besoin. Le geste altruiste qui consiste à tendre spontanément la main pour empêcher l'enfant de tomber signale notre humanité, hommes et femmes confondus, et notre capacité d'assumer de la même manière les états sociaux de paternité et de maternité.

Un seul élément n'est pas partagé et pourrait avoir quelque chose à voir avec ce qu'on appelle « instinct maternel ». Mais l'appellation est alors considérablement dévoyée. Il s'agit du désir féminin d'explorer toutes ses capacités : expérimenter dans son corps, ne serait-ce qu'une fois, quelque chose qu'il peut mener à bien, quelque chose d'exceptionnel qu'aucun homme ne peut faire. C'est aussi une manière de se réapproprier soi-même.

Objets de la convoitise masculine comme reproductrices au sein d'un tissu d'allégeances entre hommes, ou comme partenaires sexuelles, les femmes obtiennent ainsi par la maternité l'entrée dans un monde de manifestations physiques (grossesse, accouchement, lactation, allaitement) qu'ils ne pourront connaître. L'état de maternité est donc bien aussi un état social, de « choix », voulu, et qui ouvre sur une altérité remarquable dans la dépendance d'un fragile être humain à l'égard de soi et devant lequel la responsabilité partagée est à construire.

Paternité et maternité sont des états de « choix » et c'est ainsi qu'il faut concevoir l'avenir dès la naissance de chaque enfant et pour sa vie durant. Il n'y a pas d'un côté la « bête humaine » qui flaire jalousement les petits qu'elle a faits poussée par un instinct viscéral, et de l'autre un être plus ou moins conscient d'assumer une responsabilité lointaine. C'est dans les deux cas un état de responsabilité choisie, même lorsqu'elle fut imposée d'un partenaire sur l'autre. Et l'amour vient avec.

C'est à cela qu'il faut éduquer nos enfants. Mais si l'on admet ces raisonnements, force est de constater que peu de choses sont faites dans l'espace social des pays les plus développés comme dans les autres pour que ces deux états soient considérés comme étant égaux. Il y a longtemps que l'homme ne rapporte plus le gibier à la maison, et déjà dans ces temps et ces sociétés, c'est la femme collectrice chargée d'enfants qui fournit à 80 % le régime alimentaire de la famille. Pourtant de nos jours, l'homme, même chargé de famille, choisit ou est contraint de choisir sa carrière plutôt que de céder aux sirènes familiales, tandis que, dans l'état de maternité, l'épouse et mère, travailleuse de surcroît, subit de plein fouet les écrasements professionnels, financiers, statutaires et sociaux.

Ainsi donc, c'est dans les deux aspects majeurs de l'utilisation qui est faite des femmes – maternité et sexualité – qu'elles se trouvent à chaque fois victimes pénalisées et objet d'un discours discriminatoire. Nous sommes certes toujours dans la logique du modèle archaïque dominant, mais des choses bougent, et nous pouvons faire en sorte, par une prise de conscience massive, inculquée dès l'enfance, et par des revendications portant non sur des rattrapages pour quelques-unes mais sur la création de conditions nouvelles pour toutes, que le regard des politiques soit un jour clairement braqué sur l'essentiel, à savoir la primauté vraie de l'égalité entre les sexes avec la reconnaissance de leur asymétrie comme ligne de libération et que c'est à cela que tient le progrès général de l'humanité.

CONCLUSION

Quelque chose s'est passé, d'essentiel, dans le monde occidental ces dernières décennies, qui risque de modifier considérablement non seulement les rapports sociaux de sexe qui sont marqués par la domination de l'un sur l'autre mais, à plus long terme et plus profondément, les représentations mentales qui accompagnaient ces rapports et donnaient l'illusion à la fois d'en être le fondement et de les légitimer. Il s'agit du droit à la contraception qui a été accordé aux femmes, en France, par la loi Neuwirth en 1967. Pourquoi accorder à ce droit une importance majeure ? En premier lieu parce qu'il reconnaît ainsi que les femmes ont le droit de disposer d'elles-mêmes et de leur corps. Ce simple droit : disposer de soi-même en disposant de son corps et de l'usage procréatif qui peut en être fait, est la marque élémentaire de l'autonomie qui est propre au statut juridique de *personne*. Il est intéressant de noter que c'est deux ans auparavant seulement, en 1965, que la loi avait reconnu à toute femme mariée le droit d'avoir une activité professionnelle sans recourir à l'autorisation de son mari. Si j'accorde à la loi

Neuwirth une importance plus grande qu'à celle-ci, qui reconnaissait pourtant également aux femmes le droit de décider de l'occupation de leur temps par une activité professionnelle ou non, c'est pour une deuxième raison. En effet, si l'on suit mes hypothèses, hiérarchie et domination d'un sexe sur l'autre sont liées au fait que les femmes ont le privilège, incompréhensible intellectuellement aux aubes de l'humanité et jusqu'à la fin du XVIIIe siècle, non seulement de se reproduire à l'identique mais de produire le différent d'elles-mêmes : les fils des hommes. Des systèmes de représentation de la procréation donnant le rôle essentiel à l'homme puis des systèmes sociaux de répartition des femmes comme épouses et futures mères entre les hommes sont venus à la fois déposséder les femmes de ce privilège et les assigner à ce rôle exclusif. Si telle est bien notre histoire passée de l'humanité, presque en même temps que s'est ouverte devant nos yeux l'intelligence du rôle équitable des deux cellules sexuelles dans la procréation, les lois donnant aux femmes les moyens de régler leur fécondité suppriment définitivement cette unique assignation à la maternité et au domestique qui a été le rôle des femmes dans les esprits comme dans les faits jusqu'à cette seconde partie du XXe siècle. Le droit à la contraception est donc le grand levier historique de changement dans la vie et le statut des femmes et dans les représentations qui les concernent.

Notons que ces changements majeurs ne concernent encore qu'une partie de l'humanité. Il suffit d'ailleurs d'entendre les raisonnements qui militent dans d'autres régions du monde contre l'octroi de ce droit aux femmes, avec les multiples corollaires qu'il entraîne (âge minimum au mariage, choix du partenaire, reconnaissance juridique du viol conjugal, etc.) pour comprendre à quel point la mainmise sur la sexualité et la fécondité des femmes a été et demeure le moteur de l'oppression.

Il y a eu depuis 1967 bien des initiatives légales qui tendent à promouvoir l'égalité des sexes : égalité des salaires (1972), divorce par consentement mutuel (1975), droit à l'interruption volontaire de grossesse (loi Veil, 1975), égalité professionnelle entre hommes et femmes (loi Roudy, dont l'application est encore bien théorique, 1983), et naturellement parité politique au sein des partis et lors des élections démocratiques (2000). Mais ces mesures importantes ne peuvent avoir un impact véritable que si elles sont assises sur la reconnaissance absolue du fait que les femmes sont bien juridiquement des personnes à part entière, reconnaissance qui est validée au premier chef par le droit à la contraception.

À côté cependant de ces mesures si nécessaires, il reste deux bastions à conquérir : celui des esprits (hommes et femmes confondus) et celui de la sphère domestique. Le système de dénigrement et de dévalorisation du féminin se transmet par l'éducation, le langage, les usages ordinaires de la violence et des images. Lutter contre cette dépréciation devrait être désormais un objectif constant et reconnu des individus, des associations, des pouvoirs publics. Le projet récent de réglementation de la publicité va dans ce sens. Mais il faudra encore beaucoup de temps pour que des manières de penser et de faire profondément offuscantes pour la «dignité» des femmes comme êtres humains, et discriminantes en ce qu'elles supposent le droit naturel de leur auteur à agir et penser comme il le fait, soient perçues comme telles. Il y faudra d'autant plus de temps que le privilège social d'être un homme trouve ses marques les plus profondes et les plus stables dans la sphère du domestique : or il est commode de justifier l'assujettissement particulier des femmes à la sphère domestique par des raisonnements non égalitaires et les représentations qui justifient ces raisonnements. C'est la raison pour laquelle le futur grand combat qui devra être mené doit porter non seulement sur le partage réel des tâches domestiques et parentales, mais aussi sur l'éducation et la culture transmises à nos enfants qui justifient l'inégalité en ces domaines jusqu'ici. La loi récente qui accorde un congé de paternité de quinze jours aux pères, pour leur permettre entre autres d'apprivoiser les soins aux bébés, est un premier pas dans cette direction. Si l'essai n'est pas perverti par l'usage qui en sera fait, on peut espérer qu'il sera le signe avant-coureur d'autres gestes de plus en plus efficaces. Car il nous faut croire en l'efficacité des gestes, des actes et des symboles pour parvenir au changement dans le tréfonds des esprits, même si ce changement pour être universel devra prendre quelques milliers d'années.

NOTES

Introduction : Le vivant féminin

1. C. Valiente-Noailles.
2. F. Héritier, 1981.
3. C. Lévi-Strauss, 1971.
4. F. Héritier, 1996.
5. Aristote, *De la génération des animaux*.
6. E. Tylor, 1889.
7. F. Bailey, 1950.
8. *Horizons*, 23 février 1989.
9. *Le Monde*, 13-14 mai 2001.

PREMIÈRE PARTIE : IDÉES REÇUES TOUJOURS ACTUELLES

Chapitre premier : La tête des femmes

1. G. Herdt, 1981 ; M. Godelier, 1976.
2. F. Héritier, 1985.
3. M. Olender.
4. *Le Monde*, 31 octobre 1987.
5. E. Dorlin.
6. J. Olivier.
7. D. Kimura, 2001, p. 78.
8. *Ibid.*, p. 57.
9. H. Marin, « Dans la circulation, le cerveau a un sexe », *Le Monde*, 30 mars 2000.

Chapitre 2 : Du danger des femmes

1. Il se retrouve pratiquement exprimé dans des termes semblables dans de nombreuses sociétés qui n'ont pas été touchées par la pensée grecque !
2. C. Despeux.
3. F. Lauwaert.
4. P. Hidiroglou.
5. Le sel est un concentré de chaleur, force, énergie, capacité de conservation. Dans le parler français d'autrefois, le petit garçon est un « petit salé » ; à l'adolescence, il décharge une partie de cette énergie concentrée : il se « dessale ». On peut appliquer cette métaphore aux filles de façon péjorative (une fille trop « dessalée ») mais elle concerne prioritairement les garçons. La saumure qui dérive du sel, comme instrument de conservation de vitalité et de force, a pour antagoniste, dans ce système de croyances, le sang des règles qui annihile cette capacité en l'absorbant.
6. F. Héritier, 1987.
7. ANRS, ORSTOM.
8. *Ibid.*
9. *Le Monde*, 9 novembre 2001.
10. Kurt Shillinger, correspondant du *Globe*.
11. Lusaka, IX-ICASA, 14 septembre 1999.
12. *Burakumin* : bouchers, tanneurs, fossoyeurs.

Chapitre 3 : De la violence et des femmes. Invariance, permanence et instabilité

1. Cette Journée a fait l'objet d'une publication, *De la violence et des femmes*, sous la direction d'Arlette Farge et de Cécile Dauphin.
2. F. Héritier, 1981.
3. *Lily, aime-moi*, de Maurice Dugowson.
4. C. Lombroso.
5. Voir *Masculin / féminin. La pensée de la différence*, chapitre 9.
6. M.-C. Laznik.
7. *Équilibres et Populations*, 42, septembre 1998.
8. En veut-on des exemples ? *Le Monde*, toujours, en date du 19 novembre 1997, sous le titre « Le chancelier des Lords d'Angleterre pourra tomber la "culotte" », c'est-à-dire « une sorte de chose bouffante qui part de la taille et se serre à mi-mollet sur une jolie paire de bas blancs » parce qu'il « en avait assez de soumettre ses besoins corporels aux conventions suffocantes d'un autre âge » et qu'est révolu « pour un adulte mâle et sain d'esprit, le temps des culottes, des bas et des souliers à boucle ». Tout le langage utilisé souligne, sans que cela soit jamais dit, la féminisation contestée (bouffant, jolis bas blancs, culotte, souliers) par des mâles sains d'esprit comme est suggérée, dans l'évocation des besoins corporels, une servitude à des comportements quasi féminins. Si tant est que le choix des mots ait un sens, un mâle sain d'esprit ne peut être contraint à des vêtures et des comportements féminins.

Autre exemple, tiré du *Point*, n° 1365 *bis* (14 novembre 1998), dans l'article « Anne-Sophie Mutter : l'année Beethoven ». Il s'agit de son talent, de sa « gravité », de son « timbre », de son âme. « Regardez les mains ; ces doigts faits pour pétrir et sculpter, la puissance mâle qui anime et calme tout... », écrit l'auteur de l'article qui est certainement loin d'être misogyne par ailleurs. Mais la puissance musicale de cette violoniste ne peut être que « mâle », car seule une puissance mâle est source d'animation.

9. L'Université de Columbia a mené sur dix-sept ans, sous la direction de Jeffrey Johnson, une étude sur un échantillon de 707 enfants américains à partir de 13-14 ans, enregistrant individuellement le nombre d'heures qu'ils passent devant la télévision, leur comportement familial relaté par leurs proches et leur implication dans des actes de violence où interviennent la police et la justice. Pour les deux sexes confondus, 28,8 % des enfants qui regardent la télévision plus de 3 heures par jour, commettent un acte violent entre 16 et 22 ans, pourcentage qui tombe à 5,3 % s'ils ne la regardent qu'une heure par jour. Si l'on considère les garçons seulement, à plus de 4 heures par jour, ils sont 45,2 % à commettre un acte violent entre 16 et 22 ans, pourcentage qui tombe à 8,9 % pour une consommation de moins d'une heure. Quant aux filles, « elles sont nettement moins influencées [...] : elles sont seulement 12,7 % à tomber dans la délinquance lorsqu'elles regardent la télévision plus de 3 heures par jour [...] et seulement 2,3 % lorsqu'elles la regardent moins d'une heure ». (*Le Nouvel Observateur*, supplément cinéma, 20-26 avril 2002.) Seul un apprentissage social différentiel peut expliquer valablement cette discordance dans l'influence subie, même si les auteurs de l'étude qui établit ces corrélations évitent d'établir un lien direct de cause à effet.

10. F. Héritier, 1999.

11. *Courrier International*, n° 597.

12. Papyrus Inzinger d'après le sage Ptahhotep, V^e dynastie. *Cf.* C. Desroche-Noblecourt, p. 188.

Chapitre 4 : Le point d'aveuglement de Simone de Beauvoir. Après la révolution néolithique...

1. p. 119 et 130.

2. B. Malinowski, 1927, 1930.

3. B. Malinowski, 1930, p. 180.

4. On mettra en parallèle « l'amour du sensationnel qui caractérise l'esprit des Européens incultes », comme les stigmatise Malinowski lui-même (*ibid.*, p. 196), fascinés qu'ils sont par la liberté sexuelle des jeunes filles qui n'étaient pourtant que rarement enceintes avant leur mariage. Malinowski pose ce même problème en des termes qui, pour être physiologiques, n'en relèvent pas moins de la même fascination devant une « puissance » sauvage dans tous les sens du terme. Il écrit : « Existerait-il une loi physiologique selon laquelle une femme serait d'autant moins exposée à concevoir qu'elle commence sa vie sexuelle à un âge plus précoce, qu'elle la poursuit sans interruption et change plus souvent d'amants ? » Plus

précocement et plus souvent que qui ? Selon quelles normes ? En d'autres termes, et avec une connotation morale, il pose la question de savoir si la licence des sauvages et le mélange des spermes ont des effets stérilisants (on sait maintenant que la plupart des cycles des adolescentes ne sont simplement pas ovulatoires). Mais il ne s'inquiète pas des raisons qui, dans le système des croyances qu'il postule, expliqueraient le fait que les esprits ne viennent pas dans ces corps préalablement ouverts, et, à supposer qu'ils évitent sciemment de venir chez une femme non mariée, des raisons qui les amènent à transgresser cette règle pour s'implanter parfois dans une jeune fille ouverte et non mariée.

5. *Ibid.*, p. 180.
6. *Ibid.*, p. 172.
7. Simone de Beauvoir ne fait curieusement aucune mention de l'élevage et de la situation des femmes dans les sociétés nomades fondées sur l'élevage et dépourvues du culte de la déesse (ceci explique sans doute cela).
8. p. 116.
9. p. 118.
10. p. 120.
11. Notons au passage que, dans cette vue, la guerre n'apparaît qu'avec la propriété, suite à la révolution néolithique, ce que contredisent les observations modernes. *Cf.* Guilaine et Zammit.
12. Et lorsqu'elle fournit un argument, il est contestable. Ainsi, dit-elle, l'affectation des tâches agricoles aux femmes vient de ce que « les instruments de l'âge de pierre ne réclament pas un effort intensif » (p. 120). Rien n'est plus faux notamment pour l'ouverture de nouveaux champs.
13. p. 120.
14. p. 123.
15. p. 128.
16. p. 132.
17. p. 133.
18. p. 130.
19. F. Héritier, 1999.
20. p. 131.
21. F. Héritier, 1996.
22. Jean-Paul Demoule, *Le Monde*, 20 janvier 2001.
23. J. Guilaine, 2000.
24. p. 125.
25. p. 129.
26. p. 16.
27. p. 120.
28. p. 119.
29. p. 117.
30. p. 134.
31. p. 118.

DEUXIÈME PARTIE : CRITIQUE

Chapitre premier : Privilège de la maternité et domination masculine

1. F. Héritier, 1981, p. 50-67.
2. B. Malinowski, 1930.
3. N. Vialles.
4. M. Lecarme, 1999.
5. « Maghreb : la chute irrésistible de la fécondité », *Population et Sociétés*, 359, juillet-août 2000.
6. M. Singer, 2000.

Chapitre 2 : Questions de genre et droits des femmes

1. Amnesty International, 1995.
2. A. Sen, 2002.
3. *Le Nouvel Observateur*, 28 décembre 2000-3 janvier 2001.
4. *Le Monde*, 24 février 2001.
5. *Population et Sociétés*, 364, janvier 2001. Nous nous référons à ce document dans le paragraphe qui suit.
6. *Le Monde*, 21 avril 2002.
7. *Ibid*.
8. Florence Beaugé, « Tuées pour l'honneur », *Le Monde*, 5 avril 2001.
9. *Courrier International*, 17-23 janvier 2002.
10. *Le Nouvel Observateur*, février 2002.
11. *Le Monde*, 8 mars 2002.
12. *Le Monde*, rubrique « En vue », 1er mars 2001.
13. Y compris par des anthropologues. Louis Dumont (1978) écrivait sur ce point : « Voilà [...] un cas où l'anthropologie [...] ne peut ni rejeter en bloc les valeurs modernes qui fondent la protestation, ni endosser simplement la condamnation prononcée, qui pourrait constituer une ingérence dans la vie collective d'une population. »
14. M. Ilboudo.
15. S. Fainzang, 1985.
16. R. Hazel et M. Mohamed-Abdi.
17. M. Riot-Sarcey.
18. *Le Monde*, 21 janvier 2000.
19. *7 jours en Europe*, 347, 22 mars 1999.
20. *Le Monde*, 14 mai 2002.
21. *Courrier International*, 595, 28 mars au 3 avril 2002.
22. *Le Matin* (Genève), 16 décembre 1997.
23. *Le Monde*, 7-8 décembre 1997.
24. *Vie universitaire*, janvier 1998.
25. *Le Monde*, 28 janvier 2002.
26. *Le Monde*, 24 avril 2002.
27. *Le Monde*, 27 mai 2000.
28. A. Barrère-Maurisson.

29. *Enquête sur le pouvoir des femmes.*
30. *Le Monde*, 21 janvier 1998.
31. *Le Monde*, 19 janvier 1999.
32. *Le Monde*, 7 juin 2000.
33. A. Sen, 1999.
34. *Équilibres et Populations*, 58, mai 2000.
35. *Le Monde*, 23 juin 2000 ; 18 septembre 2000.
36. Nicole Péry, secrétaire d'État aux Droits des femmes, France.
37. *Le Monde*, 10 mars 2000.
38. *Population et Sociétés*, 359, juillet-août 2000.
39. *Population et Sociétés*, 373, novembre 2001.
40. IFRI, *Ramsès 2000*.
41. D. R. Forsythe.
42. M. Gilzmer.
43. *Le Monde*, 23 mars 2001.
44. *Le Monde*, 21 février 2002.
45. *Le Monde*, 10 décembre 1999.
46. *Le Monde*, 17-18 septembre 2000.

Chapitre 3 : La différence des sexes dans l'« égarement contemporain »

1. On trouvera dans *Masculin/féminin*. *La pensée de la différence* (p. 206-207) un relevé de termes adjectivaux pris dans la littérature romanesque du XIXe siècle et dans les journaux et les magazines contemporains, permettant de cerner deux types de discours sur les femmes, dont l'un est seulement en apparence moins négatif que l'autre, et qui tous deux, sans souci des contradictions entre les deux versions (froide, pure, pudique, *versus* chaude, polluante, impudique, etc.), renvoient à une *nature* féminine, morphologique, biologique, psychologique, qui doit, ou aspire à, être soumise, dominée, contrôlée par l'homme. Il y aurait « un sexe "fort" et un sexe "faible", un esprit "fort", un esprit "faible". Ce serait cette faiblesse, naturelle, congénitale, des femmes qui légitimerait leur assujettissement jusque dans leur corps ».

Prenons un exemple de ce dénigrement systématique dans un contexte qui n'y appelle pas nécessairement : la rubrique musicale du *Monde*, 13 décembre 2001, à propos de la mise à l'affiche de la *Khovantchina* à l'Opéra-Bastille à Paris : « Les seconds rôles féminins, un rien caricaturaux – les cris de Tatiana P. (Emma), en jeune pintade effarouchée, les éructations bilieuses d'Irina R. (Suzanna), vieille poule frigide […]. Côté messieurs, […] c'est dans la trilogie des opposants qu'il faut chercher le meilleur : fougueux à souhait, Robert B. (Golitsine) […], plein de morgue dominatrice, Vladimir O. (Prince Khovanski), à la fière allure. Quant au Dosifei d'Anatoli K., il domine de sa haute stature tant physique que vocale la distribution. »

Les caractères ainsi posés sont bien sûr ceux des rôles, mais aussi ceux des voix des interprètes (cris, éructations, morgue, fierté, etc.). Et il convient de rappeler que « la jeune pintade effarouchée » est Emma, par ailleurs « belle et jeune orpheline » violée par le prince à la fière allure.

2. N.-C. Mathieu, 1985.

TROISIÈME PARTIE : SOLUTIONS ET BLOCAGES

Chapitre premier : Les fabrications possibles et pensables d'un produit humain

1. F. Héritier, 1985.
2. *Le Figaro*, 13 mai 2000.

Chapitre 2 : La contraception. Vers un nouveau rapport des catégories du masculin et du féminin

1. É.-É. Baulieu, 1999.
2. E. Diczfalusy, 1999.
3. M.-F. Coulet, 2001.
4. J. Mossuz-Lavau, 2001.
5. N. Bajos et M. Ferrand.
6. S. Dellus.
7. *Le Monde*, 18 novembre 1998.
8. Dans l'introduction et le premier chapitre de la deuxième partie.
9. T. Apostolidès *et al.*
10. Françoise Vincent, « Les postes avancés de santé : une innovation », *Médecins du monde*, 52, septembre 1998, p. 3-4.
11. *Le Quotidien du médecin*, 17 mai 2000.
12. *Le Monde*, 31 mai 2001.
13. L'ensemble des données de ce paragraphe est tiré de l'article de Marion van Renterghem, 1998.
14. *Le Monde*, 30 janvier 1999.
15. *Le Monde*, 15 novembre 2001.
16. *Le Monde*, 30 janvier 1999.
17. Lettre de saisine officielle adressée au CCNE.

Chapitre 3 : La démocratie doit-elle représenter les femmes en tant que femmes ?

1. Voir *Le Piège de la parité*, débats recueillis dans la presse par Micheline Amar.
2. *Ibid.*, p. 34.
3. *Ibid.*, p. 90.
4. J. Mossuz-Lavau, *Population et Sociétés*, 377, mars 2002.
5. Éliane Vogel-Polsky, « Les impasses de l'égalité », *Parité-Infos*, hors-série n° 1, mai 1994, p. 1-12.
6. Lily Segerman-Peck, « Élections britanniques : pas question d'aider les femmes », *Parité-Infos*, 13, mars 1995, p. 1-3.
7. *Parité-Infos*, supplément au numéro 16.

8. Élisabeth Elgan, « Parité dans la vie publique : la différence suédoise », *Parité-Infos*, supplément au numéro 16, p. 1-4.

Chapitre 4 : Obstacles et blocages. De l'usage du corps des femmes

1. Voir aussi Michel Schneider, « Désir, vous avez dit désir », *Le Monde*, 7 mars 2002. Cette idée de Freud est exprimée aussi sous une autre forme : « Il n'y a pas de mixture, fût-ce la plus absurde, que la société ne soit prête à avaler, pourvu qu'on la proclame un antidote contre la toute-puissance redoutée de la sexualité. » (*La Question de l'analyse profane.*)
2. Odon Vallet, article « Kama Sûtra ».
3. Claudine Dauphin, 1996. *Midrash Genesis Rabbah*, 23.2.
4. Jean-Louis Flandrin.
5. Cité par Jean-Louis Flandrin, p. 213.
6. *Ibid.*, p. 289.
7. Claudine Dauphin, 1996, Saint Augustin, *De bon. conjug.*, 11.12.
8. *De Mend.*, 7.10.
9. André Maurois, *Les Discours du docteur O'Grady*, Paris, Grasset, 1927, Paris, Livre de Poche, 1950, p. 228 et 269.
10. Alphonse Boudard, *Mourir d'enfance*, Paris, Robert Laffont, 1996, p. 229.
11. Catherine Simon, « Prostitution », *Le Monde*, 21 mai 2002.
12. Michelle Perrot, 1997.
13. Daikha Dridi, « Les Algériennes n'acceptent plus la tutelle des hommes », *Index on Censorship*, Londres, repris dans *Courrier international*, 598, 18-24 avril 2002.
14. Odon Vallet, *op. cit.*, article « Voile ».
15. « En vue », *Le Monde*, 26 novembre 1999.
16. « En vue », *Le Monde*, 1er décembre 2000.
17. « En vue », *Le Monde*, 3 mars 2001.
18. « Vertiges de l'amour », *Télé-Obs.*, 23 avril 2002.
19. *Johnny got his gun* (*Johnny s'en va-t-en guerre*), film de Dalton Trumbo, 1971.
20. Henri Atlan.
21. Michel Schneider, *Le Monde*, 7 mars 2002.
22. Jean Starobinski.
23. Congrès de Yokohama contre l'exploitation sexuelle, 17-20 décembre 2001. *Défenseur des enfants Infos*, février 2002.
24. *Le Monde*, 18 décembre 2001.
25. Pierre Bourdieu, 1997.
26. Jacques Bouveresse, « À Pierre Bourdieu, la philosophie reconnaissante », *La Lettre du Collège de France*, 5, mai 2002.
27. *Le Monde*, 7 mars 2002.
28. *Le site de sorties des gens qui sortent. People.*
29. *Le Monde*, 29 octobre 1996.
30. *Le Monde*, 12 juillet 2001.
31. *Ibid.*
32. Amnesty International, *La Lettre*, 60, avril-juin 2001.

33. Avril 2001. « Pétasse », terme vulgaire qui désigne la femme ou la fille en général. En verlan, « taspé ».
34. *Le Monde*, 25 mai 2002.
35. *Le Monde*, 26 avril 2001.
36. *Le Monde*, 24 avril 2001.
37. *Le Nouvel Observateur*, 28 février-6 mars 2002.
38. *Le Nouvel Observateur*, 6-12 décembre 2001.
39. Frédéric Chambon, 24 avril 2001.
40. *Le Monde*, 24 avril 2001.
41. *Le Monde*, 21 mars 2002.
42. *Le Nouvel Observateur*, 19 au 25 avril 2002.
43. *Le Monde*, 14 décembre 2001.
44. *Télé-Obs.*, 13-19 octobre 2001.
45. Patsy Sorensen, *Pour de nouvelles actions dans le domaine de la lutte contre la traite des femmes*, Strasbourg, 18 mai 2000.
46. Fédération internationale des Ligues des Droits de l'homme, *La Nouvelle Lettre de la FIDH* 38, juin 2000. Les informations de ce paragraphe proviennent de ce passionnant document.
47. La rapporteuse des Nations unies elle-même déclare textuellement dans une interview publiée par *La Nouvelle Lettre de la FIDH* : « La prostitution est inéluctable dans notre société. »
48. *La Nouvelle Lettre de la FIDH*.
49. *Le Monde*, rubrique « En vue », 15 décembre 2001.
50. Florence Montreynaud, « Faut-il punir les clients de la prostitution ? », rubrique « Horizons et débats », *Le Monde*, 6 juin 2002.
51. Robert Badinter, « Prostitution et pénalisation », Rubrique « Point de vue », *Le Monde*, 21 février 2002.
52. Marcela Iacub et Patrice Maniglier, « Comportements sexuels : les infortunes de trop de vertu », rubrique « Horizons et débats », *Le Monde*, 2 février 2002.

Chapitre 5 : Obstacles et blocages. La maternité, le travail et le domestique.

1. Yvonne Knibiehler, 2001.
2. Tania Angeloff.
3. *Le Monde*, 29 juin 2002.
4. Marie-José Dhavernas.
5. Françoise Thébaud, 2001.
6. Irène Théry, 2001.
7. *Valeurs mutualistes*, 213, septembre 2000.
8. Alain Testart, 2002.
9. Voir chapitre « La tête des femmes ».
10. *Elle*, 1er avril 2002, « Travail, enfants, maison. J'en fais trop, à qui la faute ? ».
11. *Le Monde*, 8 mars 2001.
12. Hélène Michaudon. Cf. *Le Monde*, 19 octobre 2001.
13. *Le Monde*, 6 décembre 2001.

14. *Ibid*. D. Kessler : « Les entreprises ne sauraient approuver des initiatives de type démagogique, comme celle de la création d'un congé de paternité. »
15. *Le Monde*, 14 mai 2002.
16. D. Méda, 2001.
17. Lettre publique à Marilyse Lebranchu, garde des Sceaux, 19 janvier 2002.
18. S. Giampino, *in* Y. Knibiehler.

BIBLIOGRAPHIE

ADLER, Laure – 1990, *La Vie quotidienne dans les maisons closes, 1830-1930*. Paris, Hachette littératures.

« Africaine (L'), sexes et signes » – 1984, *Les Cahiers du GRIF*, Paris.

AGACINSKI, Sylviane – 1998, *Politique des sexes*. Paris, Le Seuil.

ALBISTUR, Maïté et ARMOGATHE, Daniel – 1977, *Histoire du féminisme français*. Paris, Des Femmes.

ALÈS, Catherine – 1998, « Pourquoi les Yanowamï ont-ils des filles ? », *in* M. GODELIER et M. PANOFF, éds. *La Production du corps*. Paris, Éditions des Archives contemporaines : 281-316.

ALÈS, Catherine et BARRAUD, Cécile, éds. – 2001, *Sexe relatif ou sexe absolu ? De la distinction des sexes dans les sociétés*. Paris, Éditions de la Maison des sciences de l'homme.

ALLENDESALAZAR, Mercédès – 2002, *Thérèse d'Avila, l'image au féminin*. Paris, Le Seuil.

ALTHAUS, Frances A. – 1997, « Excision : rite de passage ou atteinte aux droits de la femme », *Perspectives internationales sur le planning familial*, n° spécial : 28-32.

AMNESTY INTERNATIONAL – 1995, *Une égalité de droit*. Les Éditions francophones d'Amnesty International (*Human Rights are Women's Right*). Téhéran.

ANDERSEN, Heine – 2001, « Gender inequality and paradigms in the social sciences », *Social Science Information* 40 (2) : 265-289.

ANDRO, Armelle et al. – 2001, *Genre et Développement. Huit communications présentées à la Chaire Quetelet 2000*. Paris, INED (Dossiers et Recherches, 95).

ANGELOFF, Tania – 2000, *Le Temps partiel, un marché de dupes ?* Paris, La Découverte, Syros.

ANNAUD, Mathilde – 2001, *Aborigènes : la loi du sexe. Viols et orgies en Australie. Ethnoarchéologie d'une sexualité disparue*. Paris, L'Harmattan.

ANRS, ORSTOM, éds. – 1997, *Le Sida en Afrique. Recherches en sciences de l'homme et de la société*. Paris, ANRS.

APOSTOLIDÈS, T., BUSCHINI, E. et KALAMPALAKIS, N. – 1998, *Représentations et valeurs engagées dans la contraception masculine médicalisée*, dir. D. JODELET. Paris, EHESS, Laboratoire de psychologie sociale.

ARCHETTI, Eduardo P. – 1999, *Masculinities. Football, Polo and the Tango in Argentina*. Oxford, New York, Berg.

ARDERNER, Shirley, éd. – 1978, *Defining Females. The Nature of women in Society*. Londres, Croom Helm.

ARISTOTE – 1961, *De la génération des animaux*. Paris, Les Belles Lettres.

ARON, Claude – 1996, *La Bisexualité et l'ordre de la nature*. Paris, Odile Jacob.

ASSAYAG, Jackie – 1992, *La Colère de la déesse décapitée. Traditions, cultes et pouvoir dans le sud de l'Inde*, Paris, CNRS Éditions.

ATLAN, Henri – 1999, « Du principe de plaisir à la morale de l'indignation », in *Séminaire de Françoise Héritier. De la violence II*, Paris, Odile Jacob.

AUGÉ, Marc – 2000, « Révolutionnaire et engagée », *in* J.-L. JAMARD, E. TERRAY et M. XANTHAKOU, éds. *En substances. Textes pour Françoise Héritier*. Paris, Fayard : 531-536.

BACHOFEN, J. J. – 1861, *Das Mutterecht*. Stuttgart.

BADINTER, Élisabeth – 1986, *L'Un est l'autre. Des relations entre hommes et femmes*. Paris, Odile Jacob.

BADINTER, Élisabeth – 1992, *De l'identité masculine*. Paris, Odile Jacob.

BAILEY, Flora – 1950, *Some Sex beliefs and Practices in a Navaho community*. American Archeology and Ethnology Papers, vol. 40. Cambridge, Mass., Peabody Museum.

BAJOS, Nathalie – 1998, « Les risques de la sexualité », *in* N. BAJOS, éd. *La Sexualité au temps du sida*. Paris, PUF.

BAJOS, Nathalie et FERRAND, Michèle – à paraître, *De la contraception à l'avortement. Sociologie des grossesses non prévues*. Paris, INSERM.

BARASH, David P. et LIPTON, Judith Eve – 2001, *The Myth of Monogamy. Fidelity and Infidelity in Animals and People*. Freeman.

BARD, Christine – 2001, *Les Femmes dans la société française au XXe siècle*. Paris, Armand Colin.

BARNES, J. A. – 1973, « Genitrix : Genitor : Nature : Culture », in J. GOODY, éd. *The Character of Kinship*. Cambridge, Cambridge University Press : 61-73.

BARRÈRE-MAURISSON, Agnès *et al.* – 2000, « Temps de travail, temps parental. La charge parentale : un travail à mi-temps. Premières informations et premières synthèses », *Dares* 20 (1), mai.

BARRET-DUCROCQ, Françoise – 1999, *Mary Wollstonecraft. A Vindication of the Rights of Woman*. Paris, Didier-Erudition. Agrégation d'anglais.

BARRET-DUCROCQ, Françoise – 2000, *Le Mouvement féministe anglais d'hier à aujourd'hui*. Paris, Ellipses.

BATAILLE, Philippe et GASPARD, Françoise – 1999, *Comment les femmes changent la politique et pourquoi les hommes résistent*. Paris, La Découverte.

BAULIEU, Étienne-Émile, HÉRITIER, Françoise et LERIDON, Henri, éds. – 1999, *Contraception : contrainte ou liberté ?* Paris, Odile Jacob.

BAULIEU, Étienne-Émile – 1999, « Contraception : des besoins insatisfaits, une recherche insuffisante », in É.-É. BAULIEU, F. HÉRITIER et H. LERIDON, éds. *Contraception : contrainte ou liberté ?* Paris, Odile Jacob : 99-116.

BAVAY, Francine et FRAISSE, Geneviève – 2002, « L'insécurité des femmes », *Le Monde*, 8 mars 2002.

BEAUVOIR, Simone de – 1949, Critique de *Les Structures élémentaires de la parenté*, *Les Temps modernes*, novembre.

BEAUVOIR, Simone de – 1995 (1949), *Le Deuxième Sexe*. Paris, Gallimard, coll. « Folio Essais ».

BECHTEL, Guy – 2000, *Les Quatre Femmes de Dieu. La putain, la sorcière, la sainte et Bécassine*. Paris, Plon.

BECKER, Charles, DOZON, Jean-Pierre, OBBO, C. et TOURÉ, Mamadou, éds. – 1999, *Vivre et penser le sida en Afrique*. Paris, Codesria, Karthala, IRD.

BECKER, Gary – 1957, *The Economics of Discrimination*. Chicago, The University of Chicago Press.

BELL, Rudolph M. – 1985, *Holy Anorexia*. Chicago, The University of Chicago Press.

BELLOUBET-FRIER, Nicole – 1997, « Sont-elles différentes ? », *Pouvoirs* 82 : 59-75.

BELOTTI, Elena – 1974, *Du côté des petites filles*. Paris, Des Femmes.

BERNER, Boel, ELGAN, Élisabeth et HEINEN, Jacqueline, éds. – 2000, *Suède*. « L'égalité des sexes en question », *Cahiers du Genre* 27 (1).

BERRY, J.W. – 1966, « Temne and Eskimo perceptual skills », *International Journal of Psychology* 1 : 202-229.

BERTINI, F. et *al*. – 1991, *Les Femmes au Moyen Âge*. Paris, Hachette « La vie quotidienne ».

BIHR, Alain et PFERFFERKORN – 2000, « Hommes-femmes, l'introuvable égalité. La place contradictoire des femmes dans la société française », *Recherches et prévisions* 61 : 19-33.

BISILLIAT, Jeanne et FIÉLOUX, Michèle – 1992, *Femmes du Tiers-Monde. Travail et quotidien*. Paris, L'Harmattan (coll. « Connaissance des hommes »).

BODIOU, Lydie – 2000, *Histoire du sang des femmes grecques : filles, femmes, mères*. Thèse de doctorat. Université Rennes-II.

BOLOGNE, Jean-Claude – 1988, *La Naissance interdite. Stérilité, avortement, contraception au Moyen Âge*. Paris, Olivier Orban.

BONNET, Doris – 2001, « Rupture d'alliance contre rupture de filiation. Le cas de la drépanocytose », *in* J.-P. DOZON et D. FASSIN, dir. *Critique de la santé publique. Une approche anthropologique*. Paris, Balland : 257-280.

BOSIO-VALICI, Sabine et ZANCARINI-FOURNEL, Michelle – 2001, *Femmes et fières de l'être : un siècle d'émancipation féminine*. Paris, Larousse.

BOTTÉRO, Jean – 1992, « L'amour libre à Babylone », *in* J. BOTTÉRO, *Initiation à l'Orient ancien*. Paris : 130-149.

BOURDIEU, Pierre – 1980, « La domination masculine », *Actes de la Recherche en sciences sociales* 84 : 2-31. Paris, Le Seuil.

BOURDIEU, Pierre – 1997, *Méditations pascaliennes. Éléments pour une philosophie négative*, Paris, Le Seuil, « Liber ».

BOURDIEU, Pierre – 1998, *La Domination masculine*. Paris, Le Seuil.

BRUIT ZAIDMAN, Louise – 1996, « Le temps des jeunes filles dans la Cité grecque : Nausikaa, Phrasikleia, Timareta et les autres », *Clio. Histoire, femmes et société* 4 : 11-32 ; 33-50.

BRUIT ZAIDMAN, Louise, HOUBRE, Gabrielle, KLAPISCH-ZUBER, Christiane et SCHMITT PANTEL, Pauline – 2001, *Le Corps des jeunes filles de l'Antiquité à nos jours*. Paris, Perrin.

BRULÉ, Pierre – 1987, *La Fille d'Athènes. La religion des filles à l'époque classique*. Paris, Les Belles Lettres.

BRULÉ, Pierre – 2001, *Les Femmes grecques à l'époque classique*. Paris, Hachette littératures.

BRUNDAGE, James A. – 1987, *Law, Sex and christian Society in medieval Europe*. Chicago, The University of Chicago Press.

BUCKLAND, A. W. – 1878, « Primitive agriculture », *Journal of the Royal Anthropological Institute* 3, 17 : 2-20.

BUCKLEY, Thomas et GOTTLIEB, Alma – 1988, *Blood Magic. The Anthropology of menstruation*. Berkeley, University of California Press.

BURGUIÈRE, André, KLAPISH-ZUBER, Christiane, SEGALEN, Martine et ZONABEND, Françoise – 1986, *Histoire de la famille*. Paris, Armand Colin.

BUSCHINGER, Danielle, éd. – 1984, *Amour, mariage et transgression au Moyen Âge*. Göttingen. Colloque de l'université de Picardie.

CALAME, Claude et KILANI, Mondher – 1999, *La Fabrication de l'humain dans les cultures et en anthropologie*. Lausanne, Éditions Payot Lausanne.

CANDOLLE, Alphonse de – 1883, *Origine des plantes cultivées*. Paris, G. Baillière et Cie.

CAPLAN, Patricia et BUJRA, Janet M. – 1978, *Women united, Women divided. Cross-Cultural Perspectives on female Solidarity*. Londres, Tavistock.

CAPLAN, Patricia, éd. – 1987, *The Cultural Construction of Sexuality*. Londres, New York, Tavistock Publications.

CASSIN, Barbara – 2000, *Voir Hélène en toute femme*. Paris, Synthélabo. Les Empêcheurs de penser en rond.

CHAPELLE, Gaétane – 2001, « La fin de la domination masculine ? Oui, mais... », *Sciences humaines* 112 : 36-37.

Clés pour le féminin – 1999, Paris, PUF. Débats de psychanalyse.

COATE, Stephen et LOURY, Glenn – 1993, « Wille affirmative action policies eliminate negative stereotypes ? », *American Economic Review* 83 (5) : 1220-1240.

COLLIN, Françoise – 1992, « Le sexe des sciences », *Autrement* n° 6.

COLLIN, Françoise, PISIER, Évelyne et VARIKAS, Eleni – 2000, *Les Femmes, de Platon à Derrida. Anthologie critique*. Paris, Plon.

COMMAILLE, Jacques – 1992, *Les Stratégies des femmes. Travail, famille et politique*. Paris, La Découverte.

Conseil d'État – 1997, *Sur le principe d'égalité. Rapport public 1996*. La Documentation française, série « Études et Documents » n° 48.

CONTENAU, Georges – 1914, *La Déesse nue babylonienne*. Paris, P. Geuthner.

COPET-ROUGIER, Élisabeth – 1989, « Idéologie et symbolisme dans les rapports hommes-femmes », *Psychanalystes* 33 : 74-78.

CORBIN, Alain – 1998 (1991), *Le Temps, le désir et l'horreur*. Paris, Aubier, rééd. Flammarion, « Champs ».

COSNIER, Colette – 2001, *Le Silence des filles. De l'aiguille à la plume*. Paris, Fayard.

COULET, Marie-France – 2001, « Les jeunes et la contraception », in Y. KNIBIEHLER, éd. *Maternité, affaire privée, affaire publique*. Paris, Bayard : 215-220.

COURNUT, Jean – 2001, *Pourquoi les hommes ont peur des femmes. Essai sur le féminin érotico-maternel*. Paris, PUF, collection « Le fil rouge ».

COURNUT-JANIN, Monique – 1998, *Féminin et féminité*. Paris, PUF, Coll. « Épîtres ».

COURTINE, Jean-Jacques et HAROCHE, Claudine – 1994, *Histoire du visage. Exprimer et taire ses émotions (XVIe-début du XIXe siècle)*. Paris, Payot.

CROS, Michèle – 1990, *Anthropologie du sang en Afrique. Essai d'hématologie symbolique chez les Lobi du Burkina Faso et de la Côte-d'Ivoire*. Paris, L'Harmattan.

DACHER, Michèle et LALLEMAND, Suzanne – 1992, *Prix des épouses, valeur des sœurs. Les représentations de la maladie. Deux études sur la société goin du Burkina Faso*. Paris, L'Harmattan.

DALY, M. et WILSON, M. – 1983, *Sex, Evolution and Behavior*. Boston, Willard Grant Press.

DAUNE-RICHARD, Anne-Marie, HURTIG, Marie-Claude et PICHEVIN, Marie-Françoise – 1989, *Catégorisation de sexe et constructions scientifiques*. Aix-en-Provence, CEFUP.

DAUPHIN, Cécile et FARGE, Arlette – 1997, *De la violence et des femmes*. Paris, Albin Michel.

DAUPHIN, Cécile et FARGE, Arlette, dir. – 2001, *Séduction et sociétés. Approches historiques*. Paris, Le Seuil.

DAUPHIN, Claudine – 1996, « Brothers, baths and babies. Prostitution in the Byzantine holyland », in *Classics Ireland*, vol. 3, Dublin, University College Dublin.

DAVID-MÉNARD, Monique, FRAISSE, Geneviève et TORT, Michel, dir. – 1990, *L'Exercice du savoir et la différence des sexes*. Paris, L'Harmattan.

DAVID-MÉNARD, Monique – 2000, *Tout le plaisir est pour moi*. Paris, Hachette littératures.

DELANOË, Daniel – 2001, *Critique de l'âge critique. Usages et représentations de la ménopause*. Paris, EHESS. Thèse de doctorat de l'EHESS.

DELLUS, Sylvie – 2000, « La contraception. Entre l'amélioration des méthodes existantes et l'apparition de nouvelles, la contraception demeure encore l'objet de travaux », *Santé-Magazine*, mai 2000.

DELUMEAU, Jean et ROCHE, Daniel, éds. – 2000 (1990), *Histoire des pères et de la paternité*. Paris, Larousse.

DELPHY, Christine – 1977, « Nos amis et nous. Les fondements cachés de quelques discours pseudo-féministes », *Questions féministes* 1 : 21-49.

DELPHY, Christine – 1998, *L'Ennemi principal 1 : Économie politique du patriarcat*. Paris, Éditions Syllepse.

DÉMAR, Claire – 2001 (1833), *Appel au peuple sur l'affranchissement de la femme*. Paris, Albin Michel, coll. « Histoire à deux voix ».

DESCOLA, Philippe – 2000, « La descendance d'Héphaïstos », in J.-L. JAMARD, E. TERRAY, et M. XANTHAKOU, éds. *En substances. Textes pour Françoise Héritier*. Paris, Fayard : 329-340.

DESPEUX, Catherine – 1990, *Immortelles de la Chine ancienne. Taoïsme et alchimie féminine*. Paris, Pardès.

DESROCHES-NOBLECOURT, Christiane – 2000 (1986), *La Femme au temps des Pharaons*. Paris, Stock-Pernoud.

DÉTIENNE, Marcel – 1989, « Les Danaïdes entre elles. Une violence fondatrice du mariage », *L'Écriture d'Orphée*. Paris, Gallimard : 41-57.

DEUTSCH, Helene – 1967, *La Psychologie des femmes. Étude psychanalytique*. Paris, PUF.

De Vaux, Roland – 1935, « Sur le voile des femmes dans l'Orient ancien », *Revue biblique* 44 : 397-412.

Devereux, Georges – 1983, *Baubo, la vulve mythique*. Paris, Jean-Cyrille Godefroy.

Dhavernas-Lévy, Marie-Josèphe – 2001, « Bio-médecine : la nouvelle donne », *in* Y. Knibiehler, dir., *Maternité. Affaire privée, affaire publique*. Paris, Bayard : 93-108.

Diczfalusy, Egon – 1999, « La révolution contraceptive dans une humanité vieillissante », *in* É.-É. Baulieu, F. Héritier et H. Leridon, éds. *Contraception : contrainte ou liberté ?* Paris, Odile Jacob : 79-98.

Diderot, Denis – 1975, « Sur les femmes », in *Œuvres complètes*, vol. 10. Paris, Hermann.

« "Différence des sexes" et "ordre symbolique" » – 2000, *Les Temps modernes* 609, 55e année, juin-juillet-août.

Différence (De la) des sexes entre les femmes – 2001, Colloque « Forum Diderot » du 22 février 2000. Paris, PUF.

Dorlin, Elsa – 2000, *L'Évidence de l'égalité des sexes. Une philosophie oubliée du XVIIe siècle*. Paris, L'Harmattan.

« Dossier Égalité, parité, discrimination. L'histoire continue » – 2002, *Travail, Genre et Société* 7.

Douglas, Mary – 1981 (1967), *De la souillure. Essai sur les notions de pollution et de tabou*. Paris, Maspero.

Douglas, Mary – 1992, *Risk and Blame. Essays in cultural Theory*. Londres, New York, Routledge.

Downs, Laura Lee – 2002, *L'Inégalité à la chaîne. La division sexuée du travail dans l'industrie métallurgique en France et en Angleterre*. Paris, Albin Michel.

Dozon, Jean-Pierre et Fassin, Didier, dir. – 2001, *Critique de la santé publique. Une approche anthropologique*. Paris, Balland.

Droz, Yvan – 2000, « Circoncision féminine et masculine en pays kikuyu. Rite d'institution, division sociale et droits de l'Homme », *Cahiers d'Études africaines* 40 (2), 158 : 215-240.

Duby, Georges – 1981, *Le Chevalier, la Femme et le Prêtre*. Paris, Hachette.

Duby, Georges et Perrot, Michelle, dir. – 1991, *Histoire des femmes en Occident*. Paris, Plon.

Dumont, Louis – 1978, « La communauté anthropologique et l'idéologie », *L'Homme* 18 (3-4) : 83-110.

Dupont, Florence et Éloi, Thierry – 2001, *L'Érotisme masculin dans la Rome antique*. Paris, Belin.

DURET, Pascal – 1999, *Les Jeunes et l'identité masculine*. Paris, PUF.

DUSCH, Sabine – 2002, *Le Trafic d'êtres humains*. Paris, PUF.

ECHARD, Nicole et BONTE, Pierre – 1978, « Anthropologie et sexualité : les inégales », in *La Condition féminine*. Paris, Éditions sociales : 59-84.

ECHARD, Nicole et MATHIEU, Nicole-Claude – 1982, « Les mutilations du sexe des femmes », *Bulletin de l'Association française des anthropologue*s 9 : 45-49.

EL SAADAOUI, Naoual – 1987, « Toward women's power, nationally and internationally », *in* D.L. ECK and D. JAIN, eds. *Speaking of Faith. Global Perspective on Women, Religion and social Change*. Philadelphia, New Society Publishers.

Enquête sur le pouvoir des femmes – 1998. Stockholm.

EPHESIA – 1995, *La Place des femmes. Les enjeux de l'identité et de l'égalité au regard des sciences sociales*. Paris, La Découverte.

ERLICH, Michel – 1986, *La Femme blessée. Essai sur les mutilations sexuelles féminines*. Paris, L'Harmattan.

ERLICH, Michel – 1990, *La Mutilation*. Paris, PUF.

ETCHEGOYEN, Alain – 1997, *Éloge de la féminité*. Paris, Arléa.

ÉTIENNE, Mona et LEACOCK, Eleanor, éds. – 1980, *Women and Colonization. Anthropological Perspectives*. New York, J. F. Bergin-Praeger.

EVANS-PRITCHARD, Edward E. – 1971 (1965), *La Femme dans les sociétés primitives et autres essais d'anthropologie sociale*. Paris, PUF.

FABIJANCIC, Ursula – 2001, « Simone de Beauvoir's *Le Deuxième Sexe*, 1949-1999. A reconsideration of transcendance and immanence », *Women's Studies* 30 : 443-475.

FABRE, Clarisse – 2001, *Les Femmes et la politique. Du droit de vote à la parité*. Paris, Librio.

Face (La) cachée d'Ève. Les femmes dans le monde arabe – 1982, Paris, Des Femmes.

FAGNANI, Jeanne – 2001, « Les Françaises font toujours plus d'enfants que les Allemandes de l'Ouest. Une esquisse d'interprétation », *Recherches et Prévisions* 64 : 49-63.

FAINZANG, Sylvie – 1985, « Circoncision, excision et rapports de domination », *Anthropologie et Sociétés* 9 : 117-127.

FAINZANG, Sylvie et JOURNET, Odile – 1987, *La Femme de mon mari. Étude ethnologique du mariage polygamique en Afrique et en France*. Paris, L'Harmattan.

FAURE, Christine – 1985, *La Démocratie sans les femmes. Essai sur le libéralisme en France*. Paris, PUF.

FAWCETT, Millicent – 1918, « Equal pay for equal work », *The Economic Journal* 28 (109) : 1-6.

FEINGOLD, A. – 1988, « Cognitive gender differences are disappearing », *American Psychologist* 43 : 95-103.

« Femmes aux secrets » – 2000, *Sigila*, GRIS-France, automne-hiver.

Femme (La) et le communisme. Anthologie des grands textes du marxisme – 1950, Paris, Éditions sociales.

« Femmes et politique au Maghreb » – 1999, *Awal* 20.

FERCHIOU, Sophie – 1968, « Différenciation sexuelle de l'alimentation au Djerid (Sud tunisien) », *L'Homme* 12 (3) : 47-69.

FLANDRIN, Jean-Louis – 1975, *Les Amours paysannes*. Paris, Gallimard-Julliard.

FORMOSO, Bernard – 2001, « Corps étrangers. Tourisme et prostitution en Thaïlande », *Anthropologie et sociétés*, 25(2) : 55-70.

FORSYTHE, David R. – 2000, *Human Rights and comparative Foreign Policy*. UNU, UNU Press, Foundations of Peace.

Forum Diderot – 2000, *De la Différence des sexes entre les femmes*. Paris, PUF.

FORMOSO, Bernard – 2001, « Corps étrangers. Tourisme et prostitution en Thaïlande », *Anthropologie et sociétés*, 25 (2) : 55-70.

FOSS, J.E. – 1996, « Is there a natural sexual inequality of intellect ? A reply to Kimura », *Hypatia* 11 : 24-26.

FOUCAULT, Michel – 1976, 1984, *Histoire de la sexualité*. t. 1. *La volonté de savoir* ; t. 3. *Le souci de soi*.

FOUQUE, Antoinette – 1995, *Il y a deux sexes : essai de féminologie (1989-1995)*. Paris, Gallimard, coll. « Le Débat ».

FRAISSE, Geneviève – 1984, *Clémence Royer, philosophe et femme de sciences*. Paris, La Découverte.

FRAISSE, Geneviève – 1992, *La Raison des femmes*. Paris, Plon.

FRAISSE, Geneviève – 1995, *Muse de la Raison. Démocratie et exclusion des femmes en France*. Paris, Gallimard, coll. « Folio Histoire ».

FRAISSE, Geneviève – 1996, *La Différence des sexes*. Paris, PUF.

FRAISSE, Geneviève – 1998, *Les Femmes et leur histoire*. Paris, Gallimard, coll. « Folio Histoire ».

Fraisse, Geneviève – 2000, « Les deux gouvernements : la famille et la Cité », *in* M. Sadoun, éd. *La Démocratie en France. 2 Limites*. Paris, Gallimard : 9-115.

Fraisse, Geneviève – 2001, *La Controverse des sexes*. Paris, PUF, coll. « Quadrige ».

Freud, Sigmund – 1973 (1925), « Quelques conséquences psychiques de la différence anatomique entre les sexes », in *La Vie sexuelle*. Paris, PUF.

Furth, C. – 1986, « Blood, body and gender. Medical images of the female condition in China, 1600-1850 », *Chinese Science* 7 : 43-66.

Gagnon, Madeleine – 2001, *Anna, Jeanne, Samia...* Paris, Fayard.

Galien – 1854-1856, *Œuvres anatomiques, physiologiques et médicales*. 2 vol. Paris, Baillière. Traduction de Charles Daremberg.

Galster, Ingrid, éd. – 1989, « Cinquante ans après *Le Deuxième Sexe*. Beauvoir en débats. » *Lendemains*, n° 94.

Gardey, Delphine et Löwy, Ilona – 2000, *L'Invention du naturel. Les sciences et la fabrication du féminin et du masculin*. Paris, Éditions des Archives contemporaines.

Gardey, Delphine – 2002, *La Dactylographe et l'expéditionnaire. Histoire des employés de bureau (1890-1930)*. Paris, Belin.

Gardner, Jane F. – 1990, *Women in Roman Law and Society*. Londres, Routledge.

Gaspard, Françoise, Servan-Schreiber, Claude et Le Gall, Anne – 1992, *Au pouvoir, citoyennes ! Liberté, égalité, parité*. Paris, Le Seuil.

Gaspard, Françoise, éd. – 1997, *Les Femmes dans la prise de décision en France et en Europe*. Paris, L'Harmattan.

Gautier, Arlette – 1984, « Du sexe des meubles », in *Actes du Colloque national Femmes, féminisme et recherche*. Toulouse, AFFER : 69-75.

« Genre (Le) de l'histoire » – 1998, *Les Cahiers du GRIF* 37-38. Éditions Tierce.

Gilzmer, Mechtild – 2000, *Camps de femmes. Chroniques d'internées. Rieucros et Brens 1939-1944*. Paris, Éditions Autrement.

Glowczewski, Barbara – 2001, « Loi des hommes, loi des femmes : identité sexuelle et identité aborigène en Australie », *in* C. Alès et C. Barraud, éds. *Sexe absolu, sexe relatif. Comment la distinction de sexe se manifeste-t-elle dans les relations sociales*. Paris, Éditions de la Maison des sciences de l'homme : 135-156.

GODELIER, Maurice – 1976, « Le sexe comme fondement ultime de l'ordre social et cosmique chez les Baruya de Nouvelle-Guinée. Mythe et réalité », *in* A. VERDIGLIONE, éd. *Sexualité et pouvoir*. Paris, Payot : 268-306.

GODELIER, Maurice – 1978, « Les rapports hommes-femmes : le problème de la domination masculine », *in* Centre d'études et de recherches marxistes, éd. *La Condition féminine*. Paris, Éditions sociales : 23-44.

GODELIER, Maurice – 1982, *La Production des grands hommes. Pouvoir et domination masculine chez les Baruya de Nouvelle-Guinée*. Paris, Fayard, coll. « L'espace politique ».

GODELIER, Maurice – 1984, *L'Idéel et le Matériel*. Paris, Fayard.

GOFFMAN, Erving – 2002 (1977), *L'Arrangement des sexes*. Paris, Éditions La Dispute.

GOUGES, Olympe de – 1797, *Déclaration des droits de la femme et de la citoyenne*. Paris.

GOUREVITCH, Danielle – 1984, *Le Mal d'être femme. La femme et la médecine dans la Rome antique*. Paris, École française de Rome.

GOUREVITCH, Danielle et RAEPSAET-CHARLIER, Marie-Thérèse – 2001, *La Femme dans la Rome antique*. Paris, Hachette littératures.

GOURNAY, Marie de – 1989 (1622, 1626), *Égalité des hommes et des femmes*, suivi du *Grief des dames*. Paris, Côté-femmes Éditions.

GRADVAL, Kathryn – 1991, *Ravishing Maidens. Writing Rape in medieval French Literature and Law*. Philadelphie, University of Pennsylvania Press.

GRIEF (Groupe de recherches interdisciplinaires d'étude des femmes) – 1991, *Se reproduire, est-ce bien naturel ?* Toulouse, Presses Universitaires du Mirail.

GUÉRAICHE, William – 1999, *Les Femmes et la République. Essai sur la répartition du pouvoir de 1943 à 1979*. Paris, Éditions de l'Atelier.

GUEYDAN, Madeleine – 1991, *Femmes en ménopause*. Toulouse, Éditions Érès.

GUIGOU, Élisabeth – 1997, *Être femme en politique*. Paris, Plon.

GUILAINE, Jean – 2000, « Images de la femme néolithique », *Annuaire du Collège de France 1999-2000*. Paris, Collège de France : 655-656.

GUILAINE, Jean et ZAMMIT, Jean – 2001, *Le Sentier de la guerre. Visages de la violence préhistorique*. Paris, Le Seuil.

GUILLAUMIN, Colette – 1981, « Femmes et théories de la société. Remarques sur les effets théoriques de la colère des opprimées », *Sociologie et Sociétés* 13 (2) : 19-31.

GUILLAUMIN, Colette – 1992, *Sexe, race et pratique du pouvoir. L'idée de nature*. Paris, Côté-femmes Éditions.

GUIONNET, Christine, dir. – 2000, « La Cause des femmes. » *Politix* 13, n° 51.

HAASE-DUBOSC, Danielle et VIENNOT, Éliane dir. – 1991, *Femmes et pouvoirs sous l'Ancien Régime*. Paris, Éditions Rivages, coll. « Histoire ».

HALIMI, Gisèle – 1997, *La Nouvelle Cause des femmes*. Paris, Le Seuil.

HALPERN, Diane F. – 1989, « The disappearance of cognitive gender differences. What you see depends on where you look », *American Psychologist* 44 : 1156-1158.

HAMAYON, Roberte – 1979, « Le pouvoir des hommes passe par la "langue des femmes". Variations mongoles sur le duo de la légitimité et de l'aptitude », *L'Homme* 19 (3-4) : 109-139. (Numéro : « Les catégories de sexe en anthropologie sociale ».)

HANDMAN, Marie-Élisabeth – 1983, *La Violence et la ruse. Hommes et femmes dans un village grec*. Aix-en-Provence, Édisud.

HAROCHE, Claudine et VATIN, Jean-Claude, éds. – 1998, *La Considération*. Paris, Desclée de Brouwer.

HAROCHE, Claudine – 1998, « Le droit à la considération. Remarques d'anthropologie politique », *in* C. HAROCHE et J.-C. VATIN. *La Considération*. Paris, Desclée de Brouwer : 33-45.

HARTLAND, Edwin S. – 1909, *Primitive Paternity*. Londres, D. Nutt.

HARTLEY, C. GASQUOINE – 1914, *The Position of Women in primitive Societies*. Londres, E. Nash.

HAYDEN, Robert M. – 2000, « Rape and rape avoidance in ethno-national conflicts. Sexual violence in liminalized states », *American Anthropologist* 102 (1) : 27-41.

HAZEL, Robert – 1999, « La circoncision en pays masai et borana. Guerre, procréation et virilité en Afrique orientale », *Cahiers d'Études africaines* 154, 39 (2) : 293-336.

HAZEL, Robert et MOHAMED-ABDI, Mohamed – 2001, *L'Infibulation en pays somali et dans la Corne de l'Afrique. Bilan cri-*

tique des explications connues et mise en perspective ethnologique. Manuscrit.

HEINICH, Nathalie – 1996, *États de femme. L'identité féminine dans la fiction occidentale*. Paris, Gallimard, coll. « Essais ».

HERBERT, Eugenia – 1993, *Iron, Gender and Power. Rituals of Transformation in African Societies*. Bloomington, Indiana University Press.

HERDT, Gilbert H. – 1981, « Semen depletion and the sense of maleness », *Ethnopsychiatrica* 3 : 79-116.

HERDT, Gilbert H. – 1982, « Sambia nosebleeding rites and male proximity to women », *Ethos* 10(3) : 189-231.

HERDT, Gilbert H. – 1981, *Guardians of the Flutes. Idioms of Masculinity. A Study of ritualized homosexual Behavior*. New York, Mc Graw-Hill Book Company.

HÉRITIER, Françoise – 1981, *L'Exercice de la parenté*. Paris, Le Seuil-Gallimard.

HÉRITIER, Françoise – 1985, « La cuisse de Jupiter », *L'Homme* 94 : 5-22.

HÉRITIER-AUGÉ, Françoise – 1985, « Le sperme et le sang. De quelques théories anciennes sur leur genèse et leurs rapports », *Nouvelle Revue de psychanalyse* 32, « L'humeur et son changement » : 111-122.

HÉRITIER, Françoise – 1987, « La mauvaise odeur l'a saisi », *Le Genre humain*, printemps-été : 7-17.

HÉRITIER, Françoise – 1996, *Masculin/Féminin. La pensée de la différence*. Paris, Odile Jacob.

HÉRITIER, Françoise – 1999, « Les matrices de l'intolérance et de la violence », *in* Séminaire de Françoise Héritier. *De la violence II*. Paris, Odile Jacob : 321-343.

HÉRITIER, Françoise – 2000, « Articulations et substances », *L'Homme* 154-155 : 21-38.

HÉRITIER, Françoise – 2000, « Anthropologie de la famille », *in* Université de tous les savoirs, sous la direction d'Y. Michaud. *Qu'est-ce que la société ?* Paris, Odile Jacob : 467-480.

HEUSCH, Luc de – 1980, « Heat, physiology and cosmogony : rites de passage among the Thonga », *in* I. KARP and C.S. BIRD, eds. *Explorations in African Thought Systems*. Bloomington, Indiana University Press : 27-43.

HIDIROGLOU, Patricia – 1993, « La laine et le lien », *in* S. MATTON, éd. *La Pureté*. Éditions Autrement : 82-104. Série Morales.

HIMES, Norman E. – 1934, *Medical History of Contraception*. Londres.

HIRATA Hélène, LABORIE, Françoise, LE DOARÉ, Hélène et SENOTIER, Danièle – 2000, *Dictionnaire critique du féminisme*. Paris, PUF.

HIRSCHON, Renée, éd. – 1984, *Women and Property. Women as Property*. Londres, Croom Helm.

Hommes (Les) en question – 2001, Dossier *Sciences humaines* 112, janvier 2001 : 22-37.

HOSE, Charles et MAC DOUGALL, William – 1916, *The pagan Tribes of Borneo*. Londres, Mac Millan.

HOSKEN, Fran – 1993, *The Hosken Report. Genital and sexual Mutilation of Females*. 4° édition. WIN News, Lexington, Ma.

HURTIG, Marie-Claude et PICHEVIN, Marie-France – 1986, *La Différence des sexes. Questions de psychologie*. Paris, Éditions Tierce.

Hurtig, Marie-Claude, KAIL, Michèle et ROUCH, Hélène – 1991, *Sexe et genre. De la hiérarchie entre les sexes*. Paris, Éditions du CNRS.

IACUB, Marcela – 2000, « Reproduction et division juridique des sexes », *Les Temps modernes* 55, 609 : 242-263.

ILBOUDO, Monique – 2000, « L'excision : une violence sexiste sur fond culturel », *Boletin antropológico* 49 : 5-27. Mérida.

INSEE – 2000, *France, portrait social*. Paris, INSEE.

Institut français des relations internationales (IFRI) – 2001, *Ramsès 2000*, dir. T. de Montbrial. Paris, IFRI.

JACQUART, Danielle et THOMASSET, Claude – 1985, *Sexualité et savoir médical au Moyen Âge*. Paris, PUF.

JEFREMOVAS, V. – 1991, « Loose women, virtuous wives and timid virgins. Gender and the control of resources in Rwanda », *Revue canadienne des études africaines* 25 (3) : 378-395.

Jeunes femmes, Collectif – 1991, *Dieu a-t-il peur des femmes ?* Saint-Cloud, Mouvement Jeunes femmes.

JOANNÈS, Francis – 2001, « Prostitution », in *Dictionnaire de la civilisation mésopotamienne*. Paris, Robert Laffont : 694-697.

JONCKERS, Danièle – 2001, « Le sexe du père est un sein pour le fœtus », *L'Autre. Cliniques, cultures et sociétés* 2(3) : 521-536.

JOURNET, Nicolas – 2000, « Pourquoi la pilule pour homme n'existe pas », *Sciences humaines* 104, avril : 8-9.

KAKAR, Sudhir – 1985, *Moksha. Le monde intérieur. Enfance et société en Inde*. Paris, Les Belles Lettres.

KAUFMANN, Jean-Claude – 1998, *Corps de femmes, regards d'hommes. Sociologie des seins nus*. Paris, Nathan.

KIMURA, Doreen – 2001, *Cerveau d'homme, cerveau de femme ?* Paris, Odile Jacob.

KNIBIELHER, Yvonne et FOUQUET, Catherine – 1983, *La Femme et les médecins*. Paris, Hachette.

KNIBIELHER, Yvonne – 1996, « L'éducation sexuelle des filles au XXe siècle », *Clio. Histoire, femmes et sociétés* 4 : 139-160.

KNIBIELHER, Yvonne, éd. – 2001, *Maternité, affaire privée, affaire publique*. Paris, Bayard.

KRAKOVITCH, Odile et SELLIER, Geneviève – 2001, *L'Exclusion des femmes. Masculinité et politique dans la culture du XXe siècle*. Paris, Éditions Complexe, coll. « Histoire culturelle ».

KRAKOVITCH, Odile, SELLIER, Geneviève et VIENNOT, Éliane – 2001, *Femmes de pouvoir. Mythes et fantasmes*. Paris, L'Harmattan. Bibliothèque du féminisme.

KRIEGEL, Blandine – 1997, « Parité et principe d'égalité », *in* Conseil d'État, *Sur le principe d'égalité*, La Documentation française, « Études et Documents » n° 48 : 375-384.

LACLOS, Choderlos de – 1979, « Des Femmes et de leur éducation », in *Œuvres complètes*. Paris, Gallimard, Bibliothèque de la Pléiade.

LACOSTE-DUJARDIN, Camille – 1985, *Des mères contre les femmes. Maternité et matriarcat au Maghreb*. Paris, La Découverte.

LA FONTAINE, Jean S., ed. – 1978, *Sex and Age as Principles of social Differentiation*. Londres, New York, Academic Press.

LAGRAVE, Rose-Marie – 1990, « Recherches féministes ou recherches sur les femmes », *Actes de la Recherche en sciences sociales* 83 : 27-39.

LAGRAVE, Rose-Marie – 2000, « Dialogue du deuxième type sur la domination sociale du principe masculin », *in* J.-L. JAMARD, E. TERRAY et M. XANTHAKOU, éds. *En substances. Textes pour Françoise Héritier*. Paris, Fayard : 457-469.

LALLEMAND, Suzanne – 1988, *La Mangeuse d'âme. Sorcellerie et famille en Afrique*. Paris, L'Harmattan.

LALLEMAND, Suzanne et DACHER, Michèle – 1992, *Prix des épouses, valeur des sœurs*. Paris, L'Harmattan.

LAMBIN, Rosine A. – 1999, *Le Voile des femmes. Un inventaire historique, social et psychologique*. Bern, Berlin, Peter Lang. Studia religiosa helvetica. Series altera.

LAMPHERE, Louise – 1987, « Feminism and anthropology : the struggle to reshape our thinking about gender », *in*

C. Farnham, ed. *The Impact of feminist Research in the Academy*. Bloomington-Indianapolis, Indiana University Press : 13-28.

Laqueur, Thomas – 1992, *La Fabrique du sexe. Essai sur le corps et le genre en Occident*. Paris, Gallimard.

Laufer, Jacqueline, Marry, Catherine et Maruani, Margaret – 2001, *Masculin/féminin. Questions pour les sciences de l'homme*. Paris, PUF.

Lauwaert, Françoise – 1999, « Les alternances des discours savants sur les femmes chinoises », *in* D. Jonckers, R. Carré et M.-C. Dupré, éds. *Femmes plurielles. Les représentations des femmes, discours, normes et conduites*. Paris, Éditions de la Maison des sciences de l'homme : 59-70.

Laznik, Marie-Christine – 2002, *Sexualité féminine à la ménopause. La féminité revisitée*. Thèse de doctorat en psychologie, université Paris-XIII.

Le Bras-Chopard, Armelle et Mossuz-Lavau, Janine, éds. – 1997, *Les Femmes et la politique*. Paris, L'Harmattan.

Lecarme, Mireille – 1992, « Territoires du masculin, territoires du féminin : des frontières bien gardées ? », *in* J. Bisilliat, dir. *Relations de genre et développement. Femmes et sociétés*. Paris, ORSTOM : 295-326.

Lecarme, Mireille – 1993, *Marchandes à Dakar. Négoce, négociation sociale et rapports sociaux de sexe en milieu urbain précaire*. Thèse. Paris, EHESS.

Lecarme, Mireille – 1999, « La "fatigue" des femmes, le "travail de la mère" en milieu populaire daharois », *in* D. Jonckers, R. Carré et M.-C. Dupré, éds. *Femmes plurielles. Les représentations des femmes, discours, normes et conduites*. Paris, Éditions de la Maison des sciences de l'homme.

Le Cour Grandmaison, Camille, Deluz, Ariane et Retel-Laurentin, Anne – 1978, *La Natte et le manguier*. Paris, Mercure de France.

Le Dœuff, Michèle – 1998, *Le Sexe du savoir*. Paris, Aubier, « Alto ».

Leduc, Claudine – 1991, « Les naissances assistées de la mythologie grecque. Un exemple : la naissance androgénique et céphalique d'Athéna », *in* GRIEF, *Se reproduire, est-ce bien naturel ?* Toulouse, Presses Universitaires du Mirail : 91-175.

Lelièvre, Françoise et Lelièvre, Claude – 2001, *L'Histoire des femmes publiques contée aux enfants*. Paris, PUF.

LEMOINE-DARTHOIS, Régine et WEISSMAN, Élisabeth – 2000, *Elles croyaient qu'elles ne vieilliraient jamais. Les filles du baby-boom ont 50 ans*. Paris, Albin Michel.

LE NAOUR, Jean-Yves – 2002, *Misères et tourments de la chair durant la Grande Guerre. Les mœurs sexuelles des Français 1914-1918*. Paris, Aubier.

LETOURNEAU, Charles – 1903, *La Condition de la femme dans les diverses races et civilisations*. Paris, V. Giard et E. Brière.

LETT, Didier – 1996, « Le corps de la jeune fille. Regards de clercs sur l'adolescente aux XIIe-XIVe siècles », *Clio. Histoire, femmes et sociétés* 4 : 51-73.

LEUNG, Angela K.C. – 1984, « Autour de la naissance : la mère et l'enfant en Chine aux XVIe et XVIIe siècles », *Cahiers internationaux de sociologie* 76 : 51-69.

LEVACK Brian P. – 1990, *La Grande Chasse aux sorcières en Europe au début des temps modernes*. Paris, Champvallon.

LÉVI-STRAUSS, Claude – 1949, *Les Structures élémentaires de la parenté*. Paris, PUF.

LÉVI-STRAUSS, Claude – 1971, « La famille », *Annales de l'Université d'Abidjan*, série F, t.3.

LÉVY, Marie-Françoise – 1984, *De mères en filles. L'éducation des Françaises, 1850-1880*. Paris, Calmann-Lévy.

LIONETTI, Roberto – 1984, *Latte di padre. Vitalità, contesti, livelli di lettura di un motivo folklorico*. Brescia, Grafo Edizioni.

LOCK, Margaret – 1993, *Encounters with aging. Mythologies of menopause in Japan and North America*. Berkeley, University of California Press.

LOCOH, Thérèse – 1998, « Pratiques, opinions et attitudes en matière d'excision en Afrique », *Population* 6 : 1227-1240.

LOMBROSO, Cesare – 1991 (1895), *La Femme criminelle et la prostituée*. Grenoble, Jérôme Millon.

LONDRES, Albert – 1998 (1930), *La Traite des Blanches. Le Juif errant est arrivé*. Paris, Le Serpent à plumes.

LORAUX, Nicole – 1978, « Sur la race des femmes et quelques-unes de ses tribus », *Arethusa* 11 (1-2) : 43-87.

LORAUX, Nicole – 1981, *Les Enfants d'Athéna. Idées athéniennes sur la citoyenneté et la division des sexes*. Paris, Maspero.

LORAUX, Nicole – 1981, « Le lit, la guerre », *L'Homme* 21 (1) : 37-67.

LORAUX, Nicole – 1985, *Façons tragiques de tuer une femme*. Paris, Hachette.

LORAUX, Nicole – 1989, *Les Expériences de Tirésias. Le féminin et l'homme grec*. Paris, Gallimard.

LORAUX, Nicole – 2001, « Aspasie, l'étrangère, l'intellectuelle », *Clio : histoire, femmes et société*, 13 : 17-42.

LOUIS-COMBET, Claude – 1997, *L'Âge de Rose*. Paris, José Corti.

LOWIE, Robert H. – 1920, *Primitive Society*. New York, Horace Liveright.

MAC AN GHAILL, Martin, éd. – 1996, *Understanding masculinities. Social relations and cultural Arenas*. Buckingham, The Open University Press.

MAC CORMACK, Carol P. et STRATHERN, Marilyn – 1980, *Nature, Culture and Gender*. Cambridge, Londres, New York, Cambridge University Press.

MAC INNES, John – 1998, *The End of Masculinity. The Collapse of Patriarchy in modern Societies*. Buckingham, The Open University Press.

« Maisons closes et traite des Blanches. Le commerce du sexe » – 2002, *L'Histoire*, n° spécial, avril.

MALINOWSKI, Bronislaw – 1927, *The Father in primitive Psychology*. Londres, K. Paul, Trench, Trubner and Co.

MALINOWSKI, Bronislaw – 1930, *La Vie sexuelle des sauvages du nord-ouest de la Mélanésie*. Trad. Par S. Jankélévitch. Paris, Payot.

MANSSON, Sven-Axel – 1987, *L'Homme dans le commerce du sexe*. Paris, Unesco.

MARCHAL, R. – 1968, *Du Waqf comme moyen de déshériter les filles en droit musulman*. Bruxelles, Institut de sociologie de l'Université libre de Bruxelles.

MARCONVILLE, Jean de – 2000 (1564), *De la Bonté et mauvaistié des femmes*. Paris, Honoré Champion, « Textes de la Renaissance ».

« Mariage (Le) en Afrique du Nord » – 2001, *Awal* n° 23.

MARTIN, Emily A. –1975, « The power and pollution of chinese women », *in* M. WOLF et R. WITKE, eds. *Women in chinese Society*. Stanford, Stanford University Press : 193-214.

MARUANI, Margaret – 1996, « Questions sur l'avenir du salariat féminin », *Projet* 246 : 41-48.

« Masculin (Le) » – 1984, *Le Genre humain* 10. Bruxelles, Éditions Complexe.

MASON, Otis Tufton – 1894, *Woman's Share in primitive Culture*. New York, D. Appleton.

MATHIEU, Nicole-Claude – 1971, « Notes pour une définition sociologique des catégories de sexe », *Épistémologie sociologique* 11 : 19-39.

MATHIEU, Nicole-Claude – 1973, « Homme-culture et femme-nature ? », *L'Homme* 13, 3 : 101-113.

MATHIEU, Nicole-Claude – 1977, « Masculinité/Féminité », *Questions féministes* 1 : 51-67.

MATHIEU, Nicole-Claude, éd. – 1985, *L'Arraisonnement des femmes. Essais en anthropologie des sexes*. Paris, Éditions de l'École des hautes études en sciences sociales.

MATHIEU, Nicole-Claude – 1985, « Quand céder n'est pas consentir », in *L'Arraisonnement des femmes. Essais en anthropologie des sexes*. Paris, Éditions de l'École des hautes études en sciences sociales : 169-245.

MATHIEU, Nicole-Claude – 1989, « Identité sexuelle /sexuée/ de sexe ? Trois modes de conceptualisation du rapport entre sexe et genre », *in* A.-M. DAUNE-RICHARD, M.-C. HURTIG et M.-F. PICHEVIN, éds. *Catégorisation de sexe et constructions scientifiques*. Aix-en-Provence, CEFUP : 109-147.

MATHIEU, Nicole-Claude – 1991, *L'Anatomie politique. Catégorisations et idéologies du sexe*. Paris, Côté-femmes Éditions.

MAUSS, Marcel – 1999 (1950), « Les techniques du corps », *in Sociologie et anthropologie*. Paris, PUF : 365-386.

MEAD, Margaret – 1966 (1948), *L'Un et l'autre sexe. Les rôles d'homme et de femme dans la société*. Paris, Gonthier.

MÉDA, Dominique – 1994, *Le Travail, une valeur en disparition ?*, Paris, Alto.

MÉDA, Dominique – 2001, *Le Temps des femmes. Pour un nouveau partage des rôles*. Paris, Flammarion.

MEILLASSOUX, Claude – 1975, *Femmes, greniers et capitaux*. Paris, Maspero.

MERNISSI, Fatima – 1987, « Feminity as subversion. Reflection on the muslim concept of nushùz », *in* D. L. ECK and D. JAIN, eds. *Speaking of Faith. Global Perspective on Women, Religion and social Change*. Philadelphia, New Society Publishers.

MERNISSI, Fatima – 1992, *The Veil and the male Elite. A feminist interpretation of Women's Rights in Islam*. Perseus Publishing.

MICHARD-MARCHAL, Claire et RIBERY, Claudine – 1982, *Sexisme et sciences humaines. Pratique linguistique du rapport de sexage*. Lille, Presses Universitaires de Lille.

MICHEL, Andrée – 1977, *Femmes, sexisme et sociétés*. Paris, PUF.

MICHELS, André, éd. – 2001, *Actualité de l'hystérie*. Paris, Éditions Érès.
MILL, John Stuart – 1975, *L'Asservissement des femmes*. Paris, Payot.
MILLETT, Kate – 1969, *Sexual Politics*. New York, Doubleday.
MILLETT, Kate – 1971 (1969), *La Politique du mâle*. Paris, Stock.
MITTWOCH, Ursula – 1977, « To be right is to be born male », *New Scientist*, 15 janvier : 74-76.
MODEFEN. Mouvement pour la défense des droits de la femme noire – 1982, « Sur l'infibulation et l'excision en Afrique », *Bulletin de l'Association française des anthropologues* 9 : 50-54.
MOISSEEFF, Marika – à paraître, « Une femme initiée en vaut... deux. De l'Île aux femmes polynésienne à l'Alien américaine », *in* A. BABADZAN, éd. *Textes en hommage à Henri Lavondès*. Nanterre, Société d'ethnologie.
MOKKEDEM, Malika – 1991, « Les femmes dans la tradition de l'Islam », *in* Collectif Jeunes femmes, *Dieu a-t-il peur des femmes ?* Saint-Cloud, Mouvement Jeunes femmes : 58-65.
MOORE, Henrietta – 1988, *Feminism and Anthropology*. Cambridge, Oxford, Polity Press.
MOREL, Nathalie – 2001, « Politique sociale et égalité entre les sexes en Suède », *Recherches et Prévisions* 64 : 65-78.
MOSSÉ, Georges L. – 1997, *L'Image de l'homme. L'invention de la virilité moderne*. Paris, Éditions Abbeville.
MOSSUZ-LAVAU, Janine et KERVASDOUÉ, Anne de – 1997, *Les Femmes ne sont pas des hommes comme les autres*. Paris, Odile Jacob.
MOSSUZ-LAVAU, Janine – 1998, *Femmes/hommes. Pour la parité*. Paris, Presses de Sciences Po.
MOSSUZ-LAVAU, Janine – 2001, « Quand les mères se taisent », *in* Y. KNIBIEHLER, éd. *Maternité, affaire privée, affaire publique*. Paris, Bayard : 153-168.
MOSSUZ-LAVAU, Janine – 2002, *La Vie sexuelle en France*. Paris, Éditions de la Martinière.
MOSSUZ-LAVAU, Janine – 2002, « La parité hommes/femmes en politique. Bilan et perspectives », *Population et Sociétés* 377, mars : 1-4.
MOTTINI-COULON, Edmée – 1978, *Essai d'ontologie spécifiquement féminine. Vers une philosophie différente*. Paris Librairie philosophique J. Vrin.
MOTTINI-COULON, Edmée – 1981, *De l'ontologie à l'éthique par la maternité*. Paris, Librairie philosophique J. Vrin.

MOULINIÉ, Véronique – 1998, *La Chirurgie des âges. Corps, sexualité et représentations du sang*. Paris, Éditions de la Maison des sciences de l'homme.

MOUNIER, Emmanuel – 1936, « La femme aussi est une personne », *Esprit* 45, juin.

MUCHEMBLED, Robert – 1978, « Sorcières du Cambrésis. L'acculturation du monde rural aux XVIᵉ et XVIIᵉ siècles », *in* M.S. DUPONT-BOUCHAT, W. FRIJHOFF et R. MUCHEMBLED, éds. *Prophètes et sorciers dans les Pays-Bas, XVIᵉ-XVIIIᵉ siècle*. Paris, Hachette.

MUEL-DREYFUS, Francine – 1996, *Vichy et l'éternel féminin. Contribution à une sociologie politique de l'ordre des corps*. Paris, Le Seuil.

NAGENGAST, Carole et TURNER, Terence – 1997, « Universal human rights *versus* cultural relativity », *Journal of Anthropological Research* 53 : 269-273.

NAHOUM-GRAPPE, Véronique – 1991, « La belle femme », *in* G. DUBY et M. PERROT, dir. *Histoire des femmes en Occident* t. 3. *XVIᵉ-XVIIIᵉ siècle*, dir. N. ZEMON DAVIS et A. FARGE. Paris, Plon : 95-109.

NAHOUM-GRAPPE, Véronique – 1996, *Le Féminin*. Paris, Hachette, coll. « Questions de société ».

NAOURI, Aldo – 1998, *Les Filles et leurs mères*. Paris, Odile Jacob.

NEIRINEK, Claire — 2001, « Accouchement et filiation » *in* Y. Knibiehler, dir., *Maternité. Affaire privée, affaire publique*. Paris, Bayard : 221-236.

DE NEUTER, Patrick – 2001, « Le mythe de l'enlèvement d'Europe. Considérations actuelles sur le désir de l'homme à l'aube et au midi de sa vie », *Le Bulletin freudien* 37-38 : 75-105.

NOR, Malika – 2001, *La Prostitution*. Paris, Le Cavalier bleu.

OBBO, Christine – 1976, « Dominant male ideology and female options. Three east African case studies », *Africa* 46 (4) : 371-389.

OBESJESEKERE, Gananath – 1981, *Medusa's hair. An Essay on Personal Symbols and Religious Experience*, Chicago, University of Chicago Press.

OLENDER, Maurice – 1985, « Aspects de Baubô : textes et contextes antiques », *Revue de l'histoire des religions* 202 : 3-55.

OLIVIER, Jacques – 1617, *Alphabet de l'imperfection et de la malice des femmes*. Rouen.

ONU – 1975, *Meeting in Mexico*. World Conference of the international Women's Year, N.U., New York.

OPPONG, Christine, ed. – 1983, *Female and Male in West Africa*. Londres, George Allen and Unwin.

ORTNER, Sherry B. et WHITEHEAD, Harriet, eds. – 1981, *Sexual Meanings. The cultural Construction of Gender and Sexuality*. Cambridge, Cambridge University Press.

OZOUF, Mona – 1995, *Les Mots des femmes. Essai sur la singularité française, l'esprit de la Cité*. Paris, Fayard.

PADERNI, Paula – 1991, « Le rachat de l'honneur perdu. Le suicide des femmes dans la Chine du XVIIIe siècle », *Études chinoises* 10 (1-2) : 135-160.

PAILLER, Aline – 2001, *Femmes en marche*. Paris, Le Temps des cerises.

PANCER, Nita – 2001, *Sans peur et sans vergogne. De l'honneur et des femmes aux premiers temps mérovingiens (VIe-VIIe siècle)*. Paris, Albin Michel « Bibliothèque Histoire ».

PARENT-DUCHÂTELET, Alexandre – 1981, *La Prostitution à Paris au XIXe siècle*. Paris, Le Seuil.

PASSEMARD, Luce – 1938, *Les Statuettes féminines dites Vénus stéatopyges*. Nîmes, Imprimerie coopérative la Laborieuse.

PAULME, Denise, éd. – 1960 *Femmes d'Afrique noire*. La Haye, Paris, Mouton.

PAULME, Denise – 1997 (1976), *La Mère dévorante*. Paris, Gallimard.

PEIFFER, Jeanne – 1992, « Femmes savantes, femmes de sciences », *in* F. COLLIN, dir., *Le Sexe des sciences*. Paris, Autrement : 32-41.

PERROT, Michèle – 1997, *Femmes publiques*. Paris, Textuel.

PERROT, Michèle – 1998, *Les Femmes ou les silences de l'histoire*. Paris, Flammarion.

PERROT, Philippe – 1991, *Le Corps féminin. Le travail des apparences XVIIIe-XIXe siècle*. Paris, Le Seuil, coll. « Points ».

PEYRE, Évelyne et WIELS, Joëlle – 1996, « De la "nature des femmes" et de son incompatibilité avec l'exercice du pouvoir : le poids des discours scientifiques depuis le XVIIIe siècle », *in* É. VIENNOT, dir., *La Démocratie à la française ou les femmes indésirables*. Paris, Publications de l'université Paris-VII-Denis-Diderot.

PHETERSON, Gail, ed. – 1989, *A Vindication of the Rights of Whores*. Seattle, Seal Press.

PICHOT, André – 1993, *Histoire de la notion de vie*. Paris, Gallimard.

Pie XII – 1947, *Message de SS Pie XII aux femmes. La Condition de la femme dans le monde moderne*. Paris, SPES.

Piège (Le) de la parité. Arguments pour un débat – 1999. Paris, Hachette littératures.

Place (La) des femmes. Les enjeux de l'identité et de l'égalité au regard des sciences sociales – 1995. Paris, La Découverte.

PNUD – 2000, *Rapport mondial sur le développement humain*. Bruxelles, de Boeck Université.

Pomeroy, Sarah-B. – 1975, *Goddesses, Whores, Wives and Slaves. Women in classical Antiquity*. Londres, New York, Routledge.

Porgès, Laurence – 2000, « Un thème sensible : l'excision en Afrique et dans les pays d'immigration africaine », *Afrique contemporaine* 196, 4ᵉ trimestre : 49-74.

Poullain de la Barre, François – 1982 (1679), *De l'éducation des dames pour la conduite de l'esprit dans les sciences et dans les mœurs*. Toulouse, université Toulouse-Le Mirail.

Poullain de la Barre, François – 1675, *De l'excellence des hommes contre l'égalité des sexes...* Paris, chez J. Dupuis.

Poullain de la Barre, François – 1984 (1673), *De l'égalité des deux sexes. Discours physique et moral où l'on voit l'importance de se défaire des préjugez*. Paris, Fayard, « Corpus des œuvres de philosophie en langue française ».

Przyluski, Jean – 1950, *La Grande Déesse*. Paris, Payot.

Quéré, Louis, dir. – 2000, « Le sexe du téléphone ». *Réseaux* 18, n° 103.

Quignard, Pascal – 1994, *Le Sexe et l'effroi*. Paris, Gallimard.

Raphael, Dana, ed. – 1975, *Being female. Reproduction, Power and Change*. La Haye, Paris, Mouton.

« Rapports (Les) sociaux de sexe » – 2001, *Actuel Marx* 30, PUF.

Raulin, Anne – 1987, *Femme en cause. Mutilations sexuelles des fillettes africaines en France aujourd'hui*. Paris, Fédération de l'Éducation nationale, Centre fédéral.

Razavi, Shahra – 1999, « Pauvreté et genre », *Revue internationale des Sciences sociales* 162, décembre : 543-553.

Recherches féministes – 1992, 5 (2). N° spécial « Femmes au travail ».

Reed, Evelyn – 1979, *Féminisme et anthropologie*. Paris, Denoël Gonthier.

Reiter, Rayna R., ed. – 1975, *Toward an Anthropology of Women*. New York, Londres, *Monthly Review Press*.

REITER, Rayna R. – 1977, « The search for origine. Unraveling the threads of gender hierarchy », *Critique of Anthropology* 3, 9-10 : 5-24.

REMAURY, Bruno – 2000, *Le Beau Sexe faible. Les images du corps féminin entre cosmétique et santé*. Paris, Grasset, *Le Monde*.

RIEGER, Dietmar – 1988, « Le motif du viol dans la littérature de la France médiévale entre norme courtoise et réalité courtoise », *Cahiers de civilisation médiévale* 31 : 241-267.

RIOT-SARCEY, Michèle – 2002, *Histoire du féminisme*. Paris, La Découverte.

RODGERS, Catherine – 1998, « *Le Deuxième Sexe* » *de Simone de Beauvoir. Un héritage admiré et contesté*. Paris, L'Harmattan, coll. « Bibliothèque du féminisme ».

ROGERS, Barbara – 1980, *The Domestication of Women. Discrimination in developing Societies*. Londres, Kogan Page.

« Rôles (Les) passés, présents et futurs des femmes africaines » – 1972, *Revue canadienne des Études africaines* 6 (2).

ROSALDO, Michelle Z. et LAMPHERE, Louise, eds. – 1974, *Women, Culture and Society*. Stanford, Stanford University Press.

ROSALDO, Michelle Z. – 1980, « The use and abuse of anthropology. Reflections on feminism and cross-cultural understanding », *Signs. Journal of Women in Culture and Society* 5 (3) : 389-417.

ROSANVALLON, Pierre – 1992, *Le Sacre du citoyen. Histoire du suffrage universel en France*. Paris, Gallimard.

ROSSIAUD, Jacques – 1976, « Prostitution, jeunesse et société dans les villes du Sud-Est au Ve siècle », *Annales*, ESC : 289-325.

ROSSIAUD, Jacques – 1990, *La Prostitution médiévale*. Paris, Flammarion.

ROUSSELLE, Aline – 1983, *Porneia. De la maîtrise du corps à la privation sensorielle*. Paris, PUF.

ROUSSELLE, Aline – 1991, « La politique des corps. Entre procréation et continence à Rome », *in* G. DUBY et M. PERROT, dir. *Histoire des femmes en Occident*. t. 1 *L'Antiquité*, dir. P. Pantel Schmitt. Paris, Plon : 326-330.

ROYER, Clémence – 1970, *Origine de l'homme et des sociétés*. Paris, Guillaumin.

RUBIN, Gayle – 1976, « The traffic in women. Notes on the "political economy" of sex », *in* R. R. REITER, ed. *Toward an*

Anthropology of Women. New York, Londres, Monthly Review Press : 157-210.

RUSSELL, Andrew, SOTO, Elisa et THOMSON, Mary, eds. – 2000, *Contraception across cultures. Technologies, choices, constraints*. Oxford, New York, Berg.

Rwanda. Not so innocent. When Women become Killers – 1995, Londres, African Rights.

SAOUTER, Anne – 2000, *Être rugby. Jeux du masculin et du féminin*. Paris, Éditions de la Maison des sciences de l'homme et Mission du patrimoine ethnologique, coll. « Ethnologie de la France ».

SACKS, Karen – 1979, *Sisters and Wives. The Past and the Future of sexual Equality*. Westport, Conn., Greenwood Press.

SAUNIER, Geneviève – 2001, « Les lois révolutionnaires des femmes au sein du zapatisme. Du texte aux acteurs », *Recherches amérindiennes au Québec* 31 (1) : 71-82.

SCHLEGEL, Alice – 1972, *Male Dominance and female Autonomy. Domestic Authority in matrilineal Societies*. Yale, Human Relations Area Files Press.

SCHLEGEL, Alice, ed. – 1977, *Sexual Stratification. A cross-cultural View*. New York, Columbia University Press.

SCHMITT PANTEL, Pauline – 1977, « Athéna Apatouria et la ceinture : les aspects féminins des Apatouries à Athènes », *Annales ESC*, novembre-décembre : 1059-1073.

SCHNEIDER, Michel – 2002, *Big Mother. Psychologie de la vie politique*. Paris, Odile Jacob.

SCHNEIDER, Monique – 2000, *Généalogie du masculin*. Paris, Aubier.

SCHWENDINGER, Julia R. et SCHWENDINGER, Herman – 1983, *Rape and Inequality*. Beverly Hills, Londres, New Delhi, Sage Publications.

SCUBLA, Lucien – 2000, « Françoise Héritier et l'avenir du structuralisme », *in* J.-L. JAMARD, E. TERRAY et M. XANTHAKOU, éds. *En substances. Textes pour Françoise Héritier*. Paris, Fayard : 37-45.

SCUBLA, Lucien – 2002, « Hiérarchie des sexes et hiérarchie des savoirs ou Platon chez les Baruya », *Cités* 9 : 13-24.

SCOTT, Joan – 1997, *La Citoyenne paradoxale. Les féministes françaises et les droits de l'homme*. Paris, Albin Michel.

SEGALEN, Martine – 1984, *Mari et femme dans la société paysanne*. Paris, Flammarion, coll. « Champs ».

SEN, Amartya – 1999, *Un nouveau modèle économique. Développement, justice, liberté*. Paris, Odile Jacob.

SEN, Amartya – 2002, « Quand la misogynie devient un problème de santé publique », *Courrier international* 601, 10 au 15 mai 2002.
« Sexes. Comment on devient homme ou femme » – 2001-2002. *La Recherche*. Hors série n° 6.
SHELL-DUNCAN, Bettina et YLVA Hernlund, eds. – 2000, *Female « Circumcision » in Africa. Culture, Controversy and Change*. Londres, Lynne Rienner, Boulder.
SHORTER, Edward – 1982, *Le Corps des femmes*. Paris, Le Seuil.
SINDZINGRE, Nicole – 1977, « Le plus et le moins. À propos de l'excision », *Cahiers d'Études africaines* 17 (1) 65 : 65-75.
SINDZINGRE, Nicole – 1979, « Un excès par défaut. Excision et représentations de la féminité », *L'Homme* 19 (3-4) : 171-181 (Numéro : « Les catégories de sexe en anthropologie sociale »).
SINEAU, Mariette – 1998, *Des femmes en politique*. Paris, Economica.
SINEAU, Mariette – 2001, *Profession : femme politique. Sexe et pouvoir sous la Cinquième République*. Paris, Presses de Sciences Po.
SINGER, Max – 2000, « Vers un monde moins peuplé que les États-Unis », *La Recherche* 327.
SISSA, Giulia – 1987, *Le Corps virginal. La virginité en Grèce ancienne*. Paris, Vrin.
SISSA, Giulia – 2000, *L'Âme est un corps de femme*. Paris, Odile Jacob.
SLOCUM, Sally – 1975, « Woman the gatherer. Male bias in anthropology », *in* R. R. REITER, ed. *Toward an Anthropology of Women*. New York, Londres, Monthly Review Press : 36-50.
SMITH, Adam – 1860 (1759), *Traité des sentiments moraux*. Paris, Guillaumin.
« Société (La) des femmes » – 1992, *Les Cahiers du GRIF*. Bruxelles, Éditions Complexe.
SOFER, Catherine – 1985, *La Division du travail entre hommes et femmes*. Paris, Economica.
SOHN, Anne-Marie – 1996, *Chrysalides. Femmes dans la vie privée (XIXe-XXe siècle)*. Paris, Publications de la Sorbonne.
SOLÉ, Jacques – 1993, *L'Âge d'or de la prostitution de 1870 à nos jours*. Paris, Plon. Rééd. Hachette littératures (1994).
SOURVINOU-INWOOD, Christiane – 1988, *Studies in Girls'Transitions*. Athènes, Kardamitsa.

« Sport (Le). Elles en parlent » – 2001, *Lunes*, hors série.

SPRINGER, Sally P. et DEUTSCH, George – 1981, *Left Brain, Right Brain*. San Francisco, W. H. Freeman and Co.

STAROBINSKI, Jean – 1981, « Sur la chlorose », *Romantismes* 31 : 113-130. Numéro « Sangs ».

STEINBERG, Sylvie – 2001, *La Confusion des sexes. Le travestissement de la Renaissance à la Révolution*. Paris, Fayard.

STORA-LAMARRE, Annie – 1989, *L'Enfer de la IIIe République. Censures et pornographes*. Paris, Imago.

SUCHON, Gabrielle – 1693, *Traité de la morale et de la politique*. Lyon, chez B. Vignieu et J. Certe.

SULLEROT, Évelyne – 1968, *Histoire et sociologie du travail féminin*. Paris, Gonthier.

SULLEROT, Évelyne – 1981, *Le Fait féminin*. Paris, Fayard.

TABET, Paola – 1979, « Les mains, les outils, les armes », *L'Homme* 19 (3-4) : 5-61. (Numéro : « Les catégories de sexe en anthropologie sociale ».)

TABET, Paola – 1985, « Fertilité naturelle, reproduction forcée », in N.-C. MATHIEU, éd. *L'Arraisonnement des femmes. Essais en anthropologie des sexes*. Paris, Éditions de l'EHESS. Cahiers de l'Homme : 61-146.

TABET, Paola – 1987, « Du don au tarif. Les relations sexuelles impliquant une compensation », *Les Temps modernes* 490 : 1-53.

TABET, Paola – 1998, *La Construction sociale de l'inégalité des sexes*. Paris, L'Harmattan.

TABET, Paola – 2001, « La grande arnaque : l'expropriation de la sexualité des femmes », in *Actuel Marx* 30. *Les Rapports sociaux de sexe*. Paris, PUF : 131-152.

TAHON, Marie-Blanche – 1995, « Le don de la mère », *Anthropologie et sociétés*, 19 (1-2) : 139-155.

TAUZIN, Aline – 2001, *Figures du féminin dans la société maure (Mauritanie). Désir nomade*. Paris, Karthala.

« Temps (Le) des jeunes filles » – 1996, *Clio* 4.

TERTULLIEN – 1971, « La toilette des femmes », *Sources chrétiennes* n° 173. Paris, Cerf.

TESTART, Alain – 1986, *Essai sur les fondements de la division sexuelle du travail chez les chasseurs-cueilleurs*. Paris, Éditions de l'EHESS.

TESTARD, Alain – 2002, « Les Amazones, entre mythe et réalité », *L'Homme*, 163 : 185-194.

THÉBAUD, Françoise, éd. – 1992, *Histoire des femmes. Le XXe siècle*. Paris, Plon.

THÉBAUD, Françoise – 2001, « Féminisme et modernité : les configurations du siècle » *in* Y. Knibiehler, dir., *Maternité. Affaire privée, affaire publique*. Paris, Bayard : 29-48.

THÉRY, Irène – 1996, « Différence des sexes et différence des générations. L'institution familiale en déshérence », *Esprit*, décembre : 65-90.

THÉRY, Irène – 1998, *Couple, filiation et parenté aujourd'hui*. Paris, La Documentation française, Odile Jacob.

THÉRY, Irène – 2001, « Mixité et maternité », *in* Y. KNIBIEHLER, éd. *Maternité, affaire privée, affaire publique*. Paris, Bayard : 251-270.

THIAM, Awa – 1978, *La Parole aux négresses*. Paris, Denoël Gonthier.

THIAM, Awa – 1998, « Le combat des femmes pour l'abolition des mutilations sexuelles », *Revue internationale des sciences sociales* 157 : 433-438.

THOMAS, Yan – 1991, « La division des sexes en droit romain », *in* G. DUBY et M. PERROT, éds. *Histoire des femmes en Occident*. t. 1 *L'Antiquité*, dir. P. Schmitt Pantel. Paris, Plon : 103-156.

THOMASSET, Claude – 1981, « La femme au Moyen Âge. Les composantes fondamentales de sa représentation : immunité-impunité », *Ornicar* 22-23 : 223-238.

THOMASSET, Claude – 1991, « De la nature féminine », *in* G. DUBY et M. PERROT, éds. *Histoire des femmes*. t. 2 *Le Moyen Âge*, dir. Christiane Klapisch-Zuber. Paris, Plon : 55-81.

TILLION, Germaine – 1966, *Le Harem et les cousins*. Paris, Le Seuil.

TODESCHINI, Maya – 1997, *La Bombe au féminin. Les femmes d'Hiroshima et de Nagasaki*. Paris, EHESS. Diplôme de l'EHESS.

TOURAILLE, Priscille – 1995, *La Notion de « base biologique » dans les spéculations autour du « sexe du cerveau ». Un éclairage anthropologique*. Paris, EHESS. Mémoire de DEA.

« Traditions (Les) dangereuses peuvent-elles être exclues des débats sur la culture ? » – 2001, *Équilibres et Populations* 69, juin-juillet.

Travail, Genre, Société – 2002, « Dossier Égalité, parité, discrimination : l'histoire continue », n° 7.

TYLOR, Edward B. – 1865, *Researches into the early History of Mankind and the Development of Civilization*. Londres, J. Murray.

Tylor, Edward B. – 1889, « On the method of investigating the development of institutions, applied to laws of marriage and descent », *Journal of the Royal anthropological Institute* 18 : 245-272.

« Un (L') et l'autre sexe » – 2001, *Esprit*, mars-avril.

VALIENTE NOAILLES, Carlos – 2001, *Kua et Himba. Deux peuples traditionnels du Botswana et de Namibie face au nouveau millénaire*. Genève, musée d'Ethnographie.

VALLET, Odon – 2002, *Petit lexique des idées fausses sur les religions*, Paris, Albin Michel.

VAN RENTERGHEN, Marion – 1998, « Amérique, la vie en bleu viagra », *Le Monde*, 14 octobre 1998.

VAN SCHURMAN, Anna Maria – 1646, *Question célèbre s'il est nécessaire ou non que les filles soient sçavantes...* Paris, Rolet le Duc.

VEAUVY, Christiane et PISANO, Laura – 1997, *Paroles oubliées. Les femmes et la construction de l'État-nation en France et en Italie. 1789-1860*. Paris, Armand Colin.

VERDIER, Yvonne – 1979, *Façons de dire, façons de faire. La laveuse, la couturière, la cuisinière*. Paris, Gallimard.

VÉRILHAC, Anne-Marie et VIAL, Claude – 1998, *Le Mariage grec du VIe siècle avant J.-C. à l'époque d'Auguste*. BCH, supplément 32. Paris, École française d'Athènes.

VEYNE, Paul, LISSARAGUE, François et FRONTISI-DUCROUX, Françoise – 1998, *Les Mystères du gynécée*. Paris, Gallimard.

VIALLES, Noelie – 1987, *Le Sang et la chair. Les abattoirs du pays de l'Adour*. Paris, Éditions de la Maison des sciences de l'homme.

VIDAL, Laurent – 2000, *Femmes en temps de sida*. Paris, PUF.

VIENNOT, Éliane, dir. – 1996, *La Démocratie « à la française » ou les femmes indésirables*. Paris, Publications de l'université Paris-VII-Denis-Diderot.

VIGARELLO, Georges – 1998, *Histoire du viol XVIe-XXe siècle*. Paris, Le Seuil, coll. « L'Univers historique ».

VINCENT, Jean-Didier – 1995, *La Chair et le diable*. Paris, Odile Jacob.

VINCENT, Jean-Didier – 1999, *Biologie des passions*. Paris, Odile Jacob.

VINCENT, Jeanne-Françoise – 2001 (1976), *Femmes béti entre deux mondes. Entretiens dans la forêt du Cameroun*. Paris, Karthala.

VINCKE, Édouard – 1991, « Liquides sexuels féminins et rapports sociaux en Afrique centrale », *Anthropologie et Société* 15 : 167-188.

VIREY, Julien-Joseph – 1802, *De l'Éducation*. Paris.

VIREY, Julien-Joseph – 1823, *De la Femme, sous ses rapports physiologique, moral et littéraire*. Paris, Crochard.

WALKER BYNUM, Caroline – 1991, *Fragmentation and Redemption. Essays on Gender and the human Body in medieval Religion*. New York, Zone Books.

WALKER BYNUM, Caroline – 1994, *Jeûnes et festins sacrés. Les femmes dans la nourriture et la spiritualité médiévales*. Paris, Le Cerf.

WARNER, M. – 1985 (1976), *Alone of all her Sex. The Myth and the Cult of Virgin Mary*. Londres, Picador/Pan Books.

WEINER, Annette – 1983 (1976), *La Richesse des femmes ou comment l'esprit vient aux hommes (Îles Trobriand)*. Paris, Le Seuil.

WELZER-LANG, Daniel – 1994, *Les Uns, les unes et les autres*. Paris, Métailié.

WESTERMARCH, Edward – 1901, *The History of human Marriage*. Londres, Macmillan and Co.

Womens's Committee of the National Council of Resistance of Iran – 2000, *Misogyny in Power. Iranian Women Challenge. Two Decades of Mullahs' Gender Apartheid*.

XANTHAKOU, Margarita – 2000, « Une histoire pas comme il faut », *in* J.-L. JAMARD, E. TERRAY et M. XANTHAKOU, éds. *En substances. Textes pour Françoise Héritier*. Paris, Fayard : 311-328.

YAGUELLO, Marina – 1979, *Les Mots et les femmes*. Paris, Payot.

ZAPPERI, Roberto – 1983, *L'Homme enceint. L'homme, la femme et le pouvoir*. Paris, PUF.

ZEGHIDOUR, Slimane – 1990, *Le Voile et la bannière*. Paris, Hachette.

ZEITLIN, Froma I. – 1986, « Configuration of rape in Greek Myth », *in* S. TOMASELLI et R. PORTER, eds. *Rape*. Oxford : 122-151.

ZEITLIN, Froma I. – 1996, *Playing in Other. Gender and Society in classical Greek Literature*. Chicago, The University of Chicago Press.

ZELLNER, Harriet – 1972, « Discrimination against women, occupational segregation and the relative wage », *American economic Review* 62 (2) : 157-160.

TABLE

Introduction : LE VIVANT FÉMININ 9

Insatisfactions, 10. – *Une essentielle faiblesse féminine ?*, 12. – *Une vision très archaïque*, 14. – *L'identique et le différent...*, 15. – *...et la valence différentielle des sexes*, 17. – *Un socle dur d'observations primordiales*, 18. – *Un pas de plus : les hommes ne peuvent faire leurs fils*, 22. – *Le paradis sans altérité*, 23. – *Un fils à tout prix*, 25. – *Un levier essentiel : le droit à la contraception*, 26.

PREMIÈRE PARTIE
Idées reçues toujours actuelles

CHAPITRE PREMIER : LA TÊTE DES FEMMES 33

Mais d'où vient la semence ?, 35. – Tota mulier in utero, 37. – *De l'imbécillité des femmes*, 38. – *La traque contemporaine de la supériorité masculine*, 40. – *Une inscription héritée de l'évolution*, 42. – *Un étalon de valeur jamais questionné*, 44.

CHAPITRE 2 : DU DANGER DES FEMMES........................ 49

Le sang perdu. Aristote et Galien, 49. – *Attirance et répulsion*, 51. – *Le* yin *et le* yang *chinois*, 53. – *Le pur et l'impur dans le judaïsme*, 54. – *Bref inventaire ethnologique*, 56. – *Un gant retourné*, 58. – *Les hommes ont peur des femmes*, 59. – *Mais s'agit-il de toutes les femmes ?*, 60. – *Le révélateur qu'est le sida. En Afrique aujourd'hui...*, 65. – *Femmes suspectes et vierges salutaires*, 68.

CHAPITRE 3 : DE LA VIOLENCE ET DES FEMMES. INVARIANCE, PERMANENCE ET INSTABILITÉ 73

Invariance et valence différentielle des sexes, 77. – *Invariance des cadres, variabilité des contenus*, 78. – *Quelle voix convient à l'injure ?*, 80. – *Un droit « naturel » des hommes*, 81. – *La double « nature » féminine*, 82. – *La violence féminine est une transgression*, 84. – *La violence sexuelle masculine, affaire entre hommes*, 85. – *Les femmes sont-elles vraiment des personnes ?*, 88. – *S'en sortir par l'exaltation et l'excès*, 91. – *Douceur féminine, violence mâle ?*, 94.

CHAPITRE 4 : LE POINT D'AVEUGLEMENT DE SIMONE DE BEAUVOIR. APRÈS LA RÉVOLUTION NÉOLITHIQUE...... 99

L'ignorance supposée du rôle du père, 101. – *Évolution* vs *structure*, 104. – *Un grand récit*, 105. – *Un génie masculin déjà là*, 109. – *Un scénario très localisé*, 111. – *La supériorité de la transcendance*, 113. – *Des enfants ou des fils ?*, 117.

DEUXIÈME PARTIE

Critique

CHAPITRE PREMIER : PRIVILÈGE DE LA MATERNITÉ ET DOMINATION MASCULINE.. 123

L'importance idéelle des structures de parenté, 124. – *Une place différente sur une table des valeurs*, 127. – *Pourquoi cette représentation universelle ?*, 128. – *Pourquoi les femmes font-elles aussi des garçons ?*, 131. – *Les mécanismes de la dépossession*, 133. – *N'y a-t-il jamais de valorisation du féminin ?*, 136. – *Et si elles n'ont pas d'enfants ?*, 138. – *Statut de personne et contraception*, 143. – *L'octroi paradoxal aux femmes de l'instrument de leur émancipation*, 147. – *La maîtrise du vivant peut-elle changer le rapport masculin/féminin ?*, 149. – *Et le clonage ?*, 150.

CHAPITRE 2 : QUESTIONS DE GENRE ET DROITS DES FEMMES 155

Le relativisme culturel, 156. – *Violence et abus sexistes*, 159. – *Jusqu'au meurtre*, 162. – *Mariages contraints*, 165. – *Mutilations*, 167. – *La domination au cœur des pratiques mutilantes*, 171. – *Discrimination et subordination*, 174. – *Un paradoxe contre-productif*, 181. – *Les droits sexuels des femmes*, 185. – *Par où commencer ?*, 190.

CHAPITRE 3 : LA DIFFÉRENCE DES SEXES DANS L'« ÉGAREMENT CONTEMPORAIN » 195

Questions de définition, 197. – *La différence biologique suffit-elle pour fonder la domination ?*, 198. – *La pierre de touche*, 201. – *Changer les règles du jeu*, 203. – *Les engrenages du symbolique*, 205.

TROISIÈME PARTIE

Solutions et blocages

CHAPITRE PREMIER : LES FABRICATIONS POSSIBLES ET PENSABLES D'UN PRODUIT HUMAIN 211

Les fantasmes de l'humanité, 214. – *La loi du groupe et la filiation*, 216. – *L'idée du clonage devenue possible car pensable*, 218. – *Quelques critiques*, 220. – *Quels fantasmes sont en cause dans l'idée du clonage reproductif humain ?*, 222. – *La question de l'Autre*, 225. – *Les uto-*

pies unisexuées, 227. – *Génération, filiation, sexuation*, 230. – *Le grand rêve : l'entre-soi*, 233. – *Un carcan*, 235.

CHAPITRE 2 : LA CONTRACEPTION. VERS UN NOUVEAU RAPPORT DES CATÉGORIES DU MASCULIN ET DU FÉMININ 239

La situation dans le monde, 241. – *Où en est-on aujourd'hui ?*, 243. – *Penser la question de la différence des sexes*, 246. – *Comment sortir de la domination du masculin*, 248. – *Une erreur d'appréciation ?*, 251. – *Échec de la contraception masculine, succès du Viagra*, 253.

CHAPITRE 3 : LA DÉMOCRATIE DOIT-ELLE REPRÉSENTER LES FEMMES EN TANT QUE FEMMES ? 261

Constitution et dissolution de la hiérarchie, 262. – *Qui représente qui ?*, 266. – *Y avait-il d'autres solutions possibles ? La loi*, 270. – *Et les quotas ?*, 273. – *Quelles pourraient être les solutions ?*, 277. – *L'exemple suédois*, 282.

CHAPITRE 4 : OBSTACLES ET BLOCAGES. DE L'USAGE DU CORPS DES FEMMES... 287

La lutte pour la possession de corps féminins, 288. – *Sexualité, procréation, plaisir*, 290. – *La licéité de la pulsion masculine*, 293. – *Des discours pour étayer cette affirmation*, 297. – *Des faits : le marché des hommes*, 300. – *Émancipation, provocation, prostitution*, 302. – *Quelques exemples singuliers*, 305. – *Pulsion, désir, libido*, 307. – *Réalités d'aujourd'hui*, 311. – *Un nouvel usage du corps des femmes : la publicité*, 314. – *La sauvagerie de l'humiliation sexuelle*, 322. – *Préméditation...*, 323. – *... et inconscience*, 326. – *Carences affectives ou loi du plus fort ?*, 327. – *Une inquiétante re-création*, 329. – *Trafics et réseaux organisés de prostitution*, 331. – *Le paiement de l'acte sexuel*, 336. – *Le choix entre deux attitudes : réglementer, abolir*, 337. – *Punir les clients ?*, 343. – *La loi et le désir*, 349.

CHAPITRE 5 : OBSTACLES ET BLOCAGES. LA MATERNITÉ, LE TRAVAIL ET LE DOMESTIQUE 353

Sans nécessité apparente, 354. – *Une solution drastique : le refus*, 357. – *Reproduction : un coût social à la charge des femmes*, 360. – *Une asymétrie fonctionnelle mal pensée*, 363. – *Une histoire menée à contrecœur*, 366. – *Monde de l'entreprise, monde domestique*, 369. – *Les « charmes » de l'inégalité*, 374. – *Quels changements récents ?*, 376. – *Quelles mesures iraient dans le bon sens ?*, 378. – *Paternité, maternité : un état de « choix »*, 384.

Conclusion 391
Notes 395
Bibliographie 405

Ouvrage publié sous la responsabilité éditoriale
de Gérard Jorland

Cet ouvrage a été transcodé et mis en pages
chez Nord Compo (Villeneuve d'Ascq)

Impression réalisée par CPI
en janvier 2019

N° d'impression : 2042428
N° d'édition : 7381-2835-6
Dépôt légal : septembre 2012
Imprimé en France.